Science et technologie   1ʳᵉ année du 2ᵉ cycle du secondaire

Bi₂sphère

Manuel de l'élève • Volume 2

Mathieu Dubreuil
Julie Duchesne
Yannick Dupont
Denis Y. Leroux

LES ÉDITIONS
CEC
Une compagnie de Quebecor Media

8101, boul. Métropolitain Est, Anjou (Québec) Canada H1J 1J9
Téléphone : 514-351-6010 • Télécopieur : 514-351-3534

Direction de l'édition
Martine Brassard, Services d'édition Danielle Guy

Direction de la production
Danielle Latendresse

Direction de la coordination
Rodolphe Courcy

Charge de projet
Alice Bergeron

Révision linguistique
Philippe Sicard, Madeleine Vincent

Correction d'épreuves
Viviane Deraspe

Concept original et couverture

matteau parent
graphisme et communication

Geneviève Guérard

Réalisation graphique
Services d'édition In Extenso
Sébastien Grandmont (chargé de projet)

Illustrations
Bertrand Lachance, SEDG, Eugène Dufresne

Recherche iconographique
Monique Rosevear

Les auteurs et l'Éditeur tiennent à remercier
les personnes suivantes qui ont participé
à l'élaboration du projet.

Rédactrices

Marie-Claude Ouellet, Agence Science-Presse

Geneviève Dorion

Consultants scientifiques

Geneviève Lebel, professeure de biologie,
Collège André-Grasset

Jean-François St-Amant, chargé de cours,
Université de Montréal

Rémy Vallières, enseignant, Collège
St-Jean-Vianney

Consultante pédagogique

Annie Ouellet, enseignante en science
et technologie et conseillère pédagogique au
programme d'éducation internationale,
polyvalente Hyacinthe-Delorme, CSSH

Nous tenons également à remercier Benoît
Langlois, directeur de l'école secondaire
les Etchemins, qui nous a donné accès aux
locaux de son établissement d'enseignement,
de même que Jean-Guy Gendron, technicien
en travaux pratiques, qui a préparé et validé
les activités de laboratoire.

Les Éditions CEC inc. remercient le gouvernement du Québec de l'aide financière accordée à l'édition de cet ouvrage par l'entremise du Programme de crédit d'impôt pour l'édition de livres, administré par la SODEC.

Manuel de l'élève, volume 2
©2008, Les Éditions CEC inc.
8101, boul. Métropolitain Est
Anjou (Québec) H1J 1J9

Dépôt légal : 2008
Bibliothèque et Archives nationales du Québec
Bibliothèque et Archives Canada

ISBN 978-2-7617-2497-5

Imprimé au Canada
1   2   3   4   5   12   11   10   09   08

Table des matières

UNIVERS MATÉRIEL

L'être humain et la matière

UNIVERS TECHNOLOGIQUE

L'être humain et la technologie

Dossier 20 > Le dessin technique 192

Dossier 21 > Les mouvements mécaniques 212

Outils 231

Les démarches

Au laboratoire et en atelier

Les TIC

Mode d'emploi

Le manuel *Biosphère*, volume 2, est constitué de 12 dossiers portant sur trois des quatre univers abordés dans le programme de Science et technologie.

À la fin du manuel, une section **Outils** offre des fiches permettant à l'élève de développer des démarches, des techniques et des attitudes propres à la science et à la technologie. L'élève pourra s'y référer au besoin. De plus, il ou elle trouvera, toujours à la fin du manuel, un **glossaire**, un **index** et un **tableau périodique des éléments**.

Au fil des univers

Un titre qui met en relief le lien entre chaque univers et l'être humain.

Une couleur particulière a été attribuée à chaque univers, ce qui facilite l'identification des dossiers et des univers.

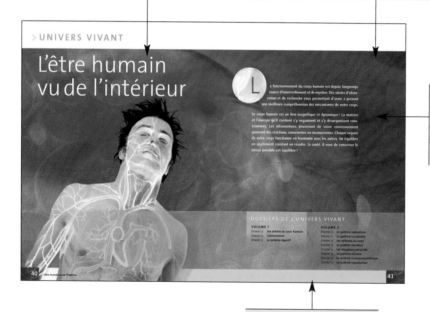

Un texte de présentation qui met l'accent sur le lien qui existe entre l'univers et l'être humain.

Une liste des dossiers liés à cet univers, regroupés par volume.

Au fil des dossiers

Un sommaire des concepts abordés donne une vue d'ensemble du dossier.

Le titre du dossier réfère directement au programme de Science et technologie.

La rubrique **SO₂S** présentée sur cette page d'ouverture amène l'élève à s'interroger sur certains aspects du rapport de l'environnement à l'être humain. Des éléments de réponse apparaissent dans les rubriques **SO₂S** contenues dans le corps du dossier.

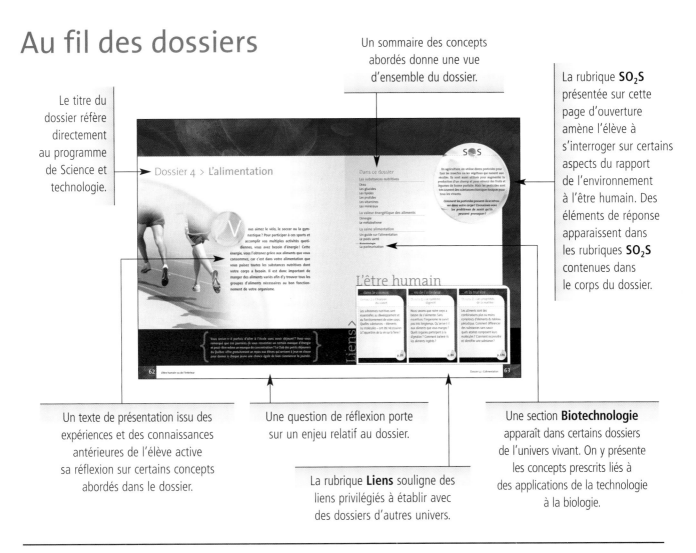

Un texte de présentation issu des expériences et des connaissances antérieures de l'élève active sa réflexion sur certains concepts abordés dans le dossier.

Une question de réflexion porte sur un enjeu relatif au dossier.

Une section **Biotechnologie** apparaît dans certains dossiers de l'univers vivant. On y présente les concepts prescrits liés à des applications de la technologie à la biologie.

La rubrique **Liens** souligne des liens privilégiés à établir avec des dossiers d'autres univers.

Au fil des pages

Plusieurs rubriques ponctuent le dossier.

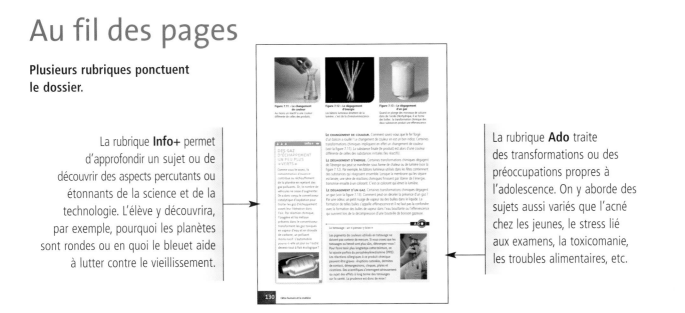

La rubrique **Info+** permet d'approfondir un sujet ou de découvrir des aspects percutants ou étonnants de la science et de la technologie. L'élève y découvrira, par exemple, pourquoi les planètes sont rondes ou en quoi le bleuet aide à lutter contre le vieillissement.

La rubrique **Ado** traite des transformations ou des préoccupations propres à l'adolescence. On y aborde des sujets aussi variés que l'acné chez les jeunes, le stress lié aux examens, la toxicomanie, les troubles alimentaires, etc.

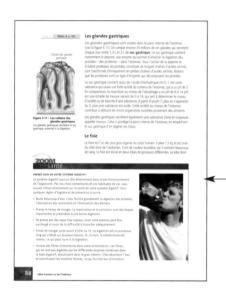

La rubrique **Zoom sur la santé** présente des capsules d'information sur la prévention et l'hygiène. On donne à l'élève quelques conseils afin de se garder en bonne santé et on y parle, à l'occasion, de diverses maladies en expliquant brièvement leurs causes, leurs symptômes et leurs traitements.

Cette rubrique présente des **repères culturels** liés aux ressources du milieu ou à des événements d'importance liés à l'univers de la science et de la technologie. Divers sujets y sont abordés, notamment l'incendie de BPC à Saint-Basile-le-Grand, le Centre des grands brûlés et Tel-Jeunes.

Placée à la fin du dossier, la rubrique **HistO₂** souligne l'apport de scientifiques de toutes les époques à l'avancement de la science et de la technologie. Elle présente une brève biographie du personnage et décrit de façon claire et succincte certaines de ses découvertes, en lien avec les sujets abordés dans le dossier.

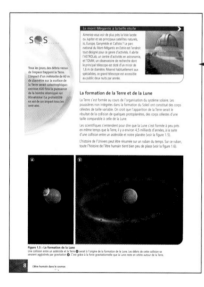

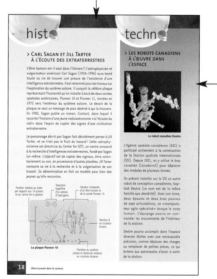

Placée à la fin du dossier, la rubrique **TechnO₂** montre comment le génie de l'être humain lui a permis de trouver des solutions à divers problèmes.

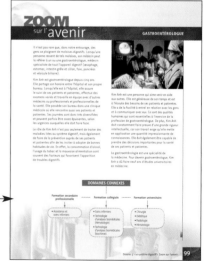

Placée à la fin du dossier, la rubrique **Zoom sur l'avenir** présente des métiers et des professions en lien avec le dossier. On y décrit les tâches à effectuer, les lieux et les conditions de travail, les aptitudes ou les traits de personnalité qui peuvent inciter un ou une élève à opter pour ce choix de carrière. Enfin, on y mentionne les domaines connexes à cet emploi, selon le degré de scolarité exigé.

De nombreux moyens sont utilisés pour faciliter l'appropriation des concepts.

La section **Concepts clés** propose un **réseau de concepts** qui aidera l'élève à mieux structurer les principaux concepts abordés dans le dossier. D'un seul coup d'œil, l'élève peut voir un résumé complet des divers concepts à l'étude.

La section **.exe** propose des **questions** et des **exercices** qui permettent de vérifier la compréhension des concepts étudiés.

Lorsque pertinent, ce pictogramme placé en marge du texte renvoie à un **outil**, à la fin du manuel.

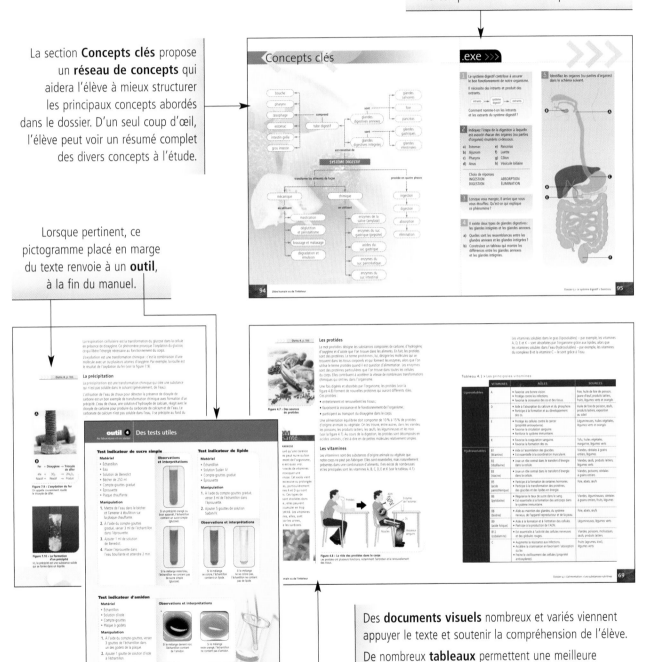

Des **documents visuels** nombreux et variés viennent appuyer le texte et soutenir la compréhension de l'élève.

De nombreux **tableaux** permettent une meilleure synthèse de l'information.

Les termes difficiles apparaissent en **bleu gras** dans le texte, y sont définis, puis repris dans le glossaire à la fin du manuel.

Des mots et des expressions sont mis en évidence en **gras noir** pour faciliter la compréhension du texte.

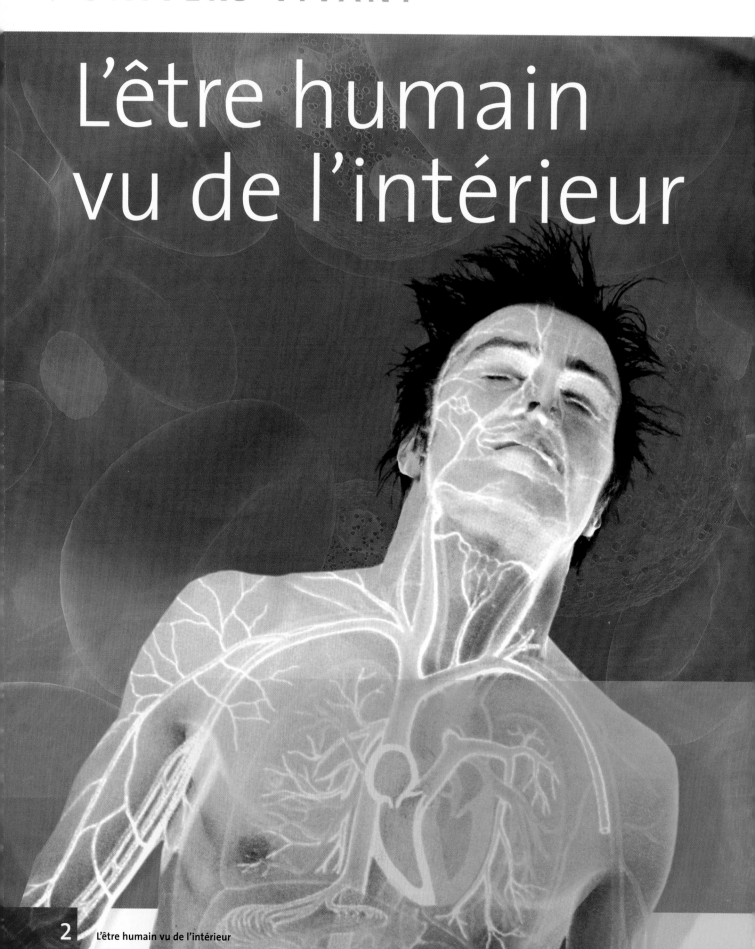

L'être humain vu de l'intérieur

Le fonctionnement du corps humain est depuis longtemps une source d'émerveillement et de mystère. Des siècles d'observation et de recherche vous permettent d'avoir à présent une meilleure compréhension des mécanismes de votre corps.

Le corps humain est un lieu magnifique et dynamique ! La matière et l'énergie qu'il contient s'y organisent et s'y désorganisent constamment. Les informations provenant de votre environnement génèrent des réactions, conscientes ou inconscientes. Chaque organe de votre corps fonctionne en harmonie avec les autres. Un équilibre en ajustement constant en résulte : la santé. À vous de conserver le mieux possible cet équilibre !

DOSSIERS DE L'UNIVERS VIVANT

Dossier 10 > Le système respiratoire

Saviez-vous que vous respiriez presque 22 000 fois par jour? Chaque fois, de l'air pénètre à l'intérieur de votre corps, puis en ressort après avoir circulé à travers les organes qui forment votre système respiratoire. Ce processus permet au système respiratoire de remplir une fonction vitale : approvisionner votre organisme en un gaz essentiel (le dioxygène) et le débarrasser d'un gaz nuisible à votre santé (le dioxyde de carbone). Quels sont les effets de ces gaz sur l'être humain?

{ L'industrie automobile s'intéresse de plus en plus aux piles à combustible, telles les piles à hydrogène. Celles-ci constituent des solutions de rechange plus qu'intéressantes aux combustibles fossiles, qui polluent l'air tout en contribuant au réchauffement de la planète. Le Québec et l'ensemble du Canada devraient-ils encourager la recherche en matière de fabrication et de commercialisation de ces piles ? }

Dans ce dossier

S O S
2

Dans l'environnement urbain, l'être humain est souvent exposé à des substances toxiques. Parmi celles-ci, il y a les composés organiques volatils, ou COV. On les appelle ainsi car ils dégagent des émissions gazeuses même à la température ambiante.

D'où viennent ces composés et comment affectent-ils l'organisme?

L'être humain

Liens ›

... vu de l'intérieur

Dossier 11 > Le système circulatoire

Le dioxygène est nécessaire à la respiration cellulaire. Ce gaz pénètre dans le sang par les voies respiratoires au cours de l'inspiration. Comment le sang voyage-t-il dans le corps?

p. 18

... et la matière

Dossier 18 > Le comportement des fluides

Quand on expire, le volume des poumons diminue. Cela crée une pression qui favorise le déplacement de l'air. Quelle relation y a-t-il entre la pression que subit un gaz et le volume qu'il occupe?

p. 146

... et la technologie

Dossier 21 > Les mouvements mécaniques

Grâce à la technologie, l'être humain peut développer son corps et améliorer son rythme respiratoire. Par exemple, dans les centres sportifs, il y a à notre disposition des appareils tels que les bicyclettes stationnaires et les tapis roulants. Quels mécanismes permettent d'actionner ces appareils?

p. 212

Les voies respiratoires et les poumons

Votre système respiratoire est formé de différents organes qui permettent à l'air de circuler entre l'extérieur et l'intérieur de votre corps. Pour parvenir à vos poumons, qui sont les principaux organes de ce système, l'air passe d'abord par les voies respiratoires.

Les voies respiratoires

Les **voies respiratoires** regroupent plusieurs organes : les fosses nasales, le pharynx, le larynx, la trachée et les bronches. Ces organes forment un passage dont le rôle est d'acheminer l'air jusqu'aux poumons (voir la figure 10.1).

La paroi interne des fosses nasales, de la trachée et des bronches est tapissée de cils vibratiles et de glandes qui produisent un mucus. Ce mucus capte les petites impuretés qui pénètrent dans les voies respiratoires. Le rôle des cils est de repousser le mucus vers le pharynx afin qu'il soit éliminé par le système digestif ou chassé vers l'extérieur par la toux, un éternuement ou un écoulement nasal.

ZOOM sur la santé

LA GRIPPE

La grippe, aussi appelée *influenza*, est une infection des voies respiratoires causée par un virus. Elle touche de 10 % à 25 % de la population canadienne chaque année.

Les premiers symptômes de la grippe sont les maux de tête et la toux. Vient ensuite une période de fièvre, de perte d'appétit et de douleurs musculaires. La grippe est aussi accompagnée d'écoulement nasal, d'éternuements et de larmoiements, des symptômes qui s'apparentent à ceux d'un rhume. La grippe disparaît d'elle-même 10 jours à 3 semaines après l'apparition des premiers symptômes.

Les moyens de prévenir la grippe sont la vaccination et le lavage des mains. La vaccination doit avoir lieu chaque automne. Le lavage des mains, quant à lui, doit être fait le plus fréquemment possible. Le virus grippal se propage dans l'air et est contagieux. Il peut survivre jusqu'à 48 heures sur des objets, comme une poignée de porte.

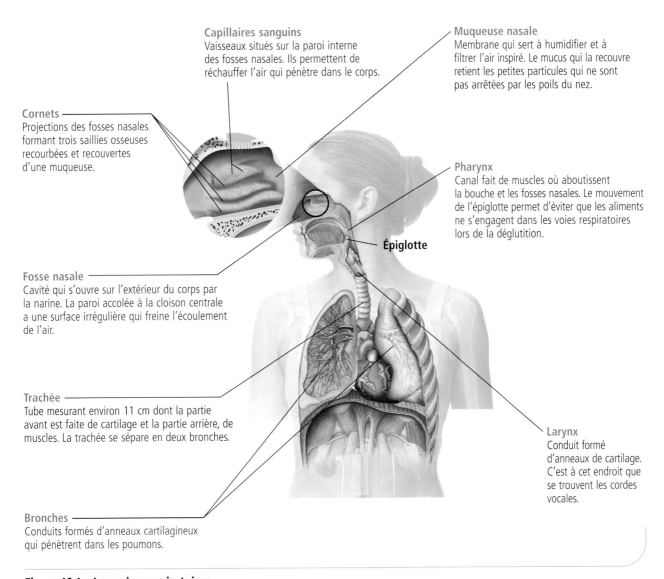

Capillaires sanguins
Vaisseaux situés sur la paroi interne des fosses nasales. Ils permettent de réchauffer l'air qui pénètre dans le corps.

Muqueuse nasale
Membrane qui sert à humidifier et à filtrer l'air inspiré. Le mucus qui la recouvre retient les petites particules qui ne sont pas arrêtées par les poils du nez.

Cornets
Projections des fosses nasales formant trois saillies osseuses recourbées et recouvertes d'une muqueuse.

Pharynx
Canal fait de muscles où aboutissent la bouche et les fosses nasales. Le mouvement de l'épiglotte permet d'éviter que les aliments ne s'engagent dans les voies respiratoires lors de la déglutition.

Épiglotte

Fosse nasale
Cavité qui s'ouvre sur l'extérieur du corps par la narine. La paroi accolée à la cloison centrale a une surface irrégulière qui freine l'écoulement de l'air.

Trachée
Tube mesurant environ 11 cm dont la partie avant est faite de cartilage et la partie arrière, de muscles. La trachée se sépare en deux bronches.

Larynx
Conduit formé d'anneaux de cartilage. C'est à cet endroit que se trouvent les cordes vocales.

Bronches
Conduits formés d'anneaux cartilagineux qui pénètrent dans les poumons.

Figure 10.1 > Les voies respiratoires

L'indispensable Croix-Rouge

La Croix-Rouge est née en 1863, en Suisse. Quelques années plus tôt, au terme d'un affrontement meurtrier entre deux armées, un citoyen suisse, Henry Dunant, avait improvisé des secours auprès des blessés des deux camps, sans discrimination. Ce geste en apparence tout simple constitue, aujourd'hui encore, la mission de base de la Croix-Rouge (appelée Croissant-Rouge en pays musulman) : aider les individus blessés, d'où qu'ils viennent, acheminer l'aide, œuvrer à la prévention des maladies. Compte tenu de ses 100 millions de volontaires, c'est le plus important regroupement d'organismes d'aide humanitaire du monde.

Les poumons

Les **poumons** sont des organes spongieux situés dans le thorax. Ils sont protégés par les côtes et recouverts de deux membranes appelées *plèvres*. En raison de la présence du cœur (situé entre les deux poumons, mais légèrement vers la gauche), le poumon gauche est plus petit que le poumon droit. Au total, les poumons d'un être humain peuvent contenir jusqu'à 6 L d'air (voir la figure 10.2).

La trachée se sépare en deux pour former les bronches. En pénétrant dans les poumons, les bronches se séparent en conduits de plus en plus petits.

Les bronches principales se divisent en bronches secondaires : trois à droite et deux à gauche. À leur tour, les bronches secondaires se séparent pour former les bronches tertiaires. Celles-ci se divisent enfin pour devenir les bronchioles. C'est ce qu'on appelle l'*arbre bronchique* (voir la figure 10.3).

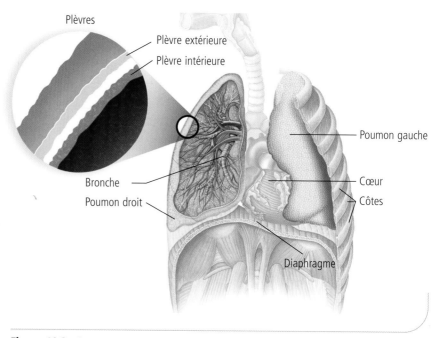

Plèvres
Plèvre extérieure
Plèvre intérieure
Poumon gauche
Bronche
Cœur
Poumon droit
Côtes
Diaphragme

Figure 10.2 > Les poumons

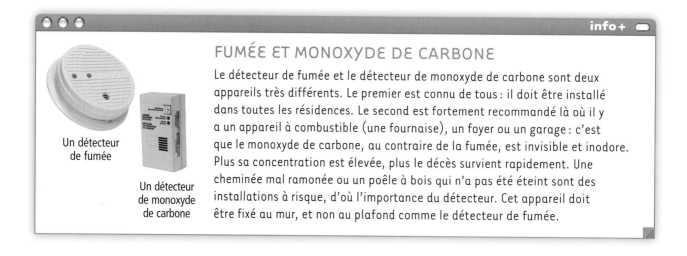

info+

FUMÉE ET MONOXYDE DE CARBONE

Le détecteur de fumée et le détecteur de monoxyde de carbone sont deux appareils très différents. Le premier est connu de tous : il doit être installé dans toutes les résidences. Le second est fortement recommandé là où il y a un appareil à combustible (une fournaise), un foyer ou un garage : c'est que le monoxyde de carbone, au contraire de la fumée, est invisible et inodore. Plus sa concentration est élevée, plus le décès survient rapidement. Une cheminée mal ramonée ou un poêle à bois qui n'a pas été éteint sont des installations à risque, d'où l'importance du détecteur. Cet appareil doit être fixé au mur, et non au plafond comme le détecteur de fumée.

Un détecteur de fumée

Un détecteur de monoxyde de carbone

LA CIGARETTE TUE

Vous savez sûrement que la cigarette cause de nombreuses maladies, tels les infarctus, l'hypertension et le cancer, notamment le cancer du poumon. Mais saviez-vous que la fumée de cigarette contient plus de 4 000 substances chimiques, dont une cinquantaine sont jugées cancérogènes ? Au Canada, une personne meurt toutes les 12 minutes d'une maladie liée au tabac, soit environ 45 000 personnes chaque année. Cela représente plus que tous les décès dus aux homicides, à l'alcool, aux accidents de la route et aux suicides réunis !

Les bronchioles sont constituées de fibres élastiques et de muscles lisses. Leur paroi interne n'est pas recouverte de cils. L'air qui y circule ne contient presque plus d'impuretés.

L'extrémité de chacune des bronchioles ouvre sur une grappe d'alvéoles, le sac alvéolaire (voir la figure 10.3). Les **alvéoles** sont de petites cavités qui donnent aux poumons leur aspect spongieux. Les poumons contiennent environ 600 millions d'alvéoles recouvertes d'un important réseau de capillaires. C'est là que s'effectuent les échanges gazeux entre le sang et l'air des poumons.

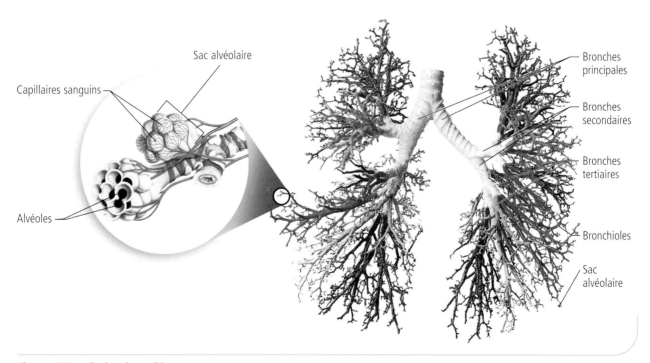

Figure 10.3 > L'arbre bronchique

Le fonctionnement du système respiratoire

Lorsque vous inspirez, l'air pénètre dans votre corps et, à l'expiration, il en est expulsé : c'est la respiration. Vous respirez jour et nuit, la plupart du temps sans y prêter attention : c'est que la respiration est contrôlée de façon autonome par le système nerveux.

La ventilation pulmonaire

La **ventilation pulmonaire**, couramment appelée *respiration*, est le processus par lequel l'air riche en dioxygène est amené dans les alvéoles où s'effectuent les échanges gazeux et où l'air riche en dioxyde de carbone est expulsé à l'extérieur du corps. Cette ventilation s'effectue grâce aux muscles respiratoires que sont le diaphragme, situé sous les poumons, et les muscles intercostaux. Les muscles intercostaux se rattachent à la plèvre extérieure, alors que la plèvre intérieure est fixée aux poumons. La ventilation pulmonaire se fait en deux phases : l'inspiration et l'expiration (voir le tableau 10.1).

Tableau 10.1 > Les deux phases de la ventilation pulmonaire

LA PHASE ACTIVE : L'INSPIRATION	LA PHASE PASSIVE : L'EXPIRATION
• La contraction simultanée des muscles respiratoires provoque une augmentation du volume des poumons.	• Les muscles respiratoires se relâchent. Les poumons se dégonflent alors et retrouvent leur taille normale.
• Les côtes et le sternum se soulèvent, et le diaphragme s'abaisse, ce qui augmente le volume des poumons.	• Les côtes et le sternum s'abaissent sur les poumons, et le diaphragme se bombe, ce qui comprime les poumons.
• L'air de l'extérieur est alors aspiré à l'intérieur du corps.	• L'air contenu à l'intérieur des poumons est expulsé à l'extérieur du corps.

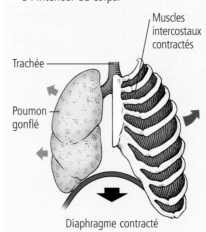

Trachée — Poumon gonflé — Muscles intercostaux contractés — Diaphragme contracté

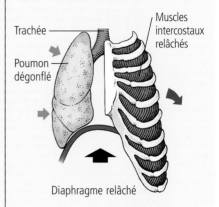

Trachée — Poumon dégonflé — Muscles intercostaux relâchés — Diaphragme relâché

Premiers soins pour tous !

Dans les cours de premiers soins, on vous montre différentes manœuvres. Vous y apprendrez, entres autres, comment déloger un objet coincé dans les voies respiratoires d'une personne et une série de manœuvres pour sauver la vie d'un individu dont le cœur s'est arrêté. Ces cours peuvent permettre à quiconque (un gardien ou une gardienne d'enfants, par exemple) de réagir adéquatement en situation d'urgence.

Les composés organiques volatils proviennent des matériaux de construction, des isolants à base de mousse et de certains textiles. Ils peuvent irriter les yeux, le nez et la gorge, ainsi que provoquer des maux de tête, des nausées, des étourdissements et des problèmes cutanés.

Le rythme respiratoire

Le **rythme respiratoire** correspond au nombre de respirations prises par une personne en une minute. On compte en moyenne 15 respirations par minute. Différents facteurs influent sur le rythme respiratoire :

- la condition physique ;
- la masse corporelle ;
- le tabagisme.

Certaines conditions particulières peuvent également modifier de façon temporaire le rythme respiratoire :

- le stress ;
- la fatigue ;
- la maladie ;
- la pression atmosphérique (altitude).

Le rythme respiratoire varie plusieurs fois au cours d'une même journée. Son accélération est déclenchée par l'augmentation de la concentration de dioxyde de carbone dans le sang. Si l'on fournit un effort plus soutenu que la normale, les cellules décomposent plus de nutriments afin de fournir l'énergie requise par le corps. Elles produisent ainsi une grande quantité de déchets, dont le dioxyde de carbone. Ce gaz, qui se retrouve alors dans le sang, est acheminé jusqu'au bulbe rachidien, une structure du système nerveux située à la base du cerveau. Le bulbe rachidien, sensible aux variations de concentration du dioxyde de carbone, envoie un message aux muscles respiratoires. Le rythme respiratoire s'accélère et augmente ainsi la fréquence des échanges gazeux.

LE BOUCHE-À-BOUCHE

Le bouche-à-bouche est une méthode de réanimation pratiquée sur des personnes en arrêt respiratoire. Une personne souffle directement dans la bouche de la personne inanimée. Contrairement à la croyance populaire, ce n'est pas le dioxygène insufflé dans les poumons qui stimule la respiration, mais plutôt le dioxyde de carbone. La personne qui souffle rejette du dioxyde de carbone qui se retrouve dans le sang de la personne inanimée. Le bulbe rachidien le détecte et envoie un message aux muscles respiratoires afin qu'ils reprennent leur travail !

Les échanges gazeux

>>> **OUTIL 4**, p. 240

L'air est un mélange de plusieurs gaz, dont le diazote, le dioxygène et le dioxyde de carbone. Une fois dans les poumons, le dioxygène contenu dans l'air se dissout dans le sang et est acheminé vers les cellules grâce au système circulatoire. Le dioxygène est un gaz vital pour l'organisme, car les cellules s'en servent lors de la respiration cellulaire. En retour, ces mêmes cellules produisent différents déchets, notamment le dioxyde de carbone. Comme ce gaz est nocif pour l'organisme, celui-ci doit s'en débarrasser.

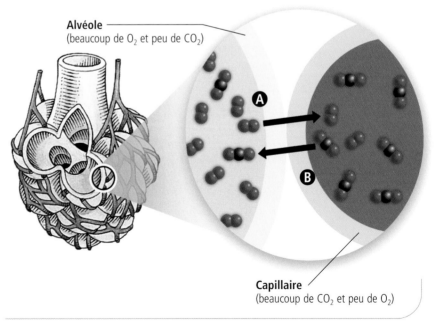

Alvéole
(beaucoup de O_2 et peu de CO_2)

Capillaire
(beaucoup de CO_2 et peu de O_2)

Figure 10.4 > Les échanges gazeux dans les alvéoles
Le dioxygène provenant de l'inspiration quitte l'alvéole pour aller dans le sang Ⓐ. Le dioxyde de carbone quitte le sang pour aller dans l'alvéole Ⓑ pour ensuite être rejeté au cours de l'expiration.

L'HYPERVENTILATION

Un état de panique ou un exercice physique intense peut causer l'hyperventilation, c'est-à-dire l'augmentation excessive de l'air qui pénètre dans les alvéoles pulmonaires. Il en résulte un déséquilibre dans l'organisme entre le taux de dioxygène, trop élevé, et le taux de dioxyde de carbone.

Pour aider une personne qui souffre d'hyperventilation, on peut la faire respirer dans un sac de papier. Elle inspire ainsi une partie du dioxyde de carbone au fur et à mesure qu'elle le rejette dans le sac. Cette technique favorise le rééquilibre entre le dioxygène et le dioxyde de carbone dans l'organisme. Après quelques minutes, la respiration redevient normale.

Si la personne panique à l'idée d'étouffer en respirant dans le sac, il faut d'abord la calmer. Pour y arriver, on peut l'inviter à pratiquer la respiration abdominale : il faut l'amener à respirer en remplissant d'air non seulement sa cage thoracique, mais aussi son abdomen. De cette façon, le diaphragme fonctionnera au maximum.

En milieu urbain, les composés organiques volatils présents dans l'air extérieur proviennent des vapeurs d'essence et de solvants. Ces COV peuvent être cancérogènes ou neurotoxiques. Ils peuvent se combiner chimiquement avec d'autres polluants de l'air et former le smog, qui est néfaste pour la santé humaine.

Lorsqu'on parle d'**échanges gazeux**, on fait référence aux échanges de dioxygène et de dioxyde de carbone qui ont lieu au niveau des alvéoles. La paroi de celles-ci est très fine et permet aux gaz de circuler entre les alvéoles et les capillaires sanguins qui les recouvrent. Ces échanges s'effectuent grâce au phénomène de diffusion : les particules de gaz passent du milieu où leur concentration est élevée vers le milieu où leur concentration est faible (voir la figure 10.4).

Ainsi, en analysant l'air inspiré et l'air expiré par un être humain, on constate que les pourcentages de dioxygène et de dioxyde de carbone varient (voir le tableau 10.2).

Tableau 10.2 > La proportion des gaz dans l'air inspiré et dans l'air expiré

NOM DU GAZ	FORMULE CHIMIQUE	PROPORTION DANS L'AIR INSPIRÉ (% V/V)	PROPORTION DANS L'AIR EXPIRÉ (% V/V)
Diazote	N_2	78	78
Dioxygène	O_2	21	16
Dioxyde de carbone	CO_2	0,04	4
Vapeur d'eau	H_2O	0,96	2

Concepts clés

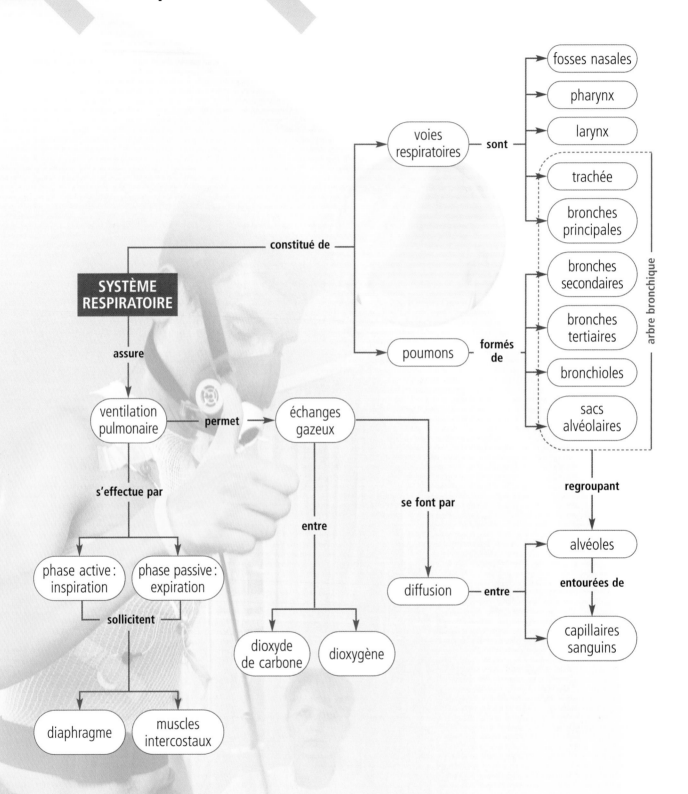

SYSTÈME RESPIRATOIRE

constitué de

- voies respiratoires
  - **sont**
    - fosses nasales
    - pharynx
    - larynx
    - trachée
    - bronches principales
- poumons
  - **formés de**
    - bronches secondaires
    - bronches tertiaires
    - bronchioles
    - sacs alvéolaires

arbre bronchique

regroupant

- alvéoles
  - **entourées de**
  - capillaires sanguins

assure

ventilation pulmonaire — **permet** → échanges gazeux

s'effectue par

- phase active : inspiration
- phase passive : expiration

sollicitent

- diaphragme
- muscles intercostaux

entre

- dioxyde de carbone
- dioxygène

se font par

diffusion — **entre** → alvéoles / capillaires sanguins

.exe >>>

1 Le système respiratoire contribue à assurer le bon fonctionnement de notre organisme.

Il nécessite des intrants et produit des extrants.

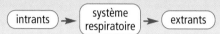

intrants → système respiratoire → extrants

Comment nomme-t-on les intrants et les extrants du système respiratoire ?

2 Qui suis-je ?

a) Je suis un tube cartilagineux situé entre le larynx et les bronches.

b) Je donne aux poumons leur aspect spongieux.

c) Je suis la structure du système nerveux qui contrôle le rythme respiratoire.

d) Je suis le principal constituant de l'air.

e) Je suis le muscle respiratoire situé sous les poumons.

3 Dans chaque cas, indiquez si l'énoncé est vrai ou faux. Corrigez les énoncés que vous jugez faux.

a) Le poumon gauche est plus gros que le poumon droit.

b) Le dioxyde de carbone est l'un des gaz rejetés lors de l'expiration.

c) Les fosses nasales ne servent qu'à laisser l'air pénétrer dans le corps.

d) C'est au niveau des alvéoles qu'ont lieu les échanges gazeux.

e) Le manque de dioxygène dans le sang stimule le rythme respiratoire.

4 Le système respiratoire interagit avec les autres systèmes de l'organisme. Décrivez brièvement ces interactions avec le système digestif, le système nerveux et le système circulatoire.

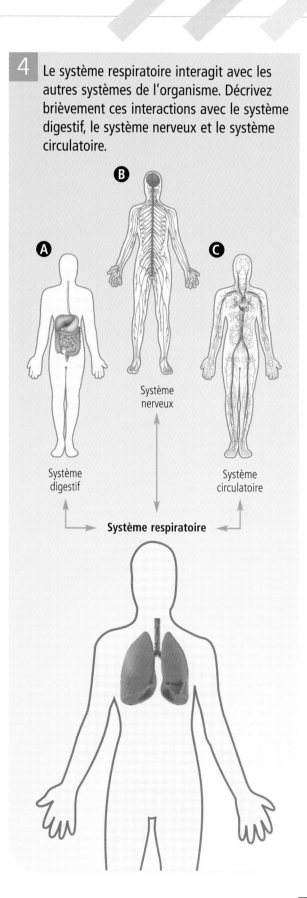

Système nerveux

Système digestif

Système circulatoire

Système respiratoire

hist₂

> LE DIOXYGÈNE : DE PRIESTLEY À LAVOISIER

Né en Angleterre, Joseph Priestley était un individu exceptionnel. Ses positions différaient souvent de celles de son pays. Il était, par exemple, en faveur d'une éducation supérieure pour les femmes. En appuyant la Révolution française, il a été contraint d'émigrer aux États-Unis en 1794.

Ses centres d'intérêt étaient variés : lettres, religion, politique et, bien sûr, sciences, sujets qu'il a traités dans de nombreux ouvrages.

Les recherches de Priestley ont porté sur les gaz, en particulier le phlogistique. Le phlogistique était le nom donné au gaz dégagé lors de la combustion. En tentant de séparer les gaz contenus dans l'air, Priestley parvient en 1774 à isoler un gaz qui ne contient pas de phlogistique. Il le nomme *air déphlogistiqué*. Ce gaz est en fait du dioxygène.

Priestley fait part de sa découverte à certains collègues, dont Antoine de Lavoisier, un chimiste français. Comme Priestley était davantage préoccupé par la théologie et la société, il ne s'est pas attardé à cette découverte.

Joseph Priestley (1733-1804)

Antoine de Lavoisier poursuit les recherches de Priestley sur ce gaz qu'il nomme finalement *oxygène*. À partir de ses expérimentations, Lavoisier affirme en 1775 que l'air est un mélange composé de 20 % de dioxygène et de 80 % de diazote.

techn₂

> DU DIOXYGÈNE À L'ÉTAT PUR

Une chambre hyperbare est un caisson métallique dans lequel on place une ou plusieurs personnes afin de leur faire inhaler du dioxygène pur à une pression élevée.

Au Canada, la réglementation quant à l'utilisation de ces chambres est très stricte. Les paramètres de temps et de pression doivent être rigoureusement calculés par un personnel médical qualifié, car le fonctionnement de plusieurs organes est lié à l'équilibre entre la pression extérieure et celle du corps. C'est le cas notamment des oreilles, des sinus et des poumons. De plus, le corps est habitué à recevoir de l'air qui ne contient que 21 % de dioxygène, alors qu'une chambre hyperbare en contient 100 %.

L'efficacité de la chambre hyperbare n'est reconnue que pour certains problèmes de santé, par exemple pour des cas d'embolie gazeuse (bulles d'air qui obstruent les vaisseaux sanguins) ou d'intoxication au monoxyde de carbone (sang ne contenant presque plus de dioxygène). Les athlètes en sont aussi des adeptes, car elle permet une cicatrisation rapide des tissus déchirés.

Une chambre hyperbare

Il existe des chambres hyperbares depuis les années 1930. Cependant, leur utilisation dans les hôpitaux remonte aux années 1990. Les scientifiques poursuivent les recherches pour trouver d'autres maladies pour lesquelles ce traitement pourrait s'avérer efficace.

ZOOM
sur l'avenir

Caroline est plongeuse professionnelle. Son travail l'amène à explorer des fonds marins ou à rechercher des gens disparus lors d'une noyade. Elle participe également à des opérations de sauvetage. Parfois, on lui demande de prendre des photos afin d'examiner des bateaux, des quais et des pipelines ou pour consigner des preuves de toute activité sous-marine qui nécessite une attention particulière. Elle plonge aussi pour récolter des spécimens marins. Son travail est donc très diversifié. Caroline enseigne depuis peu la plongée sous-marine, et elle adore cette partie de son travail.

Être plongeuse professionnelle lui demande de maintenir une excellente forme physique. Caroline doit aussi être capable de travailler toute l'année et sous n'importe quel climat. Il lui arrive de plonger dans des eaux glacées et noires qui sont parfois dangereuses. C'est pourquoi sa sécurité et celle des autres plongeurs demeurent un souci constant. Comme la pression augmente avec la profondeur de l'eau, elle et ses collègues doivent respecter des règles de sécurité très strictes pour éviter tout accident. De plus, Caroline doit être capable de rester calme en tout temps, car en plongée, la maîtrise

de soi est importante. Parfois, les plongeurs et les plongeuses doivent faire face à des imprévus et prendre des décisions très rapidement. C'est pourquoi, avant de plonger, elle et ses collègues décident en équipe des étapes du travail à faire sous l'eau.

Pour exercer son métier, Caroline a suivi le programme de plongée professionnelle. Pour y être admise, elle devait avoir 18 ans et détenir un diplôme d'études secondaires. De plus, elle devait satisfaire à plusieurs exigences préalables à l'admission (attestation de plongeur sportif, tests physiques variés, examen médical, etc.).

DOMAINES CONNEXES

Formation secondaire professionnelle

- Exploitation de bateau et d'équipement de plongée
- Formation de maître-pêcheur

Formation collégiale

- Observation en mer
- Plongée
- Techniques de biologie
- Techniques ambulancières

Formation universitaire

- Biologie de la vie aquatique
- Océanographie

Dossier 11 > Le système circulatoire

Mis bout à bout, les vaisseaux sanguins de votre corps mesureraient à peu près 100 000 km, soit environ 2,5 fois la circonférence de la Terre! L'organisme humain possède un vaste réseau de vaisseaux qui alimentent, de la tête aux pieds, tous les tissus et les organes. Le sang s'y déplace tellement vite qu'il réussit à faire le tour de votre organisme en une minute! Cette circulation est vitale, car elle fournit le dioxygène nécessaire aux cellules et évacue les déchets cellulaires. C'est votre cœur qui rend possible cette circulation: en se contractant et en se relâchant environ 70 fois par minute, il joue le rôle d'une pompe.

Chaque année au Québec, environ 75 000 personnes ont besoin d'une transfusion de sang en raison de leur état de santé. L'organisme sans but lucratif Héma-Québec se charge de recueillir les dons de sang, de les analyser et de les acheminer vers les hôpitaux. N'importe quel individu en bonne santé peut, dès l'âge de 18 ans, donner de son sang pour venir en aide aux personnes qui en ont besoin. Croyez-vous qu'il est important de le faire?

Dans ce dossier

S₂S

Le monoxyde de carbone (CO) est un gaz incolore et inodore, rejeté dans l'air surtout par la combustion des hydrocarbures, comme l'essence, le gaz naturel, le charbon, etc. Le transport, l'industrie et même le chauffage résidentiel en sont donc des sources importantes. Or, il s'agit d'un gaz toxique qui s'accumule très rapidement dans le sang.

Quels sont les effets nocifs du monoxyde de carbone sur votre organisme ?

L'être humain

Liens ⟩

... vu de l'intérieur

Dossier 12 > Les défenses
du corps

Les globules blancs participent à la lutte de notre corps contre les micro-organismes nuisibles. Sont-ils les seuls à assurer la protection du corps ?

p. 36

... et la matière

Dossier 18 > Le comportement
des fluides

Le sang est l'un des fluides de votre organisme ; il circule dans les vaisseaux sanguins. Comment le sang et les autres fluides se déplacent-ils dans votre corps ?

p. 146

... et la technologie

Dossier 21 > Les mouvements
mécaniques

Un cœur artificiel est un dispositif complexe utilisé en remplacement du cœur humain. Son fonctionnement est assuré par un moteur qui effectue une rotation, mais il fait circuler le sang dans les artères par un mouvement de translation. Quels mécanismes permettent la transformation du mouvement ?

p. 212

Le sang

Vous rappelez-vous la dernière fois que vous vous êtes éraflé la peau ? Même dans le cas d'une petite blessure, le sang tend à s'écouler par l'ouverture. Le sang humain est rouge, bien sûr ! C'est le fer à l'intérieur des globules rouges qui lui donne cette couleur. Le sang se compose également d'un liquide clair. C'est le plasma sanguin. Connaissez-vous d'autres constituants du sang ?

Les éléments figurés

Le liquide rouge qui s'écoule d'abord d'une coupure est composé des **éléments figurés**, c'est-à-dire les cellules et les fragments de cellules qui forment la partie dite solide du sang : les globules rouges, les globules blancs et les plaquettes (voir la figure 11.1). Tous ces éléments proviennent de la moelle osseuse rouge, propre à certains os. La durée de vie d'un élément figuré varie de quelques jours à quelques mois. Cette partie solide du sang baigne dans un liquide, le plasma, et représente environ 45 % du volume sanguin.

LES GLOBULES ROUGES

Les **globules rouges** du sang sont des cellules dépourvues de noyau, qui constituent 95 % des éléments figurés.

Les globules rouges peuvent se déformer, ce qui leur permet de s'introduire dans les capillaires, les plus petits vaisseaux sanguins du système circulatoire. Une fois leur durée de vie écoulée, ils sont détruits dans la rate et les résidus sont acheminés au foie, puis envoyés dans le gros intestin pour être ensuite éliminés avec les matières fécales.

Dans les globules rouges, on trouve l'**hémoglobine**, une protéine contenant du fer et donnant au sang sa couleur rouge. C'est d'ailleurs grâce à cette protéine que les globules rouges assurent le transport du dioxygène (O_2) et d'une partie du dioxyde de carbone (CO_2) dans l'organisme.

SOS

Le monoxyde de carbone est un gaz qui, comme le dioxygène, se fixe sur l'hémoglobine du sang. Sa présence diminue la capacité du sang à transporter le dioxygène. Selon Environnement Canada, une exposition fréquente au monoxyde de carbone réduit la capacité de pratiquer des activités physiques, la perception visuelle, la dextérité manuelle et la fonction d'apprentissage.

La gestion des dons de sang

« Donner son sang, c'est donner la vie ! » Seulement au Québec, des dizaines de milliers de personnes ont besoin chaque année d'une transfusion sanguine. C'est l'organisme sans but lucratif Héma-Québec qui gère les dons nécessaires pour répondre à la demande. Par exemple, il faut faire de nombreux tests pour s'assurer que le sang n'est pas contaminé, il faut planifier la distribution en fonction des besoins des centres hospitaliers, etc. Pour répondre à certaines demandes, on sépare en laboratoire les globules rouges du plasma dont on extrait ensuite les plaquettes. Ainsi, le plasma sera fort utile aux personnes hémophiles, alors que les plaquettes serviront plutôt aux personnes leucémiques et aux individus subissant une opération.

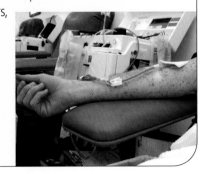

On parle d'hémorragie lors d'un saignement abondant, qui peut provoquer de graves séquelles, voire la mort. Si une aide médicale n'est pas immédiatement sur place, il est essentiel d'appliquer rapidement une forte pression sur la plaie, avec la paume de la main ou une compresse. À défaut de pansements, on peut utiliser des compresses de gaze ou un tissu absorbant propre, qu'on doit nouer fermement. Le but est de comprimer le vaisseau sanguin pour limiter l'ouverture par laquelle le sang s'échappe, en attendant que le vaisseau se répare de lui-même (il forme un « bouchon », ou caillot).

>>> **OUTIL 3**, p. 238

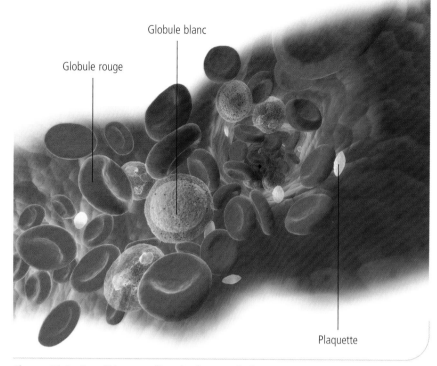

Globule blanc

Globule rouge

Plaquette

Figure 11.1 > Les éléments figurés du sang (schématisation)

Au cours de la respiration, les molécules de dioxygène se fixent sur l'hémoglobine et sont ensuite acheminées des poumons vers les cellules. Le sang, riche en dioxygène, est alors rouge vif. Ce sont ensuite les molécules de dioxyde de carbone qui se fixent sur l'hémoglobine et sont transportées des cellules aux poumons. Le sang, alors pauvre en dioxygène, est rouge sombre.

LES GLOBULES BLANCS

Les **globules blancs** sont des cellules qui possèdent un noyau. Ils représentent moins de 1 % des éléments figurés : on compte environ 1 globule blanc pour 650 globules rouges.

Les globules blancs servent à protéger l'organisme contre les micro-organismes. Il y en a plusieurs types, chacun exerçant une fonction de défense déterminée par la nature de l'attaque.

LES PLAQUETTES

Les **plaquettes** sont des fragments de grosses cellules provenant de la moelle osseuse. Elles sont incolores et dépourvues de noyau. Elles servent à la coagulation du sang. Ainsi, lorsque la paroi d'un vaisseau sanguin est sectionnée, les plaquettes se fixent sur la lésion. Ensuite, la **fibrine**, une protéine du plasma, forme un réseau qui retient les globules rouges et contribue à former un caillot pour recouvrir la paroi endommagée. C'est le processus de **coagulation**. L'hémorragie est alors stoppée, et le vaisseau endommagé peut être réparé.

Le tableau 11.1 de la page suivante présente les principales caractéristiques des éléments figurés.

Tableau 11.1 > Les principales caractéristiques des éléments figurés

	GLOBULE ROUGE	GLOBULE BLANC	PLAQUETTE
Description	Cellule sans noyau en forme de disque biconcave	Cellule avec noyau	Fragment de cellule sans noyau
Diamètre	De 0,007 mm à 0,008 mm	De 0,007 mm à 0,020 mm	De 0,002 mm à 0,004 mm
Quantité par millimètre cube de sang	Environ 5 000 000	Environ 8 000	De 150 000 à 400 000
Durée de vie	De 100 jours à 120 jours	De quelques heures à quelques mois	De 5 jours à 9 jours
Fonction	Transport du dioxygène et du dioxyde de carbone	Défense de l'organisme contre les micro-organismes	Coagulation du sang

— Plasma

— Globules blancs et plaquettes

— Globules rouges

Éléments figurés

Figure 11.2 > Les constituants du sang
La séparation des constituants du sang montre que le plasma en constitue la partie la plus volumineuse.

Le plasma

Le **plasma** est un liquide clair jaunâtre, composé de 90 % d'eau. Il représente 55 % du volume sanguin, ce qui en fait le principal constituant du sang (voir la figure 11.2). En plus de l'eau, le plasma contient des protéines ainsi que de petites quantités d'hormones, de nutriments et de sels minéraux dissous.

Le plasma a pour fonction d'assurer :

- la fluidité du sang ;
- le transport des éléments figurés ;
- le transport des nutriments aux cellules ;
- le transport des déchets cellulaires jusqu'aux organes chargés de les éliminer ;
- la coagulation du sang.

Le scandale du sang contaminé

Au Canada, dans les années 1980, au moins 1 200 personnes ont, par une transfusion sanguine, contracté le sida et 12 000, l'hépatite C : c'est ce qu'on a appelé le *scandale du sang contaminé*. En 1997, la Commission d'enquête sur l'approvisionnement en sang au Canada, créée par le gouvernement fédéral et dirigée par le juge Krever, publie un rapport comprenant une série de recommandations pour améliorer le processus du don de sang. En 1998, le gouvernement du Québec annonce la constitution de l'organisme sans but lucratif Héma-Québec. D'autres pays, dont la France et les États-Unis, ont aussi eu leur scandale du sang : là-bas comme ici, des victimes ont obtenu une compensation financière. Dans toute cette affaire, il a cependant toujours été difficile de montrer du doigt les véritables coupables.

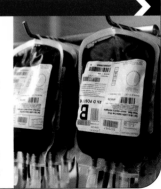

La structure du système circulatoire

Vous avez certainement déjà observé de près votre peau ou celle d'une autre personne. Y avez-vous remarqué les vaisseaux sanguins qu'on peut apercevoir par transparence ou en protubérance au cou, aux poignets, aux chevilles, etc. ? D'après vous, s'agit-il de veines ou d'artères ? Savez-vous comment le sang circule dans votre corps ? Savez-vous comment fonctionne votre cœur ?

Le cœur

Le cœur est un organe relativement petit : chez la plupart des individus, sa taille fait environ une fois et demie celle du poing. Chez une personne adulte, sa masse est d'environ 300 g. Situé entre les poumons, légèrement incliné sur la gauche, le **cœur** est principalement constitué d'un muscle, le **myocarde**, qui joue le rôle d'une pompe en faisant circuler le sang dans les vaisseaux sanguins (voir la figure 11.3).

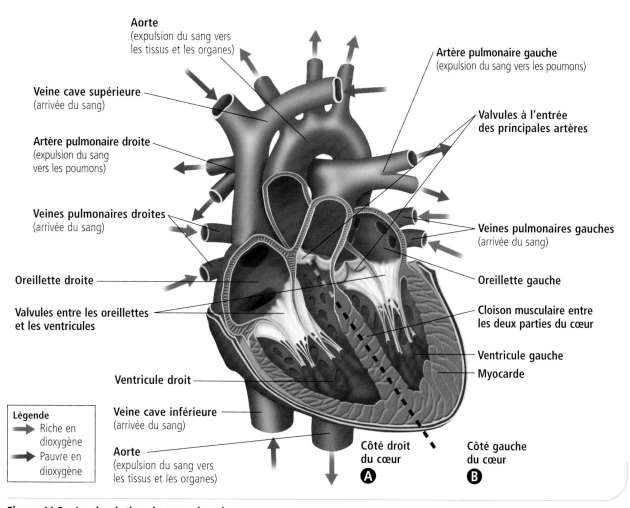

Figure 11.3 > La circulation du sang dans le cœur
Le cœur fait circuler le sang riche en dioxygène vers les tissus et les organes, et retourne le sang pauvre en dioxygène vers les poumons.

Une cloison musculaire sépare le cœur en deux parties, dont chacune a des fonctions particulières. Chacune de ces parties comporte deux cavités, une oreillette et un ventricule.

- Le côté droit du cœur (voir la figure 11.3 **Ⓐ** de la page précédente) reçoit le sang pauvre en dioxygène et riche en dioxyde de carbone en provenance des tissus et des organes. Il envoie ce sang dans les poumons afin d'éliminer le dioxyde de carbone et de le réoxygéner.
- Le côté gauche du cœur (voir la figure 11.3 **Ⓑ**) reçoit le sang riche en dioxygène et pauvre en dioxyde de carbone en provenance des poumons. Il envoie ce sang dans les tissus et les organes.

LES OREILLETTES

Les **oreillettes** sont deux petits compartiments situés dans le haut du cœur. Elles reçoivent le sang provenant des veines. Une **valvule** sépare chaque oreillette d'un autre compartiment situé juste en dessous, le ventricule. Cette petite membrane permet au sang de circuler dans une seule direction et l'empêche de refluer, c'est-à-dire de couler dans le sens contraire.

LES VENTRICULES

Les **ventricules** sont les deux compartiments inférieurs du cœur. Plus volumineux que les oreillettes, ils ont aussi une enveloppe musculaire plus épaisse.

Les contractions du cœur font tour à tour passer le sang des oreillettes aux ventricules, puis des ventricules aux artères.

Les artères

Les **artères** sont les vaisseaux sanguins qui acheminent le sang provenant du cœur jusqu'aux différents tissus et organes.

La paroi des artères est recouverte de muscles dont les contractions font circuler le sang. Elles sont aussi entourées de fibres élastiques qui leur permettent de résister à la pression exercée par le sang (voir la figure 11.4 **Ⓐ**).

Le sang est expulsé du cœur par une artère, l'**aorte**, le plus gros vaisseau sanguin du corps humain. L'aorte se sépare ensuite en plusieurs artères qui se subdivisent à leur tour en vaisseaux sanguins de plus petit diamètre, les **artérioles**. Ces dernières se ramifient en **capillaires**, des vaisseaux sanguins extrêmement fins (d'un diamètre maximal de 0,01 mm) qui apportent aux cellules les nutriments et le dioxygène contenus dans le sang.

info +

L'ÉQUATION DE L'OBÉSITÉ : 1 kg = 650 km !

Quand un individu prend du poids, chaque nouveau kilogramme de masse adipeuse provoque la formation de 650 km de vaisseaux sanguins supplémentaires. Le cœur doit donc travailler plus fort pour irriguer ces nouveaux tissus. De plus, les personnes obèses souffrent souvent d'hypertension.

Les veines

Les **veines** sont les vaisseaux sanguins qui ramènent vers le cœur le sang en provenance des différents tissus et organes.

La couche musculaire qui entoure la paroi des veines est beaucoup moins épaisse que celle située autour de la paroi des artères (voir la figure 11.4). C'est ainsi parce que ce n'est pas la poussée du cœur qui fait circuler le sang dans les veines, mais plutôt les contractions des muscles du corps situés à proximité. À l'intérieur de certaines veines, surtout celles des jambes, des valvules empêchent le reflux sanguin. Le sang qui circule vers le cœur ne peut donc pas refluer (voir la figure 11.5).

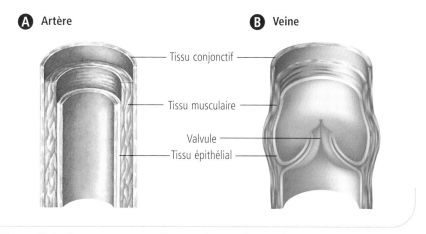

A Artère   **B** Veine

Tissu conjonctif
Tissu musculaire
Valvule
Tissu épithélial

Figure 11.4 > **La vue en coupe d'une artère et d'une veine**
Le diamètre interne d'une artère **A** est en général plus petit que celui d'une veine **B** et sa paroi est plus épaisse pour lui permettre de résister à la pression du sang poussé par le cœur.

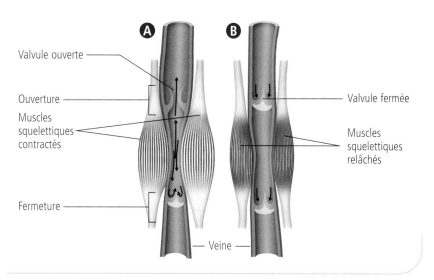

Valvule ouverte
Ouverture
Muscles squelettiques contractés
Fermeture

Valvule fermée
Muscles squelettiques relâchés

Veine

Figure 11.5 > **La circulation du sang dans les veines**
La contraction des muscles bordant les veines propulse le sang vers le cœur. Le mouvement d'ouverture et de fermeture des valvules permet au sang de circuler dans un seul sens en l'empêchant de refluer **A**. Au repos, les valvules demeurent fermées, empêchant le sang de redescendre sous l'effet de la gravité **B**.

La structure du réseau veineux est semblable à celle du réseau artériel. Les capillaires récoltent le sang au niveau des tissus et l'acheminent dans des vaisseaux un peu plus gros, les **veinules**. Celles-ci convergent pour former les veines. C'est par les veines caves que le sang retourne au cœur (voir les figures 11.6 et 11.7).

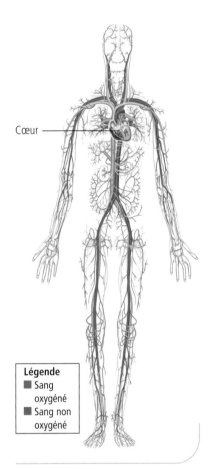

Figure 11.6 > Le système circulatoire
Le système circulatoire du corps humain comprend deux réseaux : le réseau artériel et le réseau veineux.

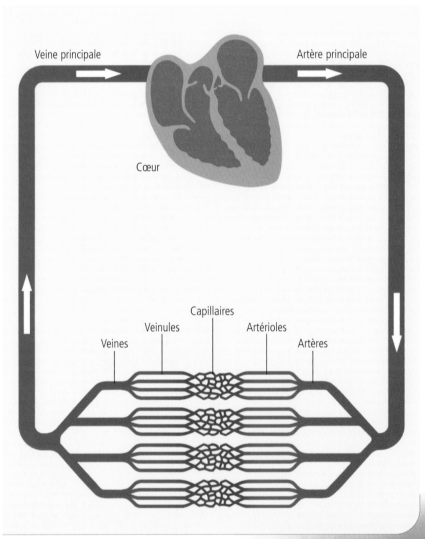

Figure 11.7 > Les vaisseaux sanguins

Le fonctionnement du système circulatoire

Vous est-il déjà arrivé d'avoir un membre engourdi après une longue période d'immobilité ou avez-vous déjà éprouvé un étourdissement en vous levant trop rapidement? Ces malaises sont attribuables à un problème de circulation sanguine. Pourquoi le sang circule-t-il dans votre corps? Jusqu'à quel point la circulation sanguine est-elle nécessaire au maintien de la vie?

La petite circulation et la grande circulation

La **petite circulation**, aussi appelée *circulation pulmonaire*, **oxygène le sang.** Dans ce circuit, le sang pauvre en dioxygène et riche en dioxyde de carbone provenant des tissus et des organes est acheminé du cœur vers les poumons, où il est oxygéné avant de retourner vers le cœur (voir la figure 11.8 **A** de la page suivante).

La **grande circulation**, aussi appelée *circulation systémique*, **achemine le sang oxygéné vers les cellules de l'organisme** (voir la figure 11.8 **B**), puis ramène le sang riche en dioxyde de carbone vers le cœur.

La petite et la grande circulation se produisent simultanément (voir le tableau 11.2 de la page suivante). Ainsi, la contraction des deux oreillettes s'effectue en même temps, suivie immédiatement de la contraction des deux ventricules. Le cœur se contracte et se détend selon un cycle régulier de deux phases principales : la diastole et la systole. Ce cycle dure en moyenne 0,8 s.

Le monoxyde de carbone est un gaz inodore et incolore extrêmement sournois. En fait, il se lie 200 fois plus facilement à l'hémoglobine que ne le fait le dioxygène. Il suffit donc d'une concentration de 0,1 % dans l'air pour tuer un adulte en une heure, de 1 %, pour le tuer en 15 minutes et de 10 % pour que la mort soit immédiate !

ZOOM sur la santé

L'EPO DANS LES SPORTS : LE REVERS DE LA MÉDAILLE

À la base, l'érythropoïétine (EPO) n'est pas une drogue : c'est une hormone fabriquée par notre corps, surtout par les reins. Elle stimule la production de globules rouges, qui transportent le dioxygène nécessaire au maintien de la vie. Des athlètes et des entraîneurs et entraîneuses peu scrupuleux ont donc vu dans l'injection d'EPO deux avantages : un sang plus riche en dioxygène fournit davantage d'énergie ; et surtout, comme l'EPO existe déjà dans l'organisme, elle est plus difficile à détecter par contrôle antidopage. Par ailleurs, la prise d'EPO comporte d'énormes risques : l'hypertension et la formation de caillots sanguins, source de problèmes cardiaques potentiellement mortels.

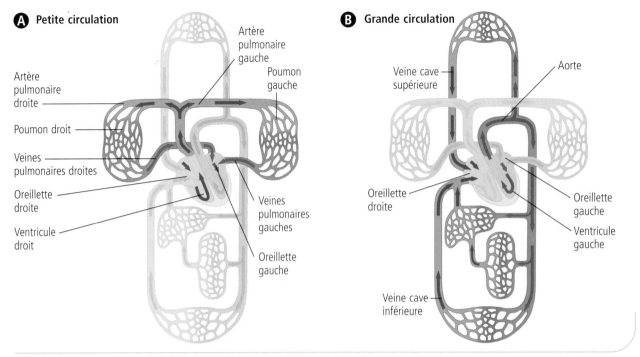

A Petite circulation

Artère pulmonaire gauche

Poumon gauche

Artère pulmonaire droite

Poumon droit

Veines pulmonaires droites

Oreillette droite

Ventricule droit

Veines pulmonaires gauches

Oreillette gauche

B Grande circulation

Veine cave supérieure

Aorte

Oreillette droite

Oreillette gauche

Ventricule gauche

Veine cave inférieure

Figure 11.8 > La petite circulation et la grande circulation
La petite circulation **A** oxygène le sang et en élimine les déchets (dioxyde de carbone). La grande circulation **B** achemine le sang oxygéné vers les tissus et les organes de l'organisme, et ramène le dioxyde de carbone vers le cœur.

Tableau 11.2 > Les principales étapes de la circulation sanguine

PETITE CIRCULATION	GRANDE CIRCULATION
1 Le **sang pauvre en dioxygène** qui se trouve dans l'oreillette droite est poussé dans le ventricule droit par une contraction musculaire du cœur.	**1** Le **sang riche en dioxygène** qui se trouve dans l'oreillette gauche est poussé dans le ventricule gauche par une contraction musculaire du cœur.
2 Une seconde contraction propulse le sang dans les **artères pulmonaires**.	**2** Une seconde contraction propulse le sang dans l'**aorte**.
3 Le sang se dirige vers les **poumons** en empruntant successivement les artères, les artérioles et les capillaires pour atteindre les alvéoles pulmonaires**.**	**3** Le sang quitte l'aorte et emprunte successivement les artères, les artérioles et les capillaires pour atteindre **tous les tissus et les organes** du corps.
4 Les échanges gazeux de la **respiration pulmonaire** s'effectuent **entre le sang et les poumons**. Le dioxyde de carbone diffuse vers les alvéoles pulmonaires et le dioxygène diffuse vers le sang.	**4** Les échanges gazeux de la **respiration cellulaire** s'effectuent **entre le sang et les cellules**. Le dioxygène diffuse vers les cellules et le dioxyde de carbone diffuse vers le sang. Des échanges cellulaires ont aussi lieu pour les nutriments contenus dans le sang et les déchets produits par les cellules.
5 Le **sang riche en dioxygène** voyage successivement par les capillaires, les veinules et les veines, et est retourné au cœur par les veines pulmonaires.	**5** Le **sang pauvre en dioxygène** voyage successivement par les capillaires, les veinules et les veines. Il passe par différents organes qui en filtrent les déchets autres que le dioxyde de carbone.
6 Le sang riche en dioxygène se déverse dans l'oreillette gauche.	**6** Le sang pauvre en dioxygène arrive dans l'oreillette droite par les veines caves.

Systole

Diastole

LA VIE NOUS TIENT À CŒUR !

À la base, le cœur est une pompe. Tous les cœurs artificiels, depuis 1953, sont donc des pompes mécaniques. La recherche s'est heurtée à de nombreux défis techniques. Les individus ayant un cœur artificiel devaient transporter avec eux de grosses batteries. Malgré les progrès technologiques, le risque de rejet est toujours là. En fait, la greffe d'un cœur artificiel est temporaire : l'appareil est utilisé dans l'attente d'un vrai cœur. Par ailleurs, on expérimente de plus en plus de dispositifs qu'on voudrait permanents. L'un de ces dispositifs se recharge à travers la peau, sans avoir besoin de faire une ouverture dans le corps, grâce à un petit boîtier qui émet des impulsions électromagnétiques.

La **diastole** est la phase de repos du cœur : les veines caves et les veines pulmonaires déversent le sang dans les oreillettes, et les ventricules commencent à se remplir (voir la figure 11.9).

La **systole** est la phase d'effort du cœur : les oreillettes se contractent et le sang qu'elles contiennent pénètre dans les ventricules ; les valvules **A** se referment ; les ventricules, sous l'effet de la pression du sang, se contractent à leur tour ; les valvules **B** s'ouvrent ; le sang est propulsé dans les artères pulmonaires et l'aorte ; les valvules **B** se referment (voir la figure 11.10).

On peut sentir et entendre le battement du cœur. Le **pouls** permet de le mesurer. Les sons perçus correspondent à la fermeture des valvules au cours de la systole. Le pouls d'un individu varie en fonction de :

- son âge ;
- son sexe ;
- sa condition physique.

En général, après la petite enfance, le pouls normal d'une personne se situe entre 60 et 80 battements par minute. Le stress, l'activité physique, la fatigue et les émotions fortes sont des facteurs qui peuvent modifier temporairement le pouls d'une personne.

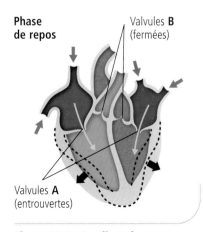

Figure 11.9 > La diastole

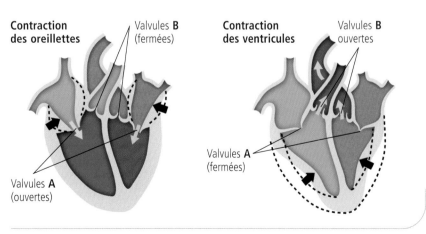

Figure 11.10 > La systole

Le transfert des substances

La circulation du sang ne sert pas uniquement à faciliter les échanges gazeux du sang avec les poumons ou les cellules. Elle permet également des échanges de substances avec tous les systèmes du corps (voir la figure 11.11).

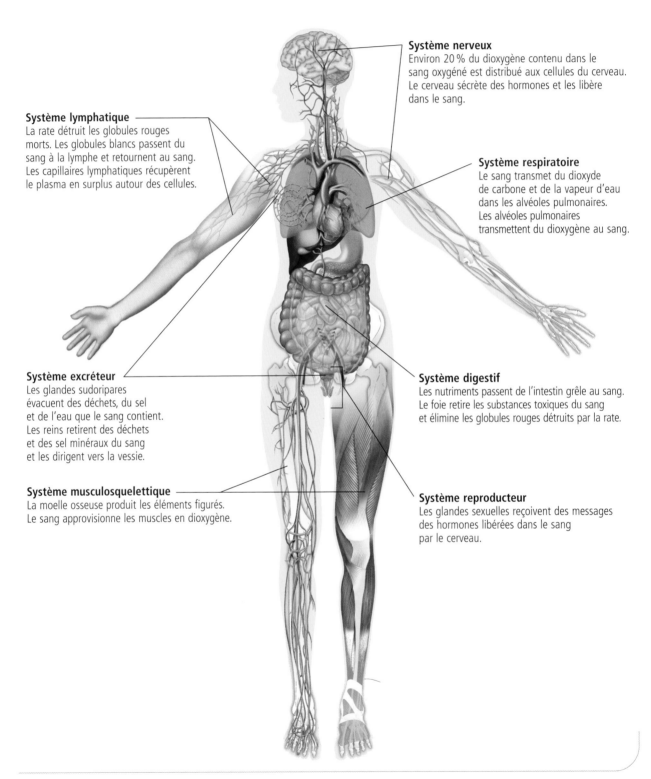

Système nerveux
Environ 20 % du dioxygène contenu dans le sang oxygéné est distribué aux cellules du cerveau. Le cerveau sécrète des hormones et les libère dans le sang.

Système lymphatique
La rate détruit les globules rouges morts. Les globules blancs passent du sang à la lymphe et retournent au sang. Les capillaires lymphatiques récupèrent le plasma en surplus autour des cellules.

Système respiratoire
Le sang transmet du dioxyde de carbone et de la vapeur d'eau dans les alvéoles pulmonaires. Les alvéoles pulmonaires transmettent du dioxygène au sang.

Système excréteur
Les glandes sudoripares évacuent des déchets, du sel et de l'eau que le sang contient. Les reins retirent des déchets et des sel minéraux du sang et les dirigent vers la vessie.

Système digestif
Les nutriments passent de l'intestin grêle au sang. Le foie retire les substances toxiques du sang et élimine les globules rouges détruits par la rate.

Système musculosquelettique
La moelle osseuse produit les éléments figurés. Le sang approvisionne les muscles en dioxygène.

Système reproducteur
Les glandes sexuelles reçoivent des messages des hormones libérées dans le sang par le cerveau.

Figure 11.11 > Les principaux échanges entre le système circulatoire et les autres systèmes du corps humain
Le système circulatoire joue un rôle primordial auprès des autres systèmes de l'organisme humain.

Concepts clés

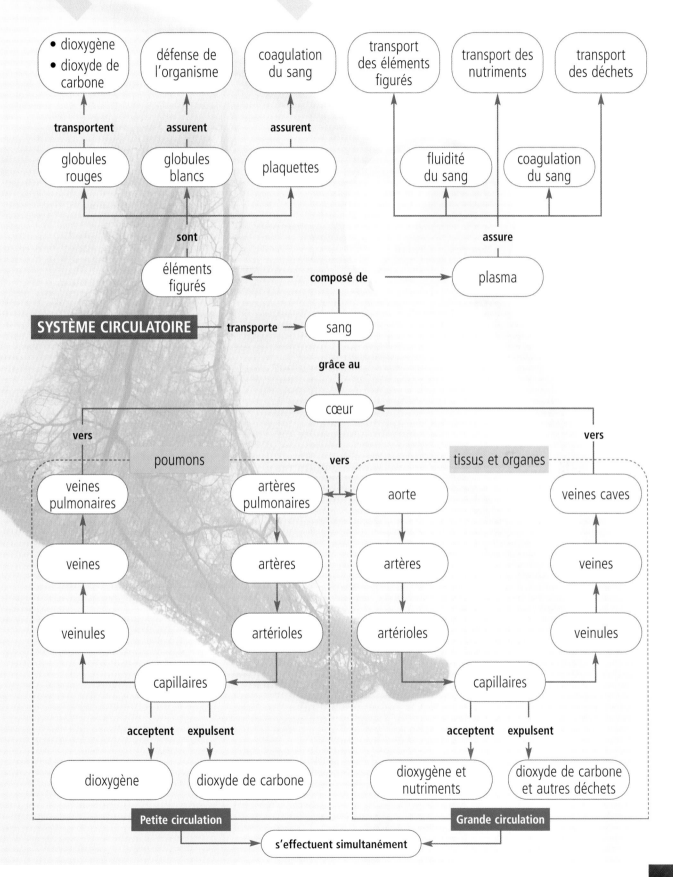

- dioxygène
- dioxyde de carbone

défense de l'organisme

coagulation du sang

transport des éléments figurés

transport des nutriments

transport des déchets

transportent   **assurent**   **assurent**

globules rouges

globules blancs

plaquettes

fluidité du sang

coagulation du sang

sont

assure

éléments figurés ← **composé de** → plasma

SYSTÈME CIRCULATOIRE — **transporte** → sang

grâce au

cœur

poumons   **vers**   tissus et organes

vers   **vers**

veines pulmonaires

artères pulmonaires

aorte

veines caves

veines

artères

artères

veines

veinules

artérioles

artérioles

veinules

capillaires

capillaires

acceptent   **expulsent**   **acceptent**   **expulsent**

dioxygène

dioxyde de carbone

dioxygène et nutriments

dioxyde de carbone et autres déchets

Petite circulation   **Grande circulation**

s'effectuent simultanément

1 Qui suis-je ?

a) Je suis le plus gros vaisseau sanguin du corps humain.

b) J'assure la fluidité du sang.

c) Je suis un organe du corps humain et mon rôle est celui d'une pompe.

d) Je contiens de l'hémoglobine, une protéine qui donne sa couleur rouge au sang.

e) Je suis le plus fin vaisseau sanguin du corps humain.

f) Je suis la circulation qui amène le sang du cœur aux poumons et vice-versa.

g) Je compte parmi les artères, mais je transporte du sang pauvre en dioxygène.

h) Je suis l'élément figuré le plus abondant dans le sang.

i) Je suis un constituant du sang, j'ai une durée de vie très limitée et j'assure la coagulation du sang.

2 Dans chaque cas, indiquez si l'énoncé est vrai ou faux. Corrigez les énoncés que vous jugez faux.

a) La systole correspond à la contraction du muscle cardiaque.

b) Le plasma est constitué de 90 % d'eau.

c) Les globules rouges sont des cellules contenant un gros noyau.

d) Le pouls normal d'une personne adulte se situe entre 60 et 80 battements par minute.

e) En général, les artères transportent du sang pauvre en dioxygène.

f) Tous les éléments figurés sont issus du même organe, le foie.

g) Le sang dans les veines est propulsé grâce aux contractions cardiaques.

3 Dans chaque cas, donnez le nom de l'élément figuré.

a)

b)
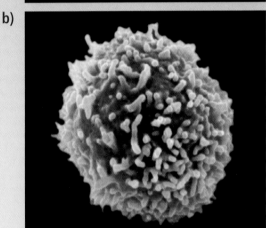

c)
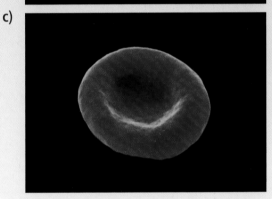

4 Déterminez si la structure nommée fait partie de la petite circulation ou de la grande circulation.

a) Aorte.

b) Artère pulmonaire.

c) Ventricule droit.

d) Poumon.

e) Ventricule gauche.

5 Dans chaque cas, nommez la partie pointée.

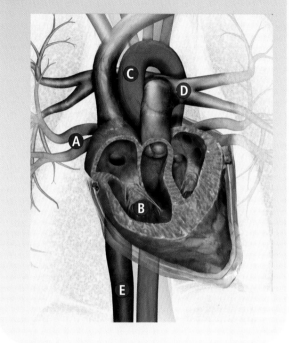

6 Vous passez au CLSC pour une prise de sang. L'infirmier de service introduit une aiguille dans une veine située au creux de votre bras. Au cours de la procédure, il vous demande d'abord de serrer le poing, puis de le relâcher. Expliquez pourquoi.

7 En matière de santé, on s'entend pour dire que la pratique d'une activité physique sur une base régulière réduit le risque de maladies cardiaques. Expliquez pourquoi.

8 Le cœur se contracte et se détend selon un cycle régulier de deux phases : la diastole et la systole.

a) À quoi correspond la systole ?

b) À quoi correspond la diastole ?

c) À quelle phase correspond le pouls ?

9 Le système circulatoire fonctionne en interrelation avec les autres systèmes du corps humain. Décrivez brièvement des liens entre le système circulatoire et les systèmes respiratoire, lymphatique et digestif.

B

A **C**

Système lymphatique

Système respiratoire

Système digestif

Système circulatoire

> Maude Abbott : une pionnière dans la médecine pratiquée par les femmes

Maude Abbott fréquente l'Université McGill depuis 1886. Elle y obtient en 1890 un diplôme d'enseignement et un baccalauréat ès arts. La même année, elle veut s'inscrire au programme de médecine, mais la politique de McGill est claire : aucune femme ne peut être admise en médecine. Elle s'inscrit donc à la faculté de médecine du Bishop's College à Montréal. Elle sera d'ailleurs la seule femme de sa classe. En 1894, elle obtient son diplôme avec mention, en plus de recevoir deux prix prestigieux, dont celui d'anatomie avancée.

D^re Abbott pratique la médecine en cabinet privé, tout en menant des recherches sur les maladies du cœur au Royal Victoria Hospital. Ces recherches lui permettront de devenir la première femme membre de la Montreal Medico-Chirurgical Society.

En 1901, Maude Abbott fait la connaissance de William Osler (1849-1919), un médecin canadien, qui la convainc de collaborer à un ouvrage sur la médecine. Elle rédige la section traitant des maladies cardiaques congénitales. Cet écrit lui vaut, en 1907, une reconnaissance internationale et, en 1910, son premier doctorat honorifique de l'Université McGill. Elle devient professeure adjointe dans cet établissement en 1925. En 1936, elle publie un ouvrage sur un système de classification des maladies cardiaques congénitales pour lequel l'Université McGill de Montréal lui décerne un second doctorat honorifique. Bien qu'elle n'ait plus à faire ses preuves, l'Université refuse toujours de lui accorder un statut de professeure !

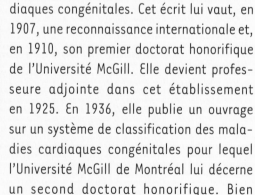

**Maude Abbott
(1869-1940)**

Maude Abbott meurt en 1940 d'une hémorragie cérébrale. En 1994, elle est intronisée à titre posthume au Temple de la renommée médicale canadienne.

> Le stimulateur cardiaque

C'est le médecin canadien John Hopps qui a inventé en 1950 le stimulateur cardiaque (en anglais, *pacemaker*). De nombreuses personnes doivent aujourd'hui la vie à l'implantation d'un stimulateur cardiaque dans leur organisme.

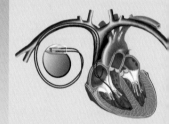

Un stimulateur cardiaque

Le système de stimulation cardiaque utilisé de nos jours est constitué d'un stimulateur en titane, un métal qui réduit le risque de rejet par l'organisme, et d'une sonde de stimulation. Le stimulateur cardiaque est muni d'une pile au lithium et à l'iode d'une durée de vie d'environ 10 ans, alors que la sonde est un fil électrique très fin, isolé à l'aide de silicone.

En fait, même s'il s'agit de technologie avancée, le fonctionnement d'un stimulateur cardiaque est simple. En cas de perte de rythme cardiaque, la sonde envoie un message au stimulateur. Celui-ci génère alors une impulsion électrique qui est à son tour transmise au cœur par la sonde. Cette impulsion provoque une contraction du cœur, qui reprend alors son rythme. Le stimulateur cardiaque peut s'adapter au niveau d'activité physique et au stress émotionnel de la personne qui le porte.

On implante cet appareil sous l'épaule droite de l'individu. On fait passer la sonde par une veine reliée au cœur et on la rattache au ventricule droit ; s'il faut implanter une seconde sonde, on la rattache à l'oreillette droite. Une personne portant un stimulateur cardiaque peut mener une vie normale. Attention ! Il faut se méfier des téléphones cellulaires, dont les ondes peuvent dérégler le dispositif.

ZOOM sur l'avenir

Le travail des ingénieurs biomédicaux consiste, entre autres, à concevoir et à installer du matériel et des instruments utilisés dans des établissements de santé, ou encore à jouer un rôle important dans l'administration des hôpitaux en conseillant les dirigeants et dirigeantes au sujet de l'acquisition, de l'utilisation et de l'entretien de l'équipement médical. Quelles que soient ses tâches et quel que soit son employeur, l'ingénieur biomédical ou l'ingénieure biomédicale se préoccupe toujours du bien-être des malades et se tient donc au courant des progrès tant scientifiques que technologiques.

Julia est ingénieure biomédicale dans un centre de recherche. Avec l'expérience et grâce à son leadership, elle est devenue chargée de projet. Présentement, elle dirige une équipe de spécialistes qui conçoivent et expérimentent des appareils de haute technologie en diagnostic des maladies du cœur. C'est le plus important projet de sa carrière.

Julia doit animer et mobiliser les membres de son équipe en plus d'organiser efficacement le travail. Par ailleurs, elle doit faire preuve de jugement et être capable de prendre des décisions importantes. Par-dessus tout, elle a beaucoup de facilité à travailler avec les autres. Julia est une personne très ouverte aux idées nouvelles, et c'est un atout important dans sa profession d'ingénieure. Julia est dotée d'un excellent esprit scientifique et ses

méthodes de travail sont rigoureuses. Elle a toujours été passionnée par la santé et la recherche. On peut donc dire qu'elle est tout à fait à sa place !

Après des études collégiales en sciences, Julia a obtenu un baccalauréat en génie physique. C'est à la maîtrise qu'elle s'est spécialisée en génie biomédical.

DOMAINES CONNEXES

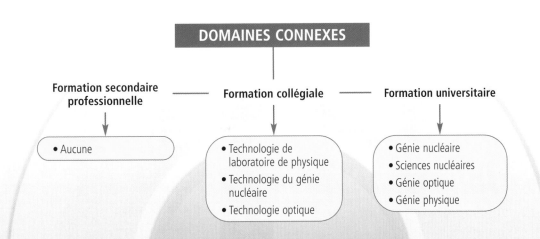

Formation secondaire professionnelle
- Aucune

Formation collégiale
- Technologie de laboratoire de physique
- Technologie du génie nucléaire
- Technologie optique

Formation universitaire
- Génie nucléaire
- Sciences nucléaires
- Génie optique
- Génie physique

Dossier 12 > Les défenses du corps

N ous n'en sommes pas toujours conscients, mais notre organisme subit régulièrement l'assaut de nombreux corps étrangers, comme les microbes et autres substances nocives. Or, l'organisme humain dispose de plusieurs moyens de défense. Ainsi, la surface du corps (peau, muqueuses, sécrétions qui s'y trouvent, etc.) forme une barrière naturelle contre les invasions. Quand un «intrus» pénètre dans votre corps, les globules blancs se mobilisent afin de détruire l'envahisseur. Comment votre organisme reconnaît-il les ennemis? Comment les combat-il? Comment réagit-il en présence de sang d'un autre groupe sanguin?

{ Le gouvernement québécois est activement engagé dans la lutte contre les maladies et les affections. Depuis 1964, il finance ainsi le Fonds de la recherche en santé du Québec (FRSQ), qui verse annuellement près de 80 M$ en bourses et en subventions à la recherche publique en santé humaine. On peut ainsi mettre au point de nouveaux médicaments, traitements et vaccins. Devrait-on accorder plus d'importance à la prévention des maladies qu'à leur traitement? }

S O S

De nombreux individus souffrent d'allergies. L'allergie est une réaction déclenchée par l'entrée dans l'organisme d'une substance qu'on appelle *allergène*. Chez la plupart des gens, cette substance est sans danger. Cependant, il arrive qu'elle dérègle le système immunitaire, ce qui entraîne la production d'anticorps visant à détruire les allergènes et provoque diverses manifestations (éternuements, difficultés respiratoires, etc.).

Quel rapport y a-t-il entre la pollution atmosphérique et certaines allergies ?

L'être humain

Liens

... vu de l'intérieur

Dossier 13 > Le système excréteur

L'un des rôles de la lymphe consiste à recueillir une partie des déchets provenant de la respiration cellulaire et à les expulser dans le sang. Certains des déchets transportés par le sang se retrouvent dans l'urine. Connaissez-vous les organes qui participent à l'élaboration de ce liquide ?

p. 52

... et la matière

Dossier 19 > Les ondes

Le système de défense de votre organisme dispose de plusieurs types de globules blancs, de tailles et de formes différentes. Sans le microscope, il serait difficile de les distinguer. Connaissez-vous le principe de la mise au point de l'objectif d'un microscope ?

p. 164

Le système lymphatique

Parmi les systèmes essentiels au maintien de la vie, le système lymphatique joue un rôle important. Il assure la délicate tâche de défendre l'organisme contre les corps étrangers. Grippe, otite ou simple coupure, le mécanisme est le même : le système lymphatique se met en branle pour favoriser votre guérison. Sans ce système, le moindre rhume pourrait vous terrasser !

La lymphe

On peut parfois observer un liquide incolore qui s'écoule d'une éraflure. Cette substance, issue du sang, est la **lymphe** : elle entoure toutes les cellules du corps et circule dans des canaux appelés *vaisseaux lymphatiques*. La lymphe est constituée de plasma contenant des nutriments (par exemple, minéraux et sucres) et des déchets (par exemple, débris de cellules et de microbes). Le corps humain contient environ trois litres de lymphe.

Les fonctions de la lymphe sont variées.

- Elle sert à recueillir les lipides décomposés par le système digestif au cours de la phase d'absorption.
- Elle transporte les nutriments du sang aux cellules.
- Elle récupère les déchets cellulaires et les rejette dans le sang (voir la figure 12.1).
- Elle détecte la présence de corps étrangers dans l'organisme.
- Au besoin, elle stimule les ganglions lymphatiques pour leur faire libérer des substances capables de défendre le corps.

La structure du système lymphatique

La lymphe fait partie du **système lymphatique**, qui assure la défense du corps humain. Une partie de la lymphe circule dans un réseau semblable à celui des vaisseaux sanguins. Tout comme ces derniers, les **vaisseaux lymphatiques** parcourent l'ensemble du corps. On trouve le long de ces vaisseaux plusieurs renflements, appelés **ganglions lymphatiques**. Ils ont pour tâches de filtrer la lymphe et d'activer les mécanismes de défense.

En cas d'infection, les ganglions s'activent et enflent ; les ganglions du cou, notamment, deviennent facilement palpables. Les ganglions servent aussi à épurer la lymphe en retenant divers types de déchets (virus, bactéries et débris cellulaires). Le système lymphatique comprend des organes secondaires qui servent de réservoirs de globules blancs : les amygdales, la rate, le thymus et l'appendice (voir la figure 12.2).

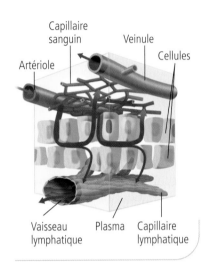

Capillaire sanguin

Veinule

Cellules

Artériole

Vaisseau lymphatique

Plasma

Capillaire lymphatique

Figure 12.1 > La lymphe
La lymphe transporte les nutriments aux cellules et récupère les déchets pour les rejeter dans le sang. Le surplus de lymphe est recueilli par les capillaires lymphatiques.

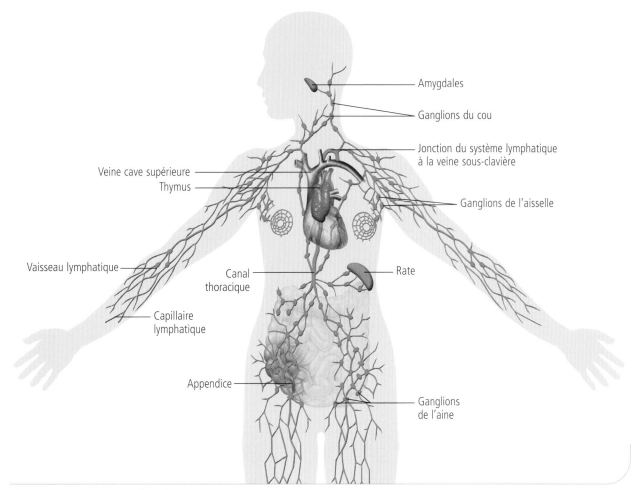

Figure 12.2 > Le système lymphatique
Les nombreuses structures du système lymphatique participent à la défense de l'organisme.

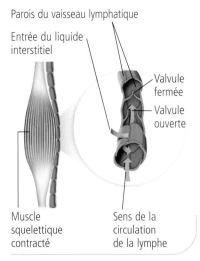

Figure 12.3 > La circulation de la lymphe
Les valvules des vaisseaux lymphatiques empêchent la lymphe de refluer.

La circulation lymphatique

Grâce à la circulation lymphatique, les globules blancs, qu'on appelle alors **lymphocytes**, peuvent atteindre n'importe quelle partie du corps pour être en mesure de défendre l'organisme contre les intrus. Quel est le parcours de la lymphe ? D'abord, une partie du liquide qui baigne les cellules, le liquide interstitiel, pénètre dans les vaisseaux lymphatiques. Puis, la lymphe circule dans les vaisseaux lymphatiques avant de rejoindre la circulation sanguine.

Contrairement au réseau artériel, le système lymphatique ne profite pas de la propulsion exercée par le cœur. La lymphe circule plutôt grâce aux contractions des muscles et des vaisseaux lymphatiques (voir la figure 12.3). Par ailleurs, tout comme certaines veines, les vaisseaux lymphatiques sont munis de valvules qui empêchent le reflux du liquide.

L'immunité

Enfant, vous avez sans doute contracté des maladies contagieuses, comme la varicelle ou les oreillons. Ces maladies ont alors affaibli votre organisme, qui a heureusement repris le dessus grâce aux mécanismes de défense de votre corps. Connaissez-vous des moyens simples pour favoriser le maintien d'une bonne santé ? Tout commence par une bonne hygiène de vie : manger sainement, pratiquer régulièrement des activités physiques, dormir suffisamment et se protéger des infections transmissibles sexuellement (ITS).

L'**immunité** est la capacité qu'a l'organisme de résister à une infection en neutralisant des agents pathogènes (virus, bactéries ou champignons microscopiques) et de combattre d'autres menaces extracellulaires (poisons et toxines). On distingue l'immunité innée et l'immunité acquise.

L'immunité innée

La douleur vive et immédiate qu'on ressent après une piqûre de guêpe est causée par le dard venimeux qui transperce la peau. Le dard franchit la première ligne de défense du corps, son enveloppe extérieure. Dans les jours suivants, la zone touchée demeure enflée et sensible, mais le mal ne s'étend pas au reste du corps. C'est que le corps étranger, dans le cas présent le venin injecté par la guêpe, est pris en charge par la deuxième ligne de défense de l'organisme.

Grâce à l'**immunité innée**, l'organisme combat de la même façon tous les corps étrangers : **les réactions de défense ne sont pas spécifiques.** Présente à la naissance, cette immunité naturelle fournit à l'organisme deux protections de base : la barrière externe et la barrière interne.

LA BARRIÈRE EXTERNE

Les corps étrangers rencontrent d'abord la **première ligne de défense** qui agit d'une façon mécanique ou chimique. Par exemple, la peau, les poils et les muqueuses sont des barrières mécaniques qui bloquent l'entrée des microbes et d'autres intrus. D'un autre côté, les sécrétions, comme le mucus, le sébum et les enzymes de la salive, constituent des barrières chimiques. Pour être vraiment efficaces, ces barrières, mécaniques et chimiques, doivent être intactes (voir la figure 12.4 **Ⓐ**). Or, elles sont relativement fragiles. Ainsi, une brûlure, une coupure ou une simple éraflure peut laisser entrer les microbes par l'épiderme. Il est certain qu'une bonne hygiène favorise le fonctionnement optimal de la première ligne de défense.

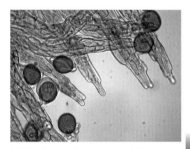

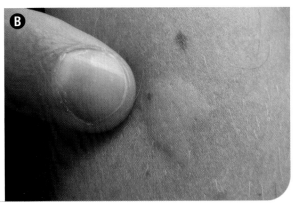

Figure 12.4 > Les deux premières lignes de défense de l'organisme
En injectant son venin dans un organisme vivant **Ⓐ**, l'insecte franchit la première ligne de défense de cet organisme. C'est alors qu'intervient la deuxième ligne de défense **Ⓑ** : les globules blancs arrivent à la rescousse dans la zone touchée.

❶ Le globule blanc détecte un corps étranger.

Corps étranger

Enzyme
Globule blanc

❷ Il l'enveloppe de sa membrane.

❸ À l'intérieur du globule blanc, des enzymes attaquent le corps étranger.

❹ Le globule blanc digère le corps étranger.

Figure 12.5 > La phagocytose

LA BARRIÈRE INTERNE

Quand une blessure est infectée par un agent pathogène, que ce soit un virus ou une bactérie, il se produit une série de phénomènes sous la peau de la région lésée : rougeur, chaleur, enflure et douleur. Ce sont là les signes d'une **inflammation** (voir la figure 12.4 **Ⓑ**), dont l'objectif est de stimuler la circulation sanguine afin de faciliter l'arrivée d'une grande quantité de globules blancs. Ceux-ci isolent l'agent pathogène ou le corps étranger, le capturent, puis le digèrent. C'est ce qu'on appelle la **phagocytose** (voir la figure 12.5). La fièvre constitue elle aussi une réaction de défense contre un agent infectieux.

Toutes ces réactions font partie de la **deuxième ligne de défense** du corps.

AD●

Les premières relations sexuelles

De nos jours, on parle beaucoup des relations sexuelles. Il ne faut cependant pas négliger l'importance de la *première fois* et de ses répercussions sur la vie affective future d'un individu. C'est un événement à ne pas prendre à la légère. On ne doit pas faire l'amour juste pour faire comme les autres et avoir leur acceptation, ni par crainte de perdre « son chum » ou « sa blonde ». Avant de passer à l'acte, il est préférable de s'y préparer, en établissant d'abord un lien de confiance. Enfin, il faut garder présent à l'esprit que le condom est le seul moyen de protection vraiment efficace contre les infections transmissibles sexuellement (ITS).

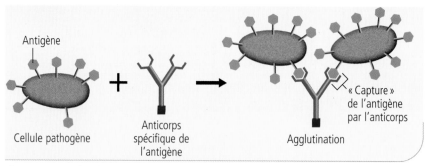

Figure 12.6 > L'action d'un anticorps sur un antigène
La surface d'un microbe porte des antigènes. En réponse à la présence d'un antigène, les lymphocytes du sang fabriquent un anticorps qui est spécifique à cet antigène, un peu comme une clé (anticorps) convient à un écrou (antigène). Après s'être liés aux antigènes, les lymphocytes portant les anticorps correspondants se multiplient afin d'anéantir ces microbes.

Les allergies au pollen, comme le rhume des foins, sont très répandues au Québec. De 1994 à 2002, le nombre de journées à risque pour ces allergies a connu une augmentation de plus de 50 %. Pourquoi ? Parce que la pollution atmosphérique augmente la production de gaz à effet de serre et que ceux-ci contribuent au réchauffement de la planète, ce qui provoque un plus grand nombre de journées chaudes, propices aux allergies.

L'immunité acquise

Un examen médical comprend souvent une palpation du cou, des aisselles et de l'aine pour détecter la présence de ganglions enflés. En effet, quand on combat une infection, le volume des ganglions augmente. Ces symptômes indiquent que l'intrus a atteint la **troisième ligne de défense** de l'organisme.

Le corps est bien armé pour lutter efficacement contre les infections. Il peut acquérir une immunité active, c'est-à-dire reconnaître et réagir à la présence d'agents pathogènes. L'immunité acquise provoque des **réactions spécifiques** dans le corps, qui reconnaît l'envahisseur et réagit selon la nature de ce dernier en fabriquant un anticorps spécifique.

Un anticorps est une protéine qui cherche à neutraliser une substance nuisible. Il a l'apparence d'un Y dont les deux branches secondaires se terminent par une forme qui lui permet d'épouser celle d'un antigène spécifique. Un antigène est une molécule qui provoque une réaction du système immunitaire. Chaque type d'antigène a une forme unique (voir la figure 12.6).

Un cancer causé par un virus

Le virus du papillome humain (VPH) est souvent asymptomatique chez les femmes comme chez les hommes, c'est-à-dire que les personnes porteuses ne peuvent pas se douter de sa présence puisqu'elles n'en voient aucun signe. Dans 3 % des cas observés chez les femmes, cette infection transmissible 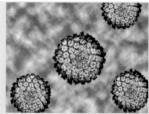 sexuellement provoque un cancer du col de l'utérus. C'est pourquoi les autorités sanitaires, notamment au Canada, recommandent depuis quelques années la vaccination contre le VPH chez les adolescentes. Par ailleurs, le dépistage permet de détecter et de soigner 90 % des lésions (sous la forme de verrues) avant qu'elles n'entraînent un cancer.

Armand Frappier : la lutte contre les maladies infectieuses

Fondé en 1934 sous le nom d'Institut d'hygiène et de microbiologie de Montréal, l'INRS - Institut Armand-Frappier est aujourd'hui un chef de file mondial de la recherche sur les maladies infectieuses. Son fondateur, le médecin et chercheur québécois Armand Frappier, très affecté par la mort de plusieurs de ses proches atteints de tuberculose, a apporté une contribution majeure à l'amélioration de la santé publique au Québec sur plusieurs plans : prévention, campagnes de vaccination, enseignement et recherche.

À la suite d'une maladie, **l'organisme peut acquérir naturellement une immunité active**. Par exemple, le corps d'un individu qui contracte la rougeole produira des anticorps pour lutter contre le virus de cette maladie. Après la guérison, les anticorps subsisteront dans le sang et pourront ainsi se déployer plus rapidement à la prochaine attaque du microbe.

Cependant, le système immunitaire ne fonctionne pas toujours comme il le devrait. Des dérèglements peuvent se manifester sous forme d'allergies, de maladies auto-immunes ou d'immunodéficience.

- Chez un individu allergique, le contact avec une substance normalement inoffensive (poussière ou pollen) déclenche la production d'anticorps et entraîne des réactions comme des éternuements, des démangeaisons ou des difficultés respiratoires.

- Le système immunitaire d'un individu atteint d'une maladie auto-immune réagit contre les antigènes présents naturellement dans l'organisme et attaque certaines structures comme s'il s'agissait de corps étrangers.

- L'immunodéficience se caractérise par la diminution ou la disparition de l'immunité innée ou acquise. Elle peut être héréditaire ou provoquée par certaines affections, comme le sida.

ZOOM sur la santé

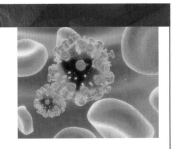

LE VIH ET LE SIDA : LA DESTRUCTION DU SYSTÈME IMMUNITAIRE

Le syndrome d'immunodéficience acquise (sida) est une maladie causée par le virus d'immunodéficience humaine (VIH), qui s'attaque au système immunitaire.

Au stade ultime de l'infection, le système immunitaire devient pratiquement incapable de défendre le corps contre les micro-organismes. Des maladies banales, qu'un organisme en bonne santé peut normalement vaincre, prennent alors des proportions dévastatrices. Ainsi, le champignon qui cause le pied d'athlète peut conduire à l'amputation d'une jambe et les micro-organismes normalement présents dans la bouche peuvent détruire les gencives. Ce ne sont que deux exemples parmi tant d'autres. Ce qu'il faut comprendre, c'est que divers agents infectieux (bactéries, virus, parasites, etc.) normalement peu pathogènes peuvent entraîner un état très grave chez la personne infectée par le VIH.

Que pouvez-vous faire pour éviter de contracter le sida ? Il faut d'abord savoir que le VIH se transmet principalement par certains liquides corporels : le sang, le sperme et les sécrétions vaginales. C'est pourquoi il est recommandé d'utiliser des condoms au cours des relations sexuelles et de s'assurer de la stérilité du matériel quand on se fait faire un perçage corporel, un tatouage ou lorsqu'on reçoit des soins d'électrolyse ou d'acupuncture. Gardez toujours présent à l'esprit que le sida est une maladie mortelle.

Les vaccins

Grâce à la vaccination, **l'organisme peut acquérir artificiellement une immunité active**. L'utilisation des vaccins a ainsi grandement freiné la propagation de maladies infectieuses, comme la diphtérie, la coqueluche, la méningite, l'hépatite B et la tuberculose.

On classe les vaccins selon leur mode d'action.

- Le **vaccin vivant atténué** contient le micro-organisme responsable d'une maladie, mais sous une forme moins agressive. On peut affaiblir le micro-organisme à l'aide de divers procédés, tels que le chauffage, le traitement à l'alcool ou les modifications génétiques. Ainsi, quand le microbe entre en contact avec l'organisme, les anticorps se forment avant qu'il ait le temps de se multiplier.

- Le **vaccin inactivé** contient un micro-organisme dont on a neutralisé la portion toxique au moyen d'un produit chimique. Comme le micro-organisme ne peut pas se multiplier, les anticorps peuvent agir librement.

- Le **vaccin conjugué**, mis au point dans les années 1980, contient seulement une portion du micro-organisme liée à une protéine. Comme les jeunes enfants assimilent rapidement les protéines, le vaccin conjugué est bien intégré par l'organisme, d'où sa grande efficacité.

Au Québec, la vaccination n'est pas une mesure obligatoire, mais on la recommande très fortement (voir le tableau 12.1). D'une part, la vaccination diminue le risque d'épidémies de maladies contagieuses. D'autre part, elle protège les individus pour lesquels les vaccins sont inopérants : en effet, dans un entourage vacciné, le risque de contracter une maladie est très réduit.

Tableau 12.1 > Quelques vaccins recommandés

VACCINS	ÂGE RECOMMANDÉ								
	2 mois	4 mois	6 mois	12 mois	18 mois	24 mois	Entre 4 ans et 6 ans	Entre 9 ans et 11 ans	Entre 14 ans et 16 ans
DCaT (diphtérie, coqueluche et tétanos)	💉	💉	💉		💉		💉		💉
Poliomyélite	💉	💉	💉		💉		💉		
Hib (*Hæmophilus influenza* de type b)	💉	💉	💉		💉				
Influenza				💉					
Pneumocoque	💉	💉		💉					
Méningocoque				💉					
Varicelle				💉					
RRO				💉	💉				
Hépatite B								💉	

Note : Dans certains cas, il faut effectuer des rappels, c'est-à-dire redonner le même vaccin, car le nombre de cellules qui produisent des anticorps s'atténue avec le temps. Certains vaccins peuvent être administrés par voie orale.

Les groupes sanguins

Les êtres humains n'ont pas tous des cellules sanguines identiques. Pour s'y retrouver, on a créé le système ABO, une classification de quatre groupes sanguins : A, B, AB et O. Connaissez-vous votre groupe sanguin ? Quelle différence y a-t-il entre le groupe A$^+$ et le groupe A$^-$? Pourriez-vous sans danger recevoir du sang ou un organe d'une personne appartenant à un groupe sanguin différent du vôtre ?

Le système ABO

Vous avez peut-être déjà observé que l'ajout de quelques gouttes de jus de citron à du lait provoque la formation de grumeaux : ce sont des caillots. Ajouté à de l'eau, le jus de citron n'a pas cet effet. Lorsqu'on mélange des échantillons de sang issus de certains groupes sanguins différents, un caillot peut se former : c'est l'**agglutination**.

Savez-vous ce que signifient les trois lettres du système ABO ? Elles renvoient à la présence ou à l'absence de certaines molécules à la surface des globules rouges. Ces molécules sont des antigènes de surface appelés *agglutinogènes*. Il en existe deux types : A et B (voir le tableau 12.2).

Le plasma d'un être humain comporte toujours les anticorps nécessaires pour contrer les antigènes que l'organisme n'a pas. Ainsi, une personne du groupe A possède les anticorps anti-B qui réagissent contre les antigènes B (voir le tableau 12.2). Les anticorps anti-A et anti-B sont appelés *agglutinines*. L'agglutination provoque la formation de caillots pouvant obstruer les vaisseaux sanguins et entraîner la mort par **embolie** (voir la figure 12.7).

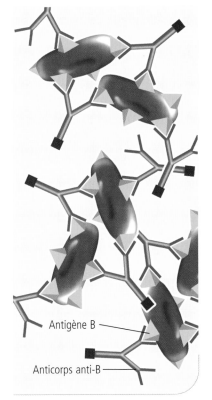

Antigène B

Anticorps anti-B

Figure 12.7 > Une agglutination
Les anticorps réagissent contre les antigènes correspondants. Par exemple, l'anticorps anti-B réagit contre l'antigène B. Ce mécanisme se compare à celui de l'immunité acquise.

Tableau 12.2 > Les antigènes et les anticorps des groupes sanguins

GROUPES SANGUINS	A	B	AB	O
ANTIGÈNES ET ANTICORPS PRÉSENTS	Antigène A	Antigène B	Antigènes A et B	Aucun antigène A ni B
	Anticorps anti-B	Anticorps anti-A	Aucun anticorps anti-A ni anti-B	Anticorps anti-A et anti-B

	A⁺	A⁻	B⁺	B⁻	AB⁺	AB⁻	O⁺	O⁻
Présence de l'antigène A	•	•			•	•		
Présence de l'antigène B			•	•	•	•		
Présence de l'antigène D	•		•		•		•	

Le facteur rhésus

Au système ABO s'ajoute le système rhésus ou système Rh. La majorité des êtres humains possèdent aussi un autre type d'antigène, appelé *antigène D* ou **facteur rhésus**. On en indique la présence chez un individu par l'expression *rhésus positif* ou *Rh⁺* et l'absence, par l'expression *rhésus négatif* ou *Rh⁻*. La combinaison des systèmes ABO et rhésus permet d'établir huit groupes sanguins (voir le tableau 12.3). La répartition des groupes sanguins peut varier d'une population à l'autre.

La compatibilité des groupes sanguins

La **compatibilité des groupes sanguins**, c'est-à-dire la possibilité de mélanger deux groupes sanguins sans provoquer de réaction d'agglutination, est essentielle à la réussite des transfusions et des transplantations. On recourt à la transfusion dans plusieurs situations, comme le traitement de certaines maladies, la chirurgie, la perte d'une quantité importante de sang à la suite d'un accident ou d'un accouchement.

Une certaine remise en question de la gratuité des soins de santé

L'universalité des soins de santé est une chose relativement récente et elle n'est pas… universelle ! Par exemple, les États-Unis n'ont pas un tel régime de soins de santé. Vos grands-parents n'ont pas toujours connu l'assurance maladie universelle, c'est-à-dire des soins gratuits pour toute la population. La Régie de l'assurance maladie du Québec a été instituée en 1969. Avant ce moment-là, il fallait payer soi-même l'hospitalisation, les soins, les médicaments, etc., à moins d'avoir les moyens de se permettre une assurance privée. C'est la Régie qui gère ce système au moyen de la « carte-soleil ». Cependant, les coûts de santé sans cesse croissants et le vieillissement de la population poussent à une remise en question, non pas de l'existence de l'assurance maladie, mais plutôt de son caractère universel.

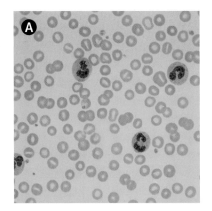

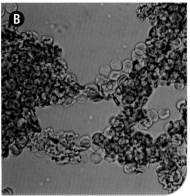

Figure 12.8 > L'agglutination des éléments figurés

Normalement, les éléments figurés ne sont pas agglutinés Ⓐ. Cependant, en présence d'un antigène étranger, l'organisme fabrique des anticorps correspondants et les éléments figurés s'agglutinent, ce qui entraîne la formation de caillots dans le sang Ⓑ.

Pour effectuer une transfusion sanguine, il faut tenir compte du groupe sanguin du receveur ou de la receveuse, afin de trouver un donneur ou une donneuse **compatible**. Le sang d'un individu donneur et celui d'un individu receveur sont **incompatibles** si le sang du premier contient des globules rouges dont les antigènes sont susceptibles de s'agglutiner avec les anticorps du second (voir le tableau 12.4). Par exemple, une personne du groupe A (anticorps anti-B) ne peut recevoir de sang d'une personne du groupe B (antigène B) ni du groupe AB (antigènes A et B).

Cette compatibilité est aussi essentielle au succès des transplantations d'organes, car les cellules des tissus possèdent également des antigènes A et B, selon le cas. De plus, comme l'organe transplanté est en quelque sorte un corps étranger dans l'organisme, le patient ou la patiente doit suivre un traitement immunosuppresseur pour le reste de sa vie, c'est-à-dire prendre quotidiennement des médicaments qui empêchent le système immunitaire de rejeter cet organe.

Une personne Rh⁻ ne possède pas d'anticorps anti-D à la naissance. Si elle reçoit du sang Rh⁺, son organisme réagit en produisant des anticorps anti-D. Cependant, cette production est lente ; l'agglutination ne se produira donc qu'à partir d'une autre transfusion identique (voir la figure 12.8). De la même façon, l'organisme d'une femme enceinte Rh⁻ portant un fœtus Rh⁺ fabrique des anticorps anti-D qui s'attaquent aux globules rouges du bébé, provoquant l'anémie. En général, le problème ne survient pas au cours d'une première grossesse. Peu avant l'accouchement d'un premier bébé Rh⁺, on administre un traitement préventif à la mère pour empêcher son corps de réagir à la présence de l'antigène D en cas de grossesse subséquente d'un bébé Rh⁺.

Légende

💧 Compatibilité
☐ Incompatibilité
▨ Donneur universel ou donneuse universelle
▨ Receveur universel ou receveuse universelle

Tableau 12.4 > La compatibilité des groupes sanguins

		RECEVEUR OU RECEVEUSE							
		A⁺	A⁻	B⁺	B⁻	AB⁺	AB⁻	O⁺	O⁻
DONNEUR OU DONNEUSE	A⁺	💧				💧			
	A⁻	💧	💧			💧	💧		
	B⁺			💧		💧			
	B⁻			💧	💧	💧	💧		
	AB⁺					💧			
	AB⁻					💧	💧		
	O⁺	💧		💧		💧		💧	
	O⁻	💧	💧	💧	💧	💧	💧	💧	💧

Note : Les individus O⁻ sont des **donneurs universels**, car leur sang ne contient aucun antigène et convient donc à toutes les personnes des autres groupes sanguins. Les individus AB⁺ sont des **receveurs universels** : comme leur sang contient déjà les trois antigènes (A, B et D), ils peuvent, sans risque, recevoir du sang de n'importe quel autre groupe sanguin, car ils ne possèdent aucun anticorps (anti-A, anti-B et anti-D).

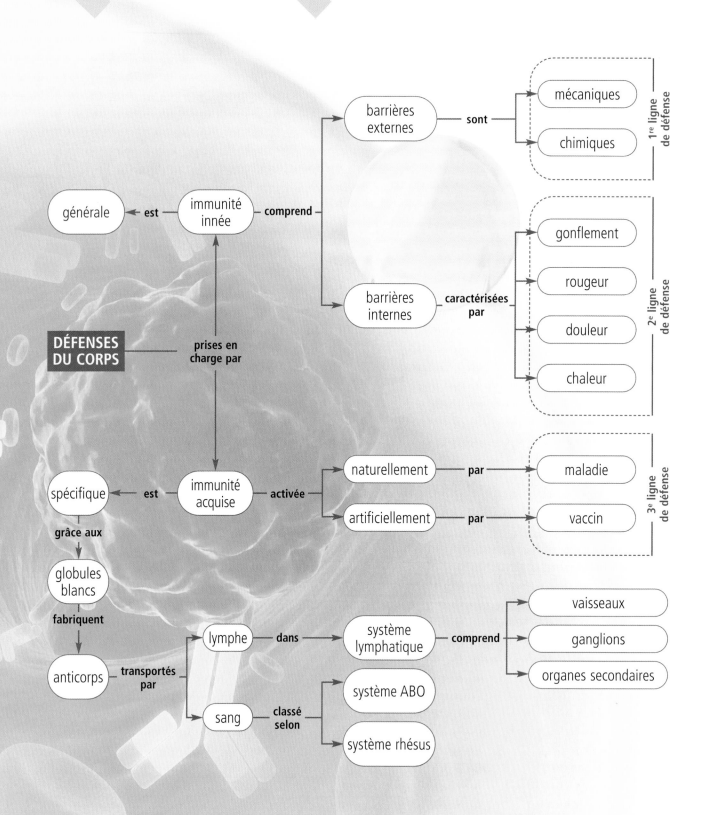

.exe >>>

1 Dans chaque cas, indiquez si l'énoncé est vrai ou faux. Corrigez les énoncés que vous jugez faux.

a) Le système lymphatique comprend des vaisseaux et des organes annexes.

b) Les ganglions lymphatiques abritent des globules rouges.

c) Pour neutraliser un antigène, l'organisme produit l'anticorps correspondant.

d) Le sang d'un individu dépourvu d'antigène D contient naturellement l'anticorps anti-D.

e) Le sang d'un donneur universel ou d'une donneuse universelle appartient au groupe O⁺.

2 Observez le tableau ci-dessous et déterminez tous les couples compatibles pour une transfusion. Dans chaque cas, précisez l'individu donneur et l'individu receveur.

PRÉNOM	GROUPE SANGUIN
Ismaël	A⁻
Caroline	O⁺
Emma	AB⁺
Nicolaï	A⁺

3 Expliquez dans vos mots pourquoi il est dangereux pour une femme dont le sang est Rh⁻ d'avoir plus d'un bébé dont le sang est Rh⁺.

4 Expliquez dans vos mots la façon dont les vaccins suivants agissent sur la production des anticorps.

a) Vaccin vivant atténué.   b) Vaccin inactivé.

5 En vous référant à ce que vous avez vu dans ce dossier :

a) indiquez trois ressemblances entre l'immunité acquise naturellement et l'immunité acquise artificiellement.

b) faites ressortir, à l'aide d'un tableau sur deux colonnes, trois différences entre l'immunité acquise naturellement et l'immunité acquise artificiellement.

6 La mère de Manolo se rend à une clinique pour donner du sang. L'infirmier vérifie le groupe sanguin de la donneuse selon les systèmes ABO et rhésus. Il mélange trois échantillons de son sang avec les sérums anti-A, anti-B et anti-D. Voici les résultats du test de groupe sanguin :

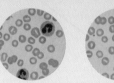

Sérum anti-A   Sérum anti-B   Sérum anti-D

> Note : Un sérum est un extrait de plasma sanguin qui contient un type d'anticorps.

Déterminez le groupe sanguin de la mère de Manolo. Justifiez votre réponse.

7 Expliquez la différence entre un anticorps et un antigène.

8 On associe plusieurs phénomènes à la deuxième ligne de défense du corps.

a) Que se passe-t-il au niveau de la région lésée ?

b) À quoi sert l'inflammation ?

c) Qu'est-ce que la phagocytose ?

hist O₂

> LE VACCIN : UNE ARME EFFICACE CONTRE LES MALADIES CONTAGIEUSES

Edward Jenner (1749-1923)

En 1796, le médecin anglais Edward Jenner remarque que les fermières en contact régulier avec des vaches infectées par la variole bovine ne contractent pas la maladie. Il approfondit la question et en conclut qu'on peut immuniser un individu contre une maladie en le mettant en contact avec une forme moins grave de cette maladie. C'est la naissance de la vaccination.

C'est toutefois à Louis Pasteur que nous devons la mise au point des vaccins contemporains. Dans les années 1880, ce chimiste et biologiste français travaille à la fabrication d'un vaccin contre la rage. En 1885, on administre le premier vaccin à virus atténué.

Jonas Salk (1914-1995)

Jonas Salk naît en 1914 à New York. Dès 1939, ce biologiste fait des recherches en virologie à l'École de santé publique de l'Université du Michigan. Pendant la Seconde Guerre mondiale, il met au point un vaccin antigrippal pour le compte de l'armée américaine. Après la guerre, il commence des recherches pour créer un vaccin contre la poliomyélite, une maladie contagieuse qui fait de nombreuses victimes, surtout chez les enfants. À cette époque, on utilise des vaccins vivants atténués, alors que Salk travaille à partir d'une souche inactivée du virus de la maladie. Après avoir été injecté à des millions d'enfants dans le monde, son vaccin est finalement reconnu en 1955.

Dans les années 1990, Jonas Salk travaille sur la mise au point d'un vaccin contre le sida, mais la mort l'empêche de mener ses recherches à terme.

techn O₂

> LA TRANSPLANTATION D'ORGANES : UNE COURSE CONTRE LA MONTRE

La première transplantation d'un organe remonte à 1933, dans l'ex-URSS : on greffe alors le rein d'une personne décédée à un patient. De nos jours, avec le raffinement des techniques, on peut transplanter divers organes (cœur, poumon, pancréas, rein, foie et intestin) et greffer des tissus (peau, tendon, os et cornée).

Au Québec, on procède à quelque 400 transplantations d'organes par année. Si davantage de gens acceptaient de donner leurs organes après leur mort, les listes d'attente seraient moins longues. Présentement, l'offre ne répond simplement pas à la demande !

L'attribution des organes est soumise à certaines contraintes telles que la taille, le poids et la compatibilité des groupes sanguins. Selon l'organe à transplanter, on peut le prélever sur une personne vivante ou morte ; dans ce dernier cas, la mort doit être très récente, car les organes se détériorent rapidement. Ainsi, l'état d'un cœur commence à se dégrader au bout de 4 heures et celui d'un rein, au bout de 18 heures. Pour conserver et transporter l'organe jusqu'au moment de la transplantation, on le plonge dans une solution d'eau et de sels minéraux et on le garde au froid dans une glacière.

Le rein est l'organe le plus souvent transplanté. On a mis au point un contenant destiné à améliorer les conditions de transport des reins prélevés. Cet appareil est muni d'un contrôle de la température et de la pression, ainsi que d'un système qui fait circuler la solution physiologique à travers les reins.

Un appareil pour le transport des organes

Le travail du technicien ou de la technicienne de laboratoire médical consiste principalement à effectuer divers tests sur des prélèvements biologiques. Ainsi, l'analyse d'échantillons de sang, d'urine et de tissu humain est une tâche très courante. Après avoir effectué les analyses, il faut transmettre les résultats au professionnel ou à la professionnelle de la santé qui en a fait la demande. Ces analyses sont souvent essentielles à une prise de décision. Par exemple, l'estimation du nombre de globules blancs dans un spécimen permet de déterminer si un individu est atteint d'une infection bactérienne. Le ou la médecin peut ensuite décider du traitement adéquat. Par ailleurs, le travail comprend aussi l'entretien du matériel de laboratoire. Les principaux employeurs sont les centres hospitaliers, les cliniques et les centres de recherche.

Hervé est technicien de laboratoire médical dans un centre hospitalier. Au quotidien, son travail varie selon les analyses demandées, la préparation du matériel de laboratoire, les urgences, etc. La propreté est de rigueur dans un laboratoire médical si l'on veut éviter les contaminations. Hervé doit donc y veiller quotidiennement.

Dès le secondaire, Hervé a été passionné par la biologie et le travail en laboratoire. Utiliser des instruments, manipuler des éprouvettes, effectuer des tests et en transmettre les résultats, toutes ces tâches lui donnent le sentiment d'être utile, de jouer un rôle important et d'aider les gens. Comme ses collègues, Hervé a le souci du détail, il est méticuleux. Il doit faire preuve d'une grande vigilance, de concentration et de rigueur : une erreur peut en effet influer sur les traitements et donc avoir de sérieuses répercussions sur la santé des individus. Dans un laboratoire médical, la prudence est de mise ! Un grand sens des responsabilités permet donc à Hervé de réduire au minimum le risque d'accident et d'assurer ainsi sa propre sécurité et celle d'autrui.

Pour exercer sa profession, Hervé a obtenu un diplôme d'études collégiales en technologie d'analyses biomédicales. Comme ses camarades de classe, il a rapidement trouvé un emploi après ses études.

DOMAINES CONNEXES

Formation secondaire professionnelle

- Assistance à la collecte de sang

Formation collégiale

- Technique de bactériologie
- Technique d'hématologie
- Technique spécialisée en microbiologie

Formation universitaire

- Bactériologie
- Immunologie
- Microbiologie
- Biochimie clinique

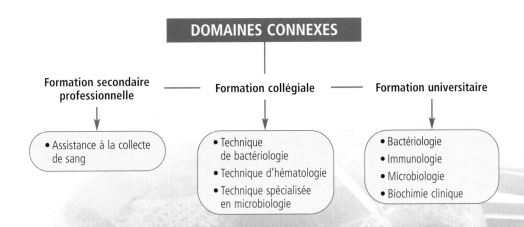

Dossier 13 > Le système excréteur

Chaque jour, votre corps absorbe des centaines de substances. Certaines, comme le dioxygène et les nutriments, sont bénéfiques. D'autres, comme le dioxyde de carbone, sont néfastes. Heureusement, votre corps, tel un véritable centre de tri, sait lesquelles parmi les substances à utiliser ou à réutiliser doivent être rejetées. Les poumons se chargent de débarrasser le corps du dioxyde de carbone, tandis que le système digestif élimine les résidus non digérés. Les autres déchets de l'organisme sont pris en charge par le système excréteur.

{ En 2005, plus de 4 000 personnes étaient en attente d'un organe au Canada. La même année, seulement 2 000 personnes ont fait don d'un organe. Et vous ? Avez-vous signé votre carte d'assurance maladie pour le don d'organe ? Prévoyez-vous donner de votre sang plus tard ? En acceptant de réaliser de tels dons, vous faites preuve d'engagement envers vos amis, vos parents ou même des inconnus. }

S₂S

Le cadmium est un métal blanc, souvent combiné avec le zinc ou le plomb, qu'on trouve à l'état naturel dans l'environnement. Les personnes les plus exposées au cadmium sont celles qui travaillent dans les raffineries de métaux ou qui habitent près d'un site d'enfouissement de déchets dangereux ou d'une usine qui rejette du cadmium.

L'exposition chronique au cadmium peut avoir des effets néfastes pour la santé. Quels sont-ils ?

L'être humain

Liens >

... vu de l'intérieur

Dossier 15 > Le système nerveux

Certains organes du système nerveux ont pour fonctions de mesurer et de contrôler le niveau des déchets produits par l'organisme. Quels sont le nom et le rôle des différentes parties du système nerveux ?

p. 86

... et la matière

Dossier 19 > Les ondes

La transpiration permet d'éliminer certains déchets du corps. Elle peut parfois être abondante à cause de l'intensité des rayons du soleil. La chaleur du soleil est transmise par un type d'ondes bien particulier. Lequel ?

p. 164

L'excrétion : le travail de plusieurs systèmes

Le système excréteur travaille à éliminer les déchets de votre corps afin de maintenir l'équilibre sanguin. Sans ce système, le pH et la concentration en sels minéraux seraient déséquilibrés et vous tomberiez malade. Heureusement, le système excréteur n'est pas seul pour effectuer cette tâche immense ! Le nettoyage se fait en équipe. Savez-vous quels autres systèmes prennent part au travail ?

Les déchets du corps

Le corps produit des déchets sans arrêt. Par exemple, chacune des cellules du corps doit respirer pour se maintenir en vie. Cette respiration cellulaire produit environ 200 ml de dioxyde de carbone à la minute. Ce déchet est transporté par le sang et expulsé par les poumons au cours de l'expiration.

Le foie participe à la transformation des éléments nutritifs en assurant la division des protéines. Il en résulte de l'ammoniac (NH_3) et de l'urée (CON_2H_4). Ces déchets sont nommés *déchets azotés*, car ils contiennent de l'azote (N). Après sa production, l'urée se retrouve dans le sang, et la transpiration en rejette une petite quantité. Toutefois, la grande majorité de ces déchets est éliminée par le système urinaire.

Les muscles produisent aussi des déchets. Lorsqu'ils travaillent en aérobie, c'est-à-dire lorsqu'ils ont assez de dioxygène, ils fabriquent du dioxyde de carbone et de la créatine, un autre déchet azoté. Ces déchets sont expulsés du corps par le système urinaire, la transpiration et la respiration.

Le maintien de l'équilibre sanguin

Les déchets produits par la respiration cellulaire et par différents systèmes, comme le système musculaire, sont transportés par le sang et éliminés par le système urinaire, les glandes sudoripares et le système respiratoire.

D'autres systèmes mettent aussi la main à la pâte (voir la figure 13.1). Le système nerveux, par exemple, s'assure que le pH sanguin se maintient à 7,4. Il veille aussi à l'équilibre des sels minéraux (qu'on nomme *électrolytes*) dans le sang. Son rôle est vital. Sans sa participation, le sang ne serait pas nettoyé et son équilibre ne serait pas maintenu. Le système nerveux assure ainsi une partie de l'**homéostasie**, c'est-à-dire le maintien le plus constant possible des conditions intérieures du corps (composition du sang, pH, tension artérielle, température, etc.).

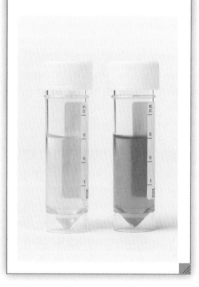

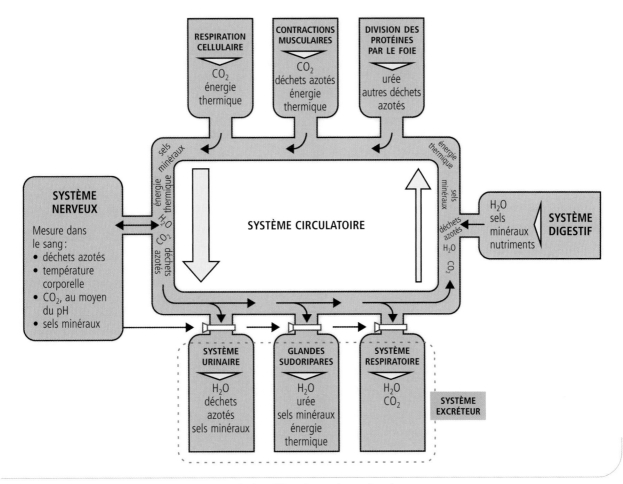

Figure 13.1 > Le maintien de l'équilibre sanguin (équilibre hémodynamique)
Le système nerveux contrôle la sortie des déchets de manière à s'assurer qu'il y a un équilibre
dans les différents éléments dissous dans le sang.

La contamination du gibier par le cadmium

La pollution ne touche pas seulement les grandes zones urbaines. En effet, de nombreuses particules polluantes qui se retrouvent dans l'atmosphère à cause de l'activité humaine, comme le cadmium, un métal lourd, peuvent parcourir des kilomètres avant de se déposer sur l'eau, le sol et les végétaux.

Des herbivores, tels que les cervidés, consomment des végétaux contaminés par le cadmium. Une fois dans l'organisme, le métal est transporté par le sang jusqu'au foie, puis aux reins, où il s'accumule au fil des ans. Or, la consommation de gibier fait partie intégrante du mode de vie ancestral des autochtones. Le foie et les reins, qu'on appelle les *abats*, sont particulièrement appréciés dans le milieu de la chasse.

Depuis 1986, on recommande de ne pas consommer les abats de cervidés, comme l'orignal, le cerf de Virginie et le caribou. Cette recommandation est d'autant plus importante à suivre pour les personnes déjà fortement exposées au cadmium, comme les fumeurs et les fumeuses ou les personnes qui ont déjà consommé beaucoup d'abats auparavant. En plus d'endommager le système excréteur, le cadmium peut affecter les systèmes nerveux, musculosquelettique, respiratoire, circulatoire et reproducteur ainsi que les mécanismes de défense du corps. Un seul repas de foie ou de rognons (reins) provenant de cervidés contient de 600 μg à 6 000 μg de cadmium, ce qui est de 10 à 100 fois supérieur à la limite recommandée par l'Organisation mondiale de la santé !

Le système urinaire

Boire un jus d'orange le matin vous paraît sans doute un geste plutôt banal. Pourtant, votre verre n'est pas encore vide que votre corps a déjà mis en branle de nombreux processus chimiques. Lors de la digestion, par exemple, votre jus sera décomposé en éléments plus petits qui seront absorbés par votre organisme. Mais que se passe-t-il avec les substances qui restent ? Où vont l'eau et les déchets ?

Le trajet du sang

Les substances nutritives, tout comme les substances non nutritives, se retrouvent ultimement dans le sang. Le sang circule dans le corps et distribue les nutriments là où l'organisme en a besoin. Ce faisant, il collecte aussi les déchets produits par le foie et les muscles, et ceux absorbés lors de la respiration et de l'alimentation. Après ce séjour dans les divers organes du corps, le sang doit être nettoyé, tâche dont s'acquitteront les reins.

Le sang chargé de déchets arrive de l'aorte abdominale et pénètre dans les reins par les artères rénales. C'est là qu'il sera débarrassé de ses déchets. Le sang nettoyé ressort des reins par les veines rénales. Il remonte ensuite vers le cœur en empruntant la veine cave, et le cycle recommence (voir la figure 13.2). Le sang du corps est ainsi nettoyé par les reins plus de 60 fois par jour !

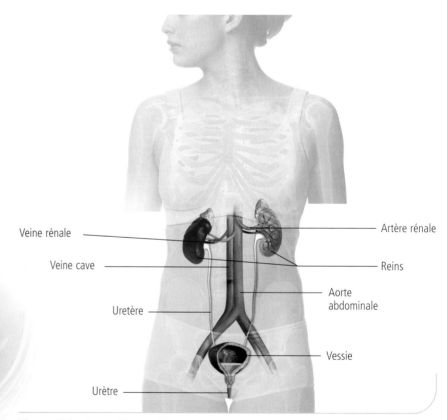

Veine rénale

Veine cave

Uretère

Urètre

Artère rénale

Reins

Aorte abdominale

Vessie

Figure 13.2 > Le système urinaire

Les reins

Les **reins** sont les principaux organes du système excréteur. Ils travaillent sans relâche afin d'éliminer les toxines, les déchets azotés et les médicaments. Au nombre de deux, ils filtrent chaque jour 180 L de plasma sanguin. En plus d'accomplir cette tâche, les reins jouent un rôle vital dans le maintien de l'équilibre sanguin. Grâce à eux, le pH sanguin est stabilisé et les **électrolytes** contenus dans le sang sont toujours à la concentration appropriée. Les trois fonctions principales du rein sont donc :

- la filtration du sang ;
- la réabsorption de l'eau ;
- la sécrétion des déchets.

Les reins ressemblent à des haricots secs mesurant environ 12 cm de longueur. Ils sont situés dans le dos, juste sous la cage thoracique. Ils sont protégés par une enveloppe adipeuse. Si l'on découpait le rein dans le sens de la largeur, on distinguerait trois zones : la zone corticale, la zone médullaire et le bassinet ou *pelvis rénal* (voir la figure 13.3). La zone médullaire est formée de structures en forme de pyramides que traversent les néphrons.

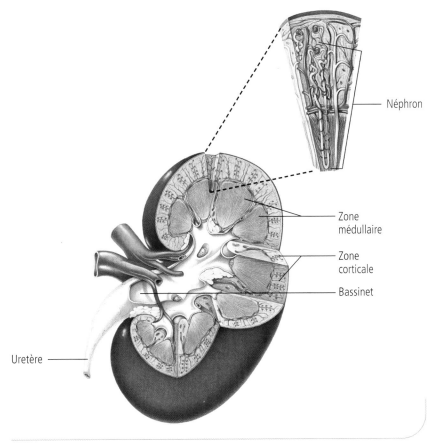

Néphron

Zone médullaire

Zone corticale

Bassinet

Uretère

Figure 13.3 > Les trois zones du rein

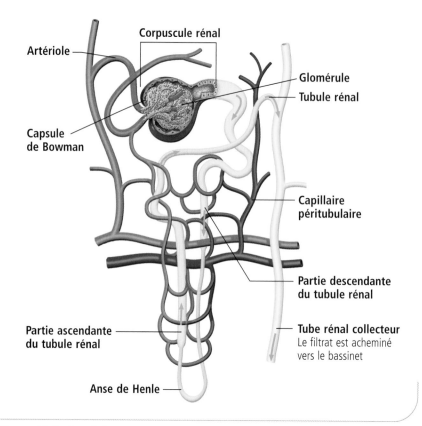

Artériole

Corpuscule rénal

Glomérule

Tubule rénal

Capsule
de Bowman

Capillaire
péritubulaire

Partie descendante
du tubule rénal

Tube rénal collecteur
Le filtrat est acheminé
vers le bassinet

Partie ascendante
du tubule rénal

Anse de Henle

Figure 13.4 > Le néphron

Le **néphron** est la structure fonctionnelle du rein. Au nombre d'environ un million par rein, les néphrons sont chargés de la filtration et de l'équilibre du sang qui sera retourné dans les veines. Un néphron est composé d'un corpuscule rénal associé à un tubule rénal. Les tubules rénaux déversent l'urine dans le bassinet qui communique avec l'uretère (voir la figure 13.4).

Le trajet de l'urine

L'urine produite par les reins est acheminée par les uretères vers la vessie. L'urine s'y accumule au fur et à mesure qu'elle est produite. La vessie est fermée par deux sphincters. C'est la contraction de l'organe qui pousse l'urine dans l'urètre vers l'extérieur du corps (voir la figure 13.2, p. 56).

Afin d'éliminer les substances potentiellement toxiques pour le corps, l'organisme évacue de 500 ml à 1 500 ml d'urine chaque jour, selon la quantité d'eau absorbée et évacuée lors de la respiration et de la transpiration.

info +

L'URÉE, UN DÉCHET ?

L'urée est un déchet abondant du corps humain. Mais est-elle aussi un déchet pour l'environnement ? Comme les plantes ont besoin d'azote pour vivre, elles utilisent cet élément pour produire des protéines et des composés organiques. Cela signifie que l'urée est un excellent fertilisant !

Cette substance, déjà synthétisée en laboratoire en 1828, est devenue aujourd'hui un élément essentiel dans les engrais agricoles.

Le fonctionnement du système urinaire

Malgré leur petite taille, les reins accomplissent quotidiennement un travail colossal. Ils filtrent 180 L de sang par jour ! De cette quantité de sang, votre corps évacuera un maximum de 1,5 L sous forme d'urine. Les reins choisissent donc avec parcimonie ce qui est gardé ou rejeté par le corps. Savez-vous comment s'effectue cette sélection ?

La filtration du sang

Lorsque le sang arrive au néphron, la pression dans les capillaires qui forment le glomérule est relativement élevée. L'eau passe alors à travers la paroi des capillaires en amenant avec elle les substances dissoutes, c'est-à-dire l'urée, les sucres, les vitamines et les sels minéraux (ex. : sodium, potassium, calcium). Ces substances entrent dans le petit sac formé par la capsule de Bowman. Les cellules du sang et les particules plus grandes, comme les protéines, demeurent dans l'artériole. Ainsi, la paroi du capillaire agit comme un filtre (voir la figure 13.5).

La réabsorption des substances utiles

Le **filtrat**, c'est-à-dire le mélange d'eau et de solutés issus de la filtration glomérulaire, poursuit ensuite son chemin dans le tubule rénal. Toutefois, le filtrat n'est pas encore de l'urine, car il contient tous les éléments nutritifs qui ont réussi à traverser la paroi des capillaires du glomérule (voir la figure 13.5). Ces éléments doivent absolument être récupérés par le corps. La réabsorption des substances utiles s'effectue tout le long du tubule rénal (voir la figure 13.6 **A** à **E** de la page suivante).

Inspiré en grande quantité, le cadmium risque d'abîmer gravement les poumons. Ingéré de façon chronique, cet élément s'accumule dans les reins et en endommage les mécanismes de filtration. Au lieu de retourner dans le sang, plusieurs protéines et sucres essentiels à l'organisme passent alors dans l'urine.

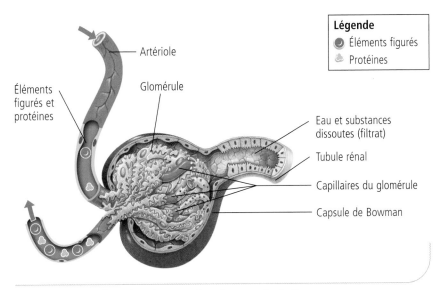

Figure 13.5 > La filtration du sang dans la capsule de Bowman

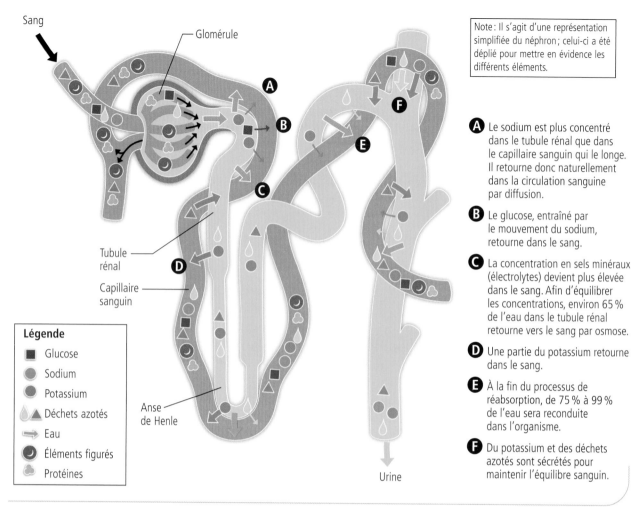

Sang

Glomérule

Tubule rénal

Capillaire sanguin

Anse de Henle

Urine

Note : Il s'agit d'une représentation simplifiée du néphron ; celui-ci a été déplié pour mettre en évidence les différents éléments.

Légende

- ■ Glucose
- ● Sodium
- ● Potassium
- Déchets azotés
- ⇒ Eau
- Éléments figurés
- Protéines

A Le sodium est plus concentré dans le tubule rénal que dans le capillaire sanguin qui le longe. Il retourne donc naturellement dans la circulation sanguine par diffusion.

B Le glucose, entraîné par le mouvement du sodium, retourne dans le sang.

C La concentration en sels minéraux (électrolytes) devient plus élevée dans le sang. Afin d'équilibrer les concentrations, environ 65 % de l'eau dans le tubule rénal retourne vers le sang par osmose.

D Une partie du potassium retourne dans le sang.

E À la fin du processus de réabsorption, de 75 % à 99 % de l'eau sera reconduite dans l'organisme.

F Du potassium et des déchets azotés sont sécrétés pour maintenir l'équilibre sanguin.

Figure 13.6 > La réabsorption et la sécrétion dans le néphron

La sécrétion des déchets

Certaines substances présentes dans le sang peuvent être sécrétées dans le tubule rénal afin de maintenir l'équilibre sanguin (voir la figure 13.6 **F**). Ce qui n'a pas été réabsorbé par le sang formera l'urine. L'urine est composée d'environ 95 % d'eau et 5 % de solutés. Le soluté le plus abondant est l'urée. L'odeur caractéristique de l'urine est causée par l'ammoniac (NH_3). Sa couleur jaune est due à un pigment appelé *urochrome* provenant de la destruction de l'hémoglobine des globules rouges.

L'élimination de l'urine

Au fur et à mesure que l'urine s'accumule dans la vessie, celle-ci se distend. Le système nerveux détecte la pression exercée sur les parois et commande le besoin d'uriner. Au moment de la **miction**, la vessie se contracte et les sphincters se relâchent, ce qui permet au liquide de sortir.

Comme l'urine est une perte d'eau, il est important de boire beaucoup d'eau pour compenser ces pertes. Certains aliments, comme la caféine, le thé, l'alcool et le cacao, ont la propriété d'augmenter la quantité d'urine produite. On les appelle les *diurétiques*.

Les glandes sudoripares

Saviez-vous que malgré son odeur parfois désagréable, la sueur joue un rôle essentiel dans l'équilibre du corps ? Savez-vous de quoi elle est composée ?

**Se raser ou
ne pas se raser ?**

Le poil sert à contrôler la sudation et à équilibrer notre température corporelle. En plus d'agir comme barrière contre certains micro-organismes, il protège des zones où la peau est particulièrement fragile.

Le rasage et l'épilation ne créent pas de problèmes majeurs ; vous pouvez donc vous raser si le cœur vous en dit. Mais si vous décidez de les enlever, renseignez-vous sur les moyens de le faire : le rasoir, la pince, la cire, le laser, car mal utiliser une technique peut vous blesser.

Les types de glandes sudoripares

Le corps est entièrement recouvert de glandes sudoripares. Il en contient plus de 2,5 millions. Il existe plusieurs types de glandes sudoripares. Les plus abondantes sont les glandes eccrines. Elles sont distribuées partout à la surface du corps, mais sont plus nombreuses sur la paume des mains, sur la plante des pieds et sur le front. Elles sont constituées de petits tubes enroulés dans le derme qui débouchent sur un pore de l'épiderme (voir la figure 13.7). Les **glandes eccrines** sécrètent la sueur (ou *transpiration*). La sueur est composée d'eau et de sels minéraux (majoritairement du chlorure de sodium, NaCl). Elle contient également quelques traces d'urée, d'anticorps et d'acides gras. Le pH de la sueur révèle que cette substance est acide.

C'est un autre type de glandes, les **glandes apocrines**, qui cause l'odeur caractéristique de la transpiration. Ces glandes sont plus grosses que les glandes eccrines et leur conduit débouche sur un follicule pileux (voir la figure 13.7). On les trouve aux aisselles, autour de l'anus et sur le pourtour des mamelons. La sueur produite par ces glandes ressemble à celle produite par les glandes eccrines. Elle contient cependant certains composés organiques (lipides et protéines) qui dégagent une odeur lorsqu'ils sont décomposés par les bactéries de la peau. Ces lipides et ces protéines donnent aussi une apparence laiteuse ou jaunâtre à cette sueur. C'est pourquoi, avec le temps, les chandails deviennent parfois jaunes aux aisselles.

Le rôle des glandes sudoripares

Le système nerveux est responsable de la sudation. Lorsqu'il fait chaud, il commande aux glandes de produire de la sueur. Lorsque la sueur s'évapore sous l'effet de la chaleur du corps ou de l'air, elle emporte avec elle une partie de cette chaleur. C'est ce mécanisme qui permet au corps de se rafraîchir. Lorsque l'air est humide, l'évaporation de la sueur est moins importante que par temps sec et le mécanisme de refroidissement du corps est moins efficace.

ZOOM sur la **santé**

DÉSODORISANT OU ANTISUDORIFIQUE ?

Sans une bonne hygiène quotidienne, il ne sert à rien d'utiliser un désodorisant ou un antisudorifique. Qu'est-ce qui distingue ces deux produits ?

Les désodorisants ne font que masquer les odeurs. Les antisudorifiques, eux, contiennent du chlorhydrate d'aluminium, un ingrédient qui agit de manière à bloquer la transpiration.

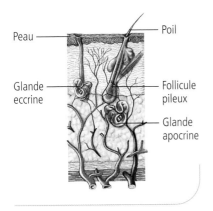

Peau — Poil

Glande eccrine — Follicule pileux

— Glande apocrine

Figure 13.7 > Les glandes sudoripares

Concepts clés

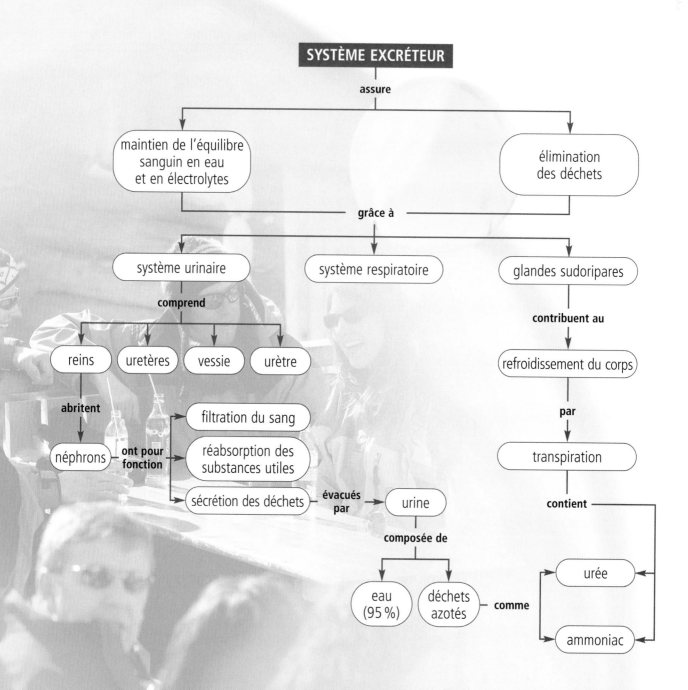

SYSTÈME EXCRÉTEUR

assure

- maintien de l'équilibre sanguin en eau et en électrolytes
- élimination des déchets

grâce à

- système urinaire
- système respiratoire
- glandes sudoripares

comprend

- reins
- uretères
- vessie
- urètre

abritent

néphrons — **ont pour fonction**
- filtration du sang
- réabsorption des substances utiles
- sécrétion des déchets

évacués par → urine

composée de
- eau (95 %)
- déchets azotés — **comme**

contribuent au

refroidissement du corps

par

transpiration

contient
- urée
- ammoniac

.exe >>>

1 Le système excréteur contribue à assurer le bon fonctionnement de notre organisme.

Il nécessite des intrants et produit des extrants.

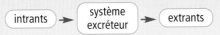

intrants → système excréteur → extrants

Comment nomme-t-on les intrants et les extrants reliés au système excréteur ?

2 Dans chaque cas, indiquez si l'énoncé est vrai ou faux. Corrigez les énoncés que vous jugez faux.

a) Le principal constituant de l'urine est l'eau.

b) Les reins maintiennent la température corporelle.

c) Les reins filtrent l'urine.

d) La vessie est un muscle.

e) La filtration est une transformation physique.

3 Quelles sont les trois fonctions des reins ?

4 Si l'on boit beaucoup d'eau, l'urine est d'une couleur jaune pâle. Expliquez le lien entre la consommation de l'eau et la couleur de l'urine.

5 Pour quelle raison l'organisme filtre-t-il le plasma pour en réabsorber 99 % ?

6 Expliquez pourquoi l'être humain a une odeur corporelle forte aux aisselles.

7 Identifiez correctement les organes suivants.

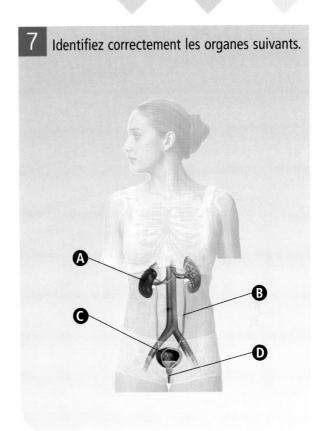

8 Indiquez à quel(s) endroit(s) dans le néphron se produit :

a) la filtration.

b) la sécrétion.

c) la réabsorption.

9 Pourquoi l'urine du matin est-elle généralement plus concentrée ?

10 Le système excréteur interagit avec d'autres systèmes de l'organisme. Décrivez brièvement ces interactions.

> La découverte de l'insuline

En 1920, le médecin canadien Frederick G. Banting, un vétéran de la Première Guerre mondiale, s'installe à London, en Ontario. À l'âge de 29 ans, il lit un article sur le diabète. Banting y apprend que les sucres présents dans le filtrat ne sont pas réabsorbés par les reins. Oskar Minkowski et Joseph von Mering, deux scientifiques allemands, ont fait cette découverte en enlevant le pancréas à des chiens. Ces derniers, qui développaient tous le diabète, finissaient par mourir.

**Frederick G. Banting
(1891-1941)**

Banting se tourne vers l'Université de Toronto, et consacre sa carrière à faire de la recherche sur cette maladie. Il effectue une ligature du canal pancréatique d'un chien en santé, en espérant favoriser ainsi l'accumulation d'une hormone qu'il prélèverait et administrerait par la suite à un chien diabétique.

En 1921, moins de un an après le début de ses recherches, Frederick Banting et son élève, l'Américain Charles Best (1899-1978), réussissent à isoler une protéine nommée *insuline* à partir de pancréas de chiens. Cette protéine est réinjectée à des chiens diabétiques. Ceux-ci se portent alors mieux presque instantanément.

La découverte de l'insuline par Banting fut une avancée majeure dans le traitement du diabète. Elle offrait aux diabétiques une qualité de vie plus acceptable. Cette découverte lui a valu le prix Nobel de médecine en 1923.

> Le rein artificiel

Les personnes souffrant d'insuffisance rénale sont incapables de filtrer leur sang normalement. C'est pourquoi, en attendant une greffe d'organe, elles doivent se prêter à une opération qu'on appelle la *dialyse*. Trois fois par semaine, à raison de 4 h par séance, le sang est pompé à l'extérieur du corps par un rein artificiel. Cet appareil, appelé *hémodialyseur*, équilibre la composition du sang en la rapprochant le plus possible de celle d'un plasma sanguin normal.

L'hémodialyseur contient une cartouche divisée en deux compartiments. Entre les deux se trouve une membrane synthétique semi-perméable qui permet les échanges entre les deux liquides. Percée de pores, cette fibre synthétique rappelle un peu la membrane des vaisseaux du glomérule. Les constituants circulent alors d'un milieu à l'autre selon leur concentration, une substance passant toujours d'un milieu concentré à un milieu peu concentré. Lorsque le sang traverse le premier compartiment pour se diriger vers le second, il se nomme *dyalisat*.

Selon la Fondation canadienne du rein, près de 4 000 personnes étaient en attente d'une greffe de rein en 2005. Si quelqu'un de votre famille est en attente d'un rein, sachez que donner un rein est envisageable ! Comme nous en avons deux, il est possible de vivre avec un rein en moins. Si une personne n'en a plus qu'un seul, celui-ci travaillera simplement davantage. Il deviendra donc légèrement plus gros.

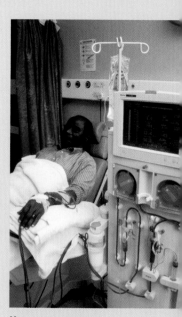

**Une personne en
séance de dialyse**

L'urologue voit au diagnostic et au traitement des maladies génito-urinaires. Ces affections touchent les reins, l'urètre et la vessie chez l'homme et la femme. L'urologue traite des individus qui souffrent de calculs rénaux, d'incontinence, d'une malformation ou d'une tumeur. On consulte souvent un ou une urologue en cas de brûlure, de blocage ou de difficulté à uriner. Les hommes consultent entre autres choses pour des troubles de la prostate.

Au cours de ses études universitaires en médecine, Ruby a décidé de poursuivre sa formation afin de se spécialiser en urologie. Elle est urologue depuis 3 ans. Son horaire de travail est très varié ; elle est soit en salle d'opération, soit à la clinique externe de l'hôpital, soit à son propre bureau dans une clinique médicale où elle reçoit ses patients. Avant de poser un diagnostic, elle les examine, effectue des tests pour déterminer l'étendue du problème et analyse les résultats. Une fois le diagnostic établi, elle prescrit les médicaments nécessaires ou dirige la personne vers un traitement chirurgical que Ruby pratique généralement elle-même.

Elle assure le suivi de ses patients jusqu'à leur rétablissement.

Dotée d'une écoute et d'une empathie sans pareilles, Ruby comprend la souffrance des personnes qui la consultent et veille à les en alléger. Elle a aussi un esprit scientifique très développé, qualité essentielle pour exercer sa profession. Elle doit également faire preuve d'un excellent jugement afin de prendre les bonnes décisions pour assurer le traitement et la guérison de ses patients. C'est pourquoi Ruby croit en la formation continue ; elle se tient à l'affût des nouveaux traitements, assiste à des conférences de chercheurs et de chercheuses en urologie, lit de nombreux ouvrages, discute avec d'autres spécialistes, etc.

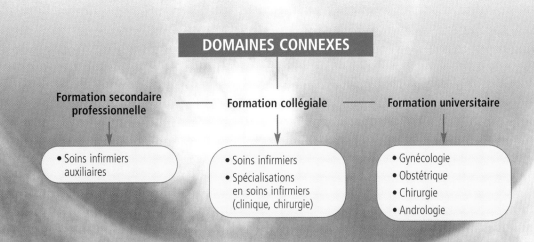

DOMAINES CONNEXES

Formation secondaire professionnelle

- Soins infirmiers auxiliaires

Formation collégiale

- Soins infirmiers
- Spécialisations en soins infirmiers (clinique, chirurgie)

Formation universitaire

- Gynécologie
- Obstétrique
- Chirurgie
- Andrologie

Dossier 14 > Les récepteurs sensoriels

À tout moment, votre corps est bombardé de stimulus (sons, odeurs, lumière, etc.). C'est la fonction de vos sens de percevoir ce qui se passe autour de vous. Votre survie pourrait même en dépendre. Les informations recueillies par les récepteurs sensoriels sont précieuses. Acheminées vers le système nerveux, elles vous permettent d'interagir avec l'environnement.

Nous nous débarrassons de grandes quantités de déchets en les jetant aux ordures. Peu de gens s'opposent à cette façon de faire, mais la plupart ne voudraient pas d'un dépotoir dans leur voisinage ! Prendriez-vous plaisir à voir constamment des montagnes d'ordures, sentir des odeurs nauséabondes ou entendre un cortège de camions à ordures ?

SOS²

Au Québec, on peut observer une éclipse de soleil approximativement tous les deux ou trois ans. Il s'agit le plus souvent d'une éclipse de soleil partielle qui ne dure que quelques minutes. Chaque fois, les médias préviennent la population du danger d'observer une éclipse de soleil à l'œil nu ou avec un dispositif d'observation inadéquat.

Quels risques courons-nous en observant le Soleil de manière non sécuritaire?

Dans ce dossier

L'oreille

Les parties de l'oreille
Le maintien de l'équilibre
La perception des sons

L'œil

Les parties de l'œil
La perception de la lumière

Le nez et la langue

Le nez
La perception des odeurs
La langue
La perception des saveurs
L'influence de l'odeur sur la perception des saveurs

La peau

Les couches de la peau
La perception des sensations liées au toucher

L'être humain

Liens 〉

... vu de l'intérieur

Dossier 10 > Le système respiratoire

En inspirant, nous pouvons percevoir les odeurs grâce aux cellules olfactives du nez. Connaissez-vous les autres fonctions essentielles du nez?

p. 4

... et la matière

Dossier 19 > Les ondes

Le son et la lumière se propagent sous forme d'ondes que nos organes sensoriels peuvent percevoir. Sauriez-vous expliquer la différence entre un son grave et un son aigu, ou entre la lumière violette et la lumière ultraviolette?

p. 164

... et la technologie

Dossier 20 > Le dessin technique

L'illustration de l'intérieur d'un organe sensoriel peut nous aider à mieux en comprendre le fonctionnement. Comment nomme-t-on les différentes façons d'illustrer les parties cachées d'un objet?

p. 192

L'oreille

Écoutez-vous toujours avec vos deux oreilles ? Nous vivons dans un monde de communication, où l'ouïe a probablement autant d'importance que la vue. L'oreille remplit deux fonctions. C'est l'organe de l'audition, qui capte et transforme les sons pour permettre au cerveau de les interpréter. C'est aussi l'organe de l'équilibre, qui détecte les mouvements de la tête grâce aux liquides contenus dans l'oreille interne.

Les parties de l'oreille

L'oreille est constituée de trois parties complexes : l'oreille externe, l'oreille moyenne et l'oreille interne. Chacune a une fonction précise dans le traitement des sons (voir la figure 14.1).

L'OREILLE EXTERNE

La partie externe de l'oreille est celle qui capte les sons. Elle est formée du pavillon, du conduit auditif et du tympan (voir la figure 14.1). Des poils et du **cérumen**, une substance cireuse de couleur jaune-brun, empêchent les particules de progresser à l'intérieur de l'oreille. Une trop grande accumulation de cérumen nuit à la perception des sons.

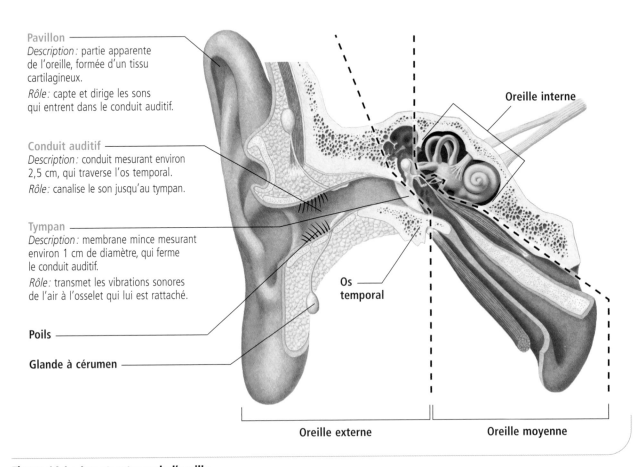

Pavillon
Description : partie apparente de l'oreille, formée d'un tissu cartilagineux.
Rôle : capte et dirige les sons qui entrent dans le conduit auditif.

Conduit auditif
Description : conduit mesurant environ 2,5 cm, qui traverse l'os temporal.
Rôle : canalise le son jusqu'au tympan.

Tympan
Description : membrane mince mesurant environ 1 cm de diamètre, qui ferme le conduit auditif.
Rôle : transmet les vibrations sonores de l'air à l'osselet qui lui est rattaché.

Poils

Glande à cérumen

Oreille interne

Os temporal

Oreille externe

Oreille moyenne

Figure 14.1 > Les structures de l'oreille

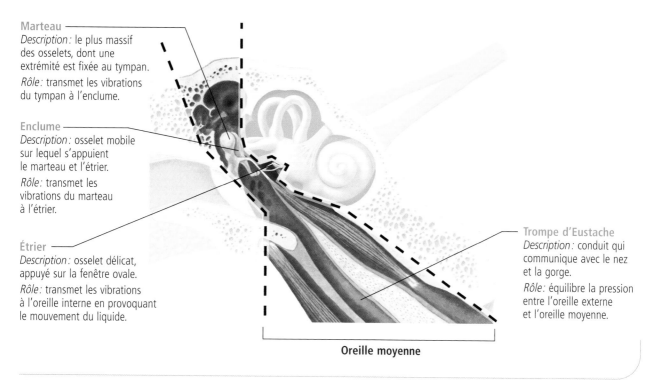

Marteau
Description : le plus massif des osselets, dont une extrémité est fixée au tympan.
Rôle : transmet les vibrations du tympan à l'enclume.

Enclume
Description : osselet mobile sur lequel s'appuient le marteau et l'étrier.
Rôle : transmet les vibrations du marteau à l'étrier.

Étrier
Description : osselet délicat, appuyé sur la fenêtre ovale.
Rôle : transmet les vibrations à l'oreille interne en provoquant le mouvement du liquide.

Trompe d'Eustache
Description : conduit qui communique avec le nez et la gorge.
Rôle : équilibre la pression entre l'oreille externe et l'oreille moyenne.

Oreille moyenne

Figure 14.2 > Les structures de l'oreille moyenne
L'oreille moyenne est remplie d'air.

---

info +

UN OS PLUS PETIT QU'UN GRAIN DE RIZ !

C'est dans l'oreille moyenne qu'on trouve le plus petit os du corps humain, l'étrier : plus petit qu'un grain de riz, sa masse est environ de 2 mg. Le muscle stapédien, qui fait bouger l'étrier, est du même ordre de grandeur. Imaginez : en se contractant, il provoque dans l'étrier des déplacements de 50 µm $(5,0 \times 10^{-5}$ m$)$, soit la moitié du diamètre d'un cheveu !

L'OREILLE MOYENNE

C'est l'oreille moyenne qui transmet les sons captés dans l'environnement à l'oreille interne. Creusée dans l'os temporal, remplie d'air et pas plus grosse qu'un morceau de sucre, elle abrite trois petits os, les **osselets** (voir la figure 14.2).

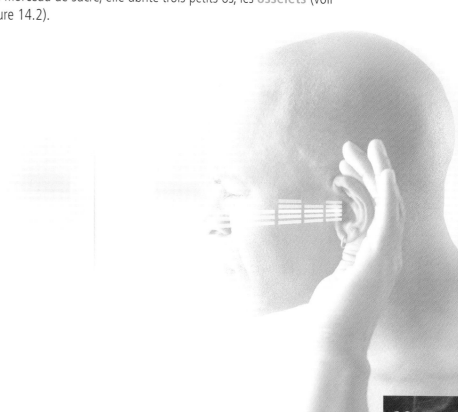

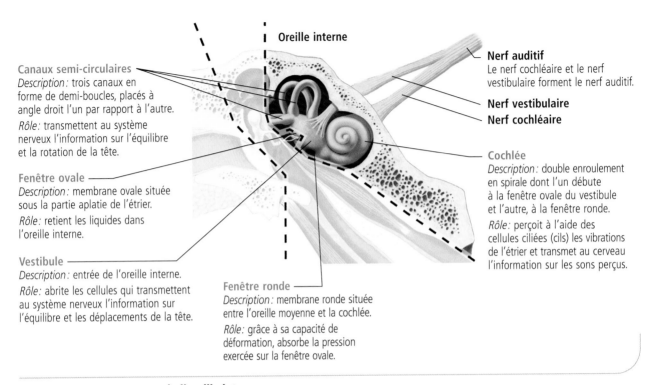

Oreille interne

Canaux semi-circulaires
Description : trois canaux en forme de demi-boucles, placés à angle droit l'un par rapport à l'autre.
Rôle : transmettent au système nerveux l'information sur l'équilibre et la rotation de la tête.

Fenêtre ovale
Description : membrane ovale située sous la partie aplatie de l'étrier.
Rôle : retient les liquides dans l'oreille interne.

Vestibule
Description : entrée de l'oreille interne.
Rôle : abrite les cellules qui transmettent au système nerveux l'information sur l'équilibre et les déplacements de la tête.

Fenêtre ronde
Description : membrane ronde située entre l'oreille moyenne et la cochlée.
Rôle : grâce à sa capacité de déformation, absorbe la pression exercée sur la fenêtre ovale.

Nerf auditif
Le nerf cochléaire et le nerf vestibulaire forment le nerf auditif.

Nerf vestibulaire
Nerf cochléaire

Cochlée
Description : double enroulement en spirale dont l'un débute à la fenêtre ovale du vestibule et l'autre, à la fenêtre ronde.
Rôle : perçoit à l'aide des cellules ciliées (cils) les vibrations de l'étrier et transmet au cerveau l'information sur les sons perçus.

Figure 14.3 > Les structures de l'oreille interne
L'oreille interne est remplie de liquide. L'ensemble des cavités sinueuses qu'elle comporte forme le labyrinthe.

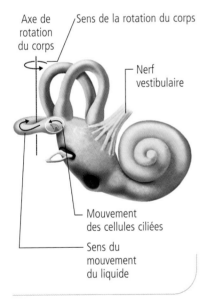

Axe de rotation du corps

Sens de la rotation du corps

Nerf vestibulaire

Mouvement des cellules ciliées

Sens du mouvement du liquide

Figure 14.4 > La perception du mouvement par l'oreille interne
Les cellules ciliées détectent le mouvement du liquide dans l'oreille interne.

L'OREILLE INTERNE

La partie interne de l'oreille transforme les sons d'une manière interprétable par le cerveau. Encastrée dans l'os temporal et de la taille de la troisième phalange du petit doigt, elle est entièrement remplie de liquide. L'oreille interne comprend un vestibule et un labyrinthe de fins conduits (voir la figure 14.3).

Le maintien de l'équilibre

Le vestibule et les canaux semi-circulaires de l'oreille interne forment le principal appareil de l'équilibre du corps.

- Dès que la tête est inclinée ou que le corps subit une accélération en ligne droite, les cellules nerveuses du vestibule perçoivent une sensation de déséquilibre et le nerf vestibulaire transmet un influx nerveux au cerveau.

- Lorsque le corps subit une rotation, les cellules ciliées du canal semi-circulaire orienté dans l'axe de rotation transmettent au cerveau les paramètres de ce mouvement (sens et rapidité). Cette information est essentielle au maintien de l'équilibre (voir la figure 14.4).

Parlez plus fort, je n'entends rien !

L'oreille humaine est beaucoup plus fragile qu'on pourrait le penser. On peut la comparer à une caisse de résonance qui amplifie les sons à partir du pavillon jusqu'à l'oreille interne. Le volume trop élevé des sons ambiants ou de la musique dans des écouteurs peut, à la longue, causer des perturbations dans les oreilles et même conduire à une perte d'audition irréversible. On commence par moins bien entendre les basses fréquences (bruit de fond) ; éventuellement, les fréquences moyennes (paroles) sont également touchées.

ZOOM sur la santé

LA LABYRINTHITE

Avez-vous déjà souffert d'une labyrinthite ? Les symptômes sont plutôt désagréables : vertiges, perte d'équilibre, nausées, etc. Cette inflammation résulte d'une infection du labyrinthe de l'oreille interne. Les influx nerveux envoyés par le labyrinthe ne concordent plus avec d'autres influx, comme ceux transmis par les yeux. Il s'ensuit donc une confusion dans le cerveau. On recommande la prise d'antibiotiques et le repos. La convalescence peut s'étendre sur plusieurs semaines.

La perception des sons

Les sons se propagent dans la matière sous la forme de petites vibrations. Si elles sont assez intenses pour faire vibrer le tympan, ces vibrations ont pour effet de générer un influx qui est transmis au système nerveux par le nerf cochléaire (voir la figure 14.5).

Le son qui pénètre dans l'oreille est transmis aux cils de la cochlée par une série de vibrations. Les cils qui captent ces mouvements sont des mécanorécepteurs. Ceux qui sont situés le plus près de la fenêtre ovale captent les sons les plus aigus et, progressivement, les sons graves sont détectés par les cils situés de plus en plus près de la pointe de la cochlée.

1 Les ondes sonores sont amplifiées dans le pavillon de l'oreille.

2 Elles poursuivent leur chemin dans le conduit auditif.

3 Les ondes provoquent un mouvement d'aller-retour du tympan.

4 Le marteau, en contact avec le tympan, transmet la vibration aux autres osselets.

5 Le léger mouvement de l'étrier, appuyé sur la fenêtre ovale, provoque des variations de pression sur le liquide contenu dans la cochlée.

6 Une vague se propage jusqu'à la pointe de la cochlée, puis revient à la fenêtre ronde, qui se déforme en fonction de l'intensité de la pression.

7 Entraînés par le mouvement du liquide, les cils (mécanorécepteurs) transmettent un influx nerveux au nerf cochléaire, qui l'envoie au cerveau.

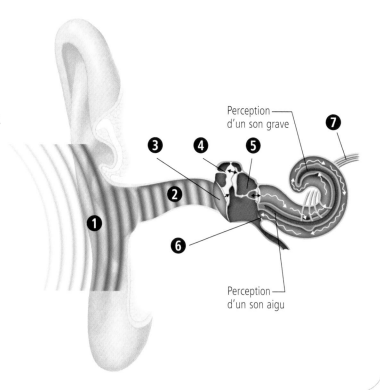

Perception d'un son grave

Perception d'un son aigu

Figure 14.5 > La perception du son par l'oreille interne

L'œil

Avez-vous déjà pris conscience de l'importance de l'image dans la vie moderne ? Les yeux nous servent dans un grand nombre d'activités, comme la lecture, les jeux vidéo, les sports, etc. Comment la vision fonctionne-t-elle ? Savez-vous à quel point la structure de l'œil est complexe ?

Les parties de l'œil

On distingue trois catégories d'éléments constitutifs de l'œil : les membranes, les milieux transparents et les structures annexes. Les membranes et les milieux transparents servent à la vision, alors que les structures annexes protègent l'œil et assurent sa mobilité.

LES MEMBRANES

L'enveloppe du globe oculaire comprend trois couches, qui ont chacune leur fonction (voir la figure 14.6). La sclère protège l'œil, la choroïde le nourrit et la rétine lui permet de percevoir la lumière.

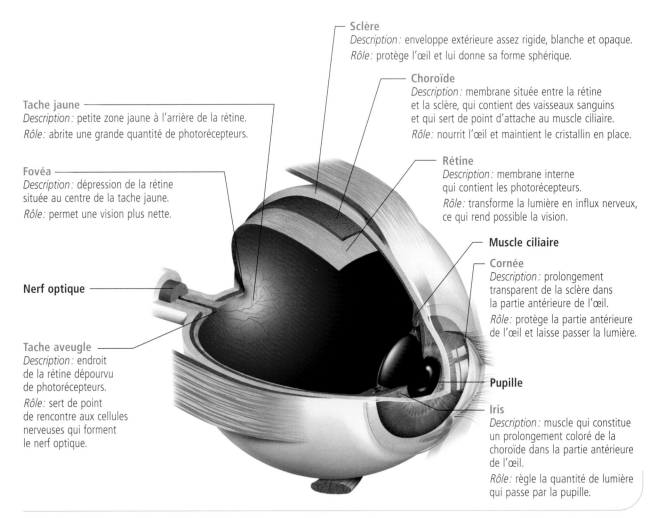

Sclère
Description : enveloppe extérieure assez rigide, blanche et opaque.
Rôle : protège l'œil et lui donne sa forme sphérique.

Choroïde
Description : membrane située entre la rétine et la sclère, qui contient des vaisseaux sanguins et qui sert de point d'attache au muscle ciliaire.
Rôle : nourrit l'œil et maintient le cristallin en place.

Rétine
Description : membrane interne qui contient les photorécepteurs.
Rôle : transforme la lumière en influx nerveux, ce qui rend possible la vision.

Muscle ciliaire

Cornée
Description : prolongement transparent de la sclère dans la partie antérieure de l'œil.
Rôle : protège la partie antérieure de l'œil et laisse passer la lumière.

Pupille

Iris
Description : muscle qui constitue un prolongement coloré de la choroïde dans la partie antérieure de l'œil.
Rôle : règle la quantité de lumière qui passe par la pupille.

Tache jaune
Description : petite zone jaune à l'arrière de la rétine.
Rôle : abrite une grande quantité de photorécepteurs.

Fovéa
Description : dépression de la rétine située au centre de la tache jaune.
Rôle : permet une vision plus nette.

Nerf optique

Tache aveugle
Description : endroit de la rétine dépourvu de photorécepteurs.
Rôle : sert de point de rencontre aux cellules nerveuses qui forment le nerf optique.

Figure 14.6 > Les membranes de l'œil

LE TEST DE LA TACHE AVEUGLE

La tache aveugle est une région de la rétine dépourvue de photorécepteurs. Une image formée à cet endroit n'est donc pas perçue par l'œil.

Un petit test amusant permet de vérifier ce phénomène. Fermez l'œil droit et fixez le cercle noir dans l'illustration ci-dessous. Éloignez-vous et rapprochez-vous de l'illustration jusqu'à ce que le X... disparaisse ! Si vous faites le test avec l'œil gauche fermé et le X, c'est le cercle qui disparaîtra de votre champ de vision.

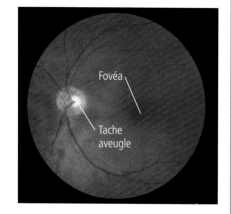

Une éclipse hors du commun

L'éclipse partielle la plus spectaculaire des dernières années, visible au Québec, est survenue le 10 mai 1994. On a beaucoup médiatisé cet événement, en insistant sur le risque d'observer directement le Soleil. Des organismes ont même distribué gratuitement aux gens des lunettes protectrices et conseillé des moyens d'observation indirecte.

Voici les dates des prochaines éclipses partielles visibles au Québec : 3 novembre 2013, 21 août 2017, 10 juin 2021 et 14 octobre 2023. Pour voir au Québec une éclipse totale, il vous faudra attendre jusqu'au 8 avril 2024. Pensez toujours à protéger vos yeux !

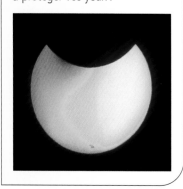

LES MILIEUX TRANSPARENTS

La partie interne de l'œil comprend trois milieux transparents, qui ont chacun leur consistance propre (voir la figure 14.7).

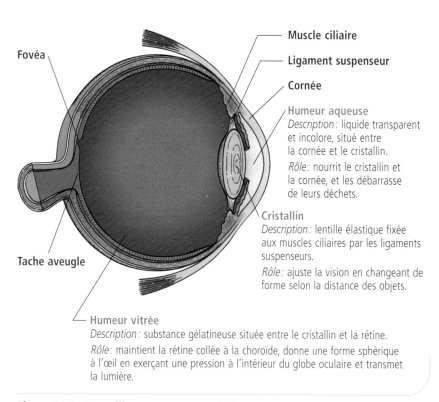

Muscle ciliaire

Ligament suspenseur

Cornée

Humeur aqueuse
Description : liquide transparent et incolore, situé entre la cornée et le cristallin.
Rôle : nourrit le cristallin et la cornée, et les débarrasse de leurs déchets.

Cristallin
Description : lentille élastique fixée aux muscles ciliaires par les ligaments suspenseurs.
Rôle : ajuste la vision en changeant de forme selon la distance des objets.

Humeur vitrée
Description : substance gélatineuse située entre le cristallin et la rétine.
Rôle : maintient la rétine collée à la choroïde, donne une forme sphérique à l'œil en exerçant une pression à l'intérieur du globe oculaire et transmet la lumière.

Figure 14.7 > Les milieux transparents de l'œil

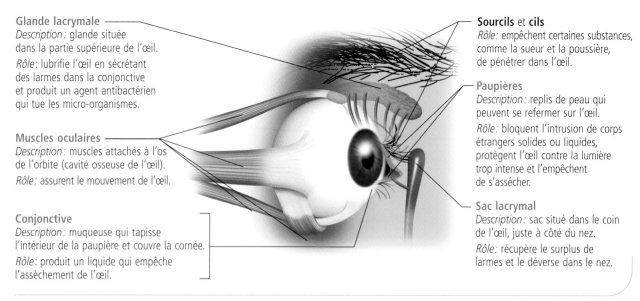

Glande lacrymale
Description : glande située dans la partie supérieure de l'œil.
Rôle : lubrifie l'œil en sécrétant des larmes dans la conjonctive et produit un agent antibactérien qui tue les micro-organismes.

Muscles oculaires
Description : muscles attachés à l'os de l'orbite (cavité osseuse de l'œil).
Rôle : assurent le mouvement de l'œil.

Conjonctive
Description : muqueuse qui tapisse l'intérieur de la paupière et couvre la cornée.
Rôle : produit un liquide qui empêche l'assèchement de l'œil.

Sourcils et **cils**
Rôle : empêchent certaines substances, comme la sueur et la poussière, de pénétrer dans l'œil.

Paupières
Description : replis de peau qui peuvent se refermer sur l'œil.
Rôle : bloquent l'intrusion de corps étrangers solides ou liquides, protègent l'œil contre la lumière trop intense et l'empêchent de s'assécher.

Sac lacrymal
Description : sac situé dans le coin de l'œil, juste à côté du nez.
Rôle : récupère le surplus de larmes et le déverse dans le nez.

Figure 14.8 > Les structures annexes de l'œil

Le Soleil émet non seulement la lumière visible, mais aussi des rayons ultraviolets (UV) et infrarouges (IR). Même caché à 99 % par la Lune au cours d'une éclipse, le Soleil émet assez de rayonnements IR pour causer des dommages irréparables à la rétine si celle-ci n'est pas convenablement protégée.

LES STRUCTURES ANNEXES

Quelques structures s'ajoutent aux membranes et aux milieux transparents pour contribuer au bon fonctionnement de l'œil. Certaines servent à la protection de l'œil, alors que d'autres en assurent le mouvement (voir la figure 14.8).

La perception de la lumière

Deux caractéristiques de la lumière contribuent à sa perception par l'œil : l'intensité et la couleur. L'iris contrôle la quantité de lumière qui entre dans l'œil en ajustant de manière réflexe la taille de la pupille (voir la figure 14.9).

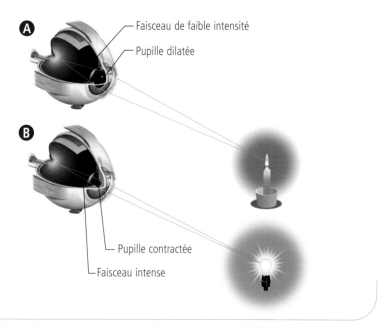

A — Faisceau de faible intensité
— Pupille dilatée

B

— Pupille contractée
— Faisceau intense

Figure 14.9 > L'ajustement de la pupille selon l'intensité de la lumière
Que l'intensité de la lumière soit faible **A** ou forte **B**, la pupille s'ajuste pour rendre acceptable la quantité de lumière reçue par la rétine.

Il ne faut jamais fixer le Soleil, même avec des lunettes de soleil ordinaires. Si on le fait, le cristallin concentrera les rayons sur la rétine, un peu comme une loupe. Les rayons du Soleil « brûleront » alors les cônes et les bâtonnets de l'œil. La perte de vision qui s'ensuivra est cumulative et irrémédiable.

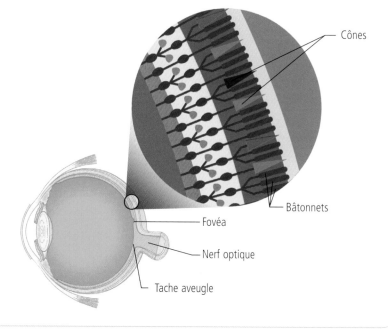

Figure 14.10 > La perception des couleurs
La perception des couleurs s'effectue grâce à la combinaison des influx nerveux transmis par les trois types de cônes.

La couleur de la lumière est interprétée par les photorécepteurs de la rétine. Ces structures sont de deux types : les bâtonnets et les cônes. Les **bâtonnets**, sensibles à la lumière de faible intensité, perçoivent les objets en noir et blanc. Ils occupent environ 95 % de la rétine, mais il n'y en a aucun dans la tache jaune, une région de la rétine tapissée de cônes. Les **cônes**, sensibles à la lumière de plus forte intensité, perçoivent les couleurs. Chaque cône est sensible à une couleur, le rouge, le bleu ou le vert, et il émet un influx nerveux lorsqu'il perçoit cette couleur. La perception de la palette des couleurs s'effectue par la combinaison des influx nerveux d'intensité variable provenant des trois types de cônes (voir la figure 14.10). Il y a de moins en moins de cônes au fur et à mesure qu'on s'éloigne de la tache jaune.

ZOOM sur la santé

LE DALTONISME

Le daltonisme est un trouble héréditaire de la vision des couleurs. Il est causé par le mauvais fonctionnement de l'un des trois types de cônes présents sur la rétine. En général, la personne atteinte distingue mal le vert ou le rouge, et plus rarement, le bleu.

En 1917, l'ophtalmologiste japonais Shinobu Ishihara (1879-1963) a mis au point un test pour déterminer le type de daltonisme présent chez un individu. Le test comprend des figures composées de points qui varient en couleur, en intensité et en taille.

5 ou 2 ?

Si vous voyez un 2, vous avez du mal à percevoir le rouge ou le vert.

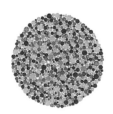

26 ou 2 ?

Si vous voyez un 2, vous avez du mal à percevoir le vert.

Le nez et la langue

Quand vous avez le nez bouché par un rhume, avez-vous l'impression que les aliments ont perdu leur saveur ? Il n'y a là rien d'étonnant ! Les organes de l'odorat et du goût sont associés de deux façons. Le nez communique avec la bouche par le pharynx, ce qui explique que l'absorption de nourriture entraîne, en plus de la perception de saveurs, la perception d'odeurs. Les cellules nerveuses de ces deux sens sont des chimiorécepteurs, c'est-à-dire qu'ils réagissent aux substances chimiques.

Le nez

Le nez est l'organe de l'olfaction (voir la figure 14.11). C'est aussi la porte d'entrée de l'air dans le système respiratoire. La partie apparente du nez est principalement formée d'os et de cartilages. La peau qui le recouvre délimite l'ouverture des narines.

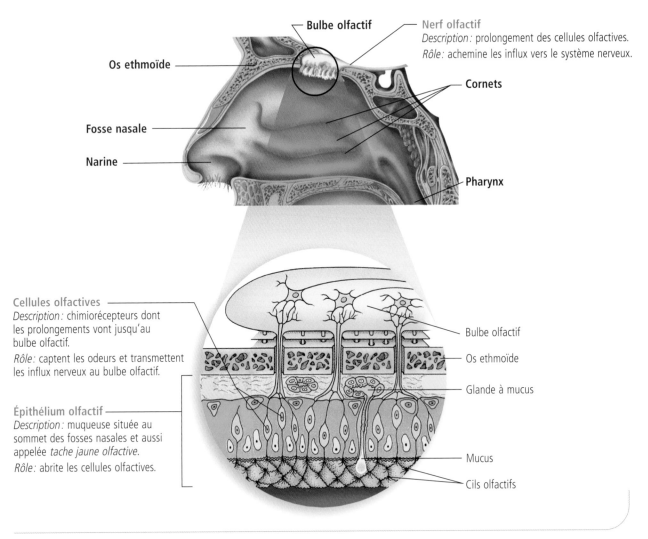

Bulbe olfactif

Nerf olfactif
Description : prolongement des cellules olfactives.
Rôle : achemine les influx vers le système nerveux.

Os ethmoïde

Cornets

Fosse nasale

Narine

Pharynx

Cellules olfactives
Description : chimiorécepteurs dont les prolongements vont jusqu'au bulbe olfactif.
Rôle : captent les odeurs et transmettent les influx nerveux au bulbe olfactif.

Épithélium olfactif
Description : muqueuse située au sommet des fosses nasales et aussi appelée *tache jaune olfactive*.
Rôle : abrite les cellules olfactives.

Bulbe olfactif

Os ethmoïde

Glande à mucus

Mucus

Cils olfactifs

Figure 14.11 > Les structures du nez
La région située au sommet des fosses nasales abrite les cellules nerveuses responsables de l'odorat.

info+

DANGER : ÇA SENT LE GAZ !

Le gaz naturel est un combustible fossile utilisé dans plusieurs foyers pour alimenter la cuisinière ou le système de chauffage. On croit à tort que le gaz naturel dégage une odeur désagréable. En réalité, ce gaz est inodore. C'est l'ajout de mercaptan, un gaz dilué dans le gaz naturel à raison de quelques parties par million, qui lui donne cette odeur d'œufs pourris. S'il est rare qu'on entende le sifflement discret d'une fuite de gaz, l'odeur d'œufs pourris signale à coup sûr un danger.

La perception des odeurs

Les odeurs sont déterminées par des molécules odorantes (porteuses d'odeur) que l'air transporte ou qui se propagent par diffusion. Les cellules olfactives qui les captent envoient un influx au système nerveux (voir la figure 14.12). Le cerveau humain peut distinguer plusieurs milliers d'odeurs différentes et en garder des centaines en mémoire.

L'être humain peut percevoir une odeur seulement si les quatre conditions suivantes sont respectées.

- La substance doit être en partie volatile, c'est-à-dire que certaines de ses molécules doivent se trouver à l'état gazeux.

- La concentration dans l'air de la substance doit être suffisante. Cette concentration varie selon la nature de la substance.

- La substance doit entrer en contact avec l'épithélium olfactif.

- La substance doit être odorante, c'est-à-dire qu'elle doit dégager une odeur. Certaines substances ne réagissent pas chimiquement avec l'épithélium olfactif et n'ont donc pas d'odeur.

Les cellules olfactives perçoivent facilement la présence d'une odeur et réagissent particulièrement bien aux variations d'odeurs. Par contre, en présence d'une odeur stable, dont l'intensité ne varie pas, les cellules olfactives cessent graduellement d'envoyer un signal au cerveau. C'est pourquoi les odeurs persistantes ne nous incommodent pas longtemps : nous nous y habituons, puis nous ne les percevons plus.

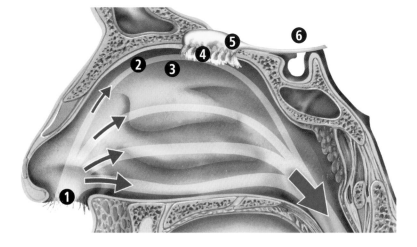

❶ L'air inspiré par les narines circule entre les cornets avant de se diriger vers le pharynx.

❷ Une faible proportion de l'air inspiré effleure l'épithélium olfactif.

❸ Les molécules odorantes se dissolvent dans le mucus.

❹ Des cils à l'extrémité des cellules olfactives font bouger le mucus afin de faciliter la dissolution des particules.

❺ Les cellules olfactives (chimiorécepteurs) réagissent à certaines substances dissoutes et produisent un influx nerveux.

❻ Le nerf olfactif transmet l'influx nerveux de toutes les cellules olfactives du bulbe olfactif au cerveau.

Figure 14.12 > Le trajet de la perception d'une odeur
Seule une petite quantité de l'air inspiré entre en contact avec l'épithélium olfactif. Malgré leur éloignement des narines, les cellules olfactives perçoivent aisément les odeurs grâce à leur grande sensibilité. La répartition de l'air dans les cornets illustre bien pourquoi il faut inspirer profondément pour percevoir les odeurs faibles.

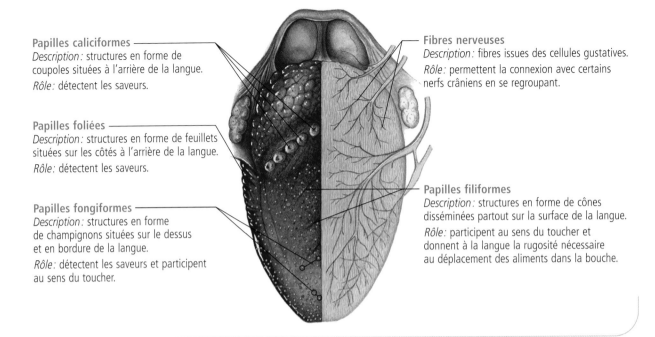

Papilles caliciformes
Description : structures en forme de coupoles situées à l'arrière de la langue.
Rôle : détectent les saveurs.

Papilles foliées
Description : structures en forme de feuillets situées sur les côtés à l'arrière de la langue.
Rôle : détectent les saveurs.

Papilles fongiformes
Description : structures en forme de champignons situées sur le dessus et en bordure de la langue.
Rôle : détectent les saveurs et participent au sens du toucher.

Fibres nerveuses
Description : fibres issues des cellules gustatives.
Rôle : permettent la connexion avec certains nerfs crâniens en se regroupant.

Papilles filiformes
Description : structures en forme de cônes disséminées partout sur la surface de la langue.
Rôle : participent au sens du toucher et donnent à la langue la rugosité nécessaire au déplacement des aliments dans la bouche.

Figure 14.13 > La structure de la langue
La langue est une structure musculaire recouverte d'une muqueuse.
Cette muqueuse est tapissée de papilles qui lui donnent son apparence rugueuse.

La langue

La langue joue un rôle dans l'articulation des sons et dans l'ingestion des aliments. En contact avec la nourriture, elle agit aussi comme organe du goût (voir la figure 14.13).

La perception des saveurs

Les aliments, solides ou liquides, contiennent des molécules qui leur donnent du goût. La perception des saveurs est transmise au cerveau par l'intermédiaire des cellules gustatives (voir la figure 14.14).

L'être humain peut percevoir une saveur seulement si les quatre conditions suivantes sont respectées.

- La substance doit être soluble dans la salive.

- La concentration de la substance dans la salive doit être suffisante. Les cellules gustatives sont moins sensibles que les cellules olfactives ; pour provoquer une sensation gustative, le seuil de concentration doit être plus élevé que pour les sensations olfactives.

- La substance doit entrer en contact avec les bourgeons gustatifs.

- La substance doit être sapide, c'est-à-dire qu'elle doit avoir un goût, une saveur. Certaines substances ne réagissent pas chimiquement avec les cellules gustatives et n'ont donc pas de goût.

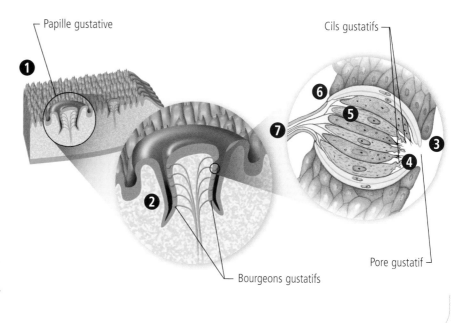

1. En entrant en contact avec la langue, les aliments déclenchent la production de salive.

2. Les molécules gustatives (porteuses du goût) se dissolvent dans la salive.

3. Elles s'insèrent entre les papilles et pénètrent dans les pores gustatifs, de petites ouvertures.

4. Elles entrent en contact avec les bourgeons gustatifs.

5. Les molécules de saveurs excitent les cellules gustatives.

6. Les cellules gustatives des papilles communiquent la sensation au système nerveux.

7. La perception d'une saveur donnée s'effectue par la combinaison d'influx nerveux d'intensité variable, provenant des bourgeons gustatifs.

Papille gustative

Cils gustatifs

Pore gustatif

Bourgeons gustatifs

Figure 14.14 > La perception des saveurs

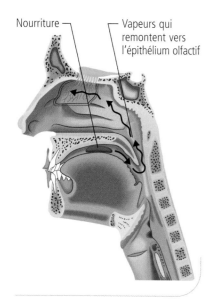

Nourriture

Vapeurs qui remontent vers l'épithélium olfactif

Figure 14.15 > Le rôle du nez dans la perception des saveurs

L'influence de l'odeur sur la perception des saveurs

La plupart des aliments dégagent des odeurs, particulièrement lorsqu'ils sont chauds. Ces odeurs progressent dans la bouche et remontent dans le nez pour atteindre les cellules olfactives (voir la figure 14.15).

La perception simultanée de l'odeur et de la saveur peut entraîner une confusion. Selon notre interprétation d'une sensation, on peut attribuer une forte saveur à un aliment, alors qu'il présente en réalité une forte odeur. La menthe en est un bon exemple : elle n'a aucun goût parce que ses molécules ne se dissolvent pas dans la salive, mais on reconnaît facilement son odeur caractéristique.

Notre perception de la saveur des aliments est très souvent influencée par leur odeur. Ainsi, on croit à tort qu'une personne enrhumée « goûte » moins les aliments. En réalité, le rhume empêche plutôt les odeurs d'atteindre les cellules olfactives. Avant d'ingurgiter un médicament qui a mauvais goût, il est donc préférable de se boucher le nez !

La peau

Quel est l'organe sensoriel humain le plus grand, le plus étendu ? C'est la peau ! Chez l'adulte, sa surface atteint de 1,2 m² à 2,2 m². Elle peut représenter jusqu'à 20 % de la masse totale du corps humain, selon la quantité de tissu adipeux. La peau sert d'organe du toucher. Elle détecte les sensations provoquées par un contact.

Les couches de la peau

La peau est un organe complexe formé de trois couches : l'épiderme, le derme et l'hypoderme (voir la figure 14.16).

Épiderme
Description : partie externe de la peau, d'une épaisseur moyenne de 0,1 mm et composée de trois couches : la couche cornée, la couche vivante et la couche basale.

Rôle : élimine les cellules mortes en se renouvelant constamment, bloque l'entrée d'agents étrangers et imperméabilise le corps.

Derme
Description : couche intermédiaire de la peau constituée de collagène d'une épaisseur de 2 mm à 4 mm.

Rôle : assure la protection de la peau grâce à ses propriétés mécaniques (élasticité, résistance à la traction et à la compression).

Hypoderme
Description : couche profonde de la peau formée de tissu adipeux d'une épaisseur variant de quelques millimètres à quelques centimètres.

Rôle : constitue une réserve énergétique et permet à la peau de glisser sur les muscles et les os.

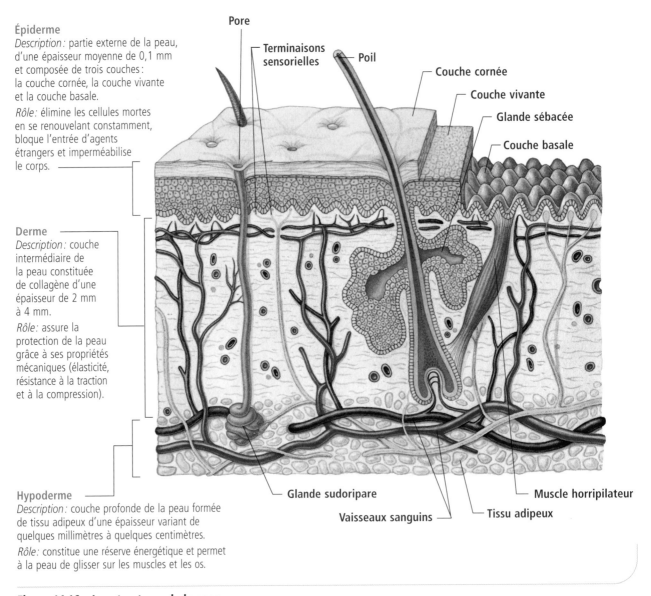

Pore — Terminaisons sensorielles — Poil — Couche cornée — Couche vivante — Glande sébacée — Couche basale — Glande sudoripare — Vaisseaux sanguins — Tissu adipeux — Muscle horripilateur

Figure 14.16 > Les structures de la peau

La perception des sensations liées au toucher

On classe généralement les contacts d'une substance avec la peau en trois catégories.

- Les **sensations tactiles**, telles que la pression ou le déplacement, sont perçues par les mécanorécepteurs.

- Les **sensations thermiques** non douloureuses sont perçues par des thermorécepteurs.

- Les **sensations douloureuses**, telles qu'une brûlure, une engelure, un écrasement ou une coupure, sont chacune perçues par différents nocirécepteurs.

Parmi les récepteurs qui interviennent dans la perception des sensations liées au toucher, on distingue les récepteurs libres, terminés par une arborescence, et les récepteurs enveloppés, terminés par une capsule (voir la figure 14.17).

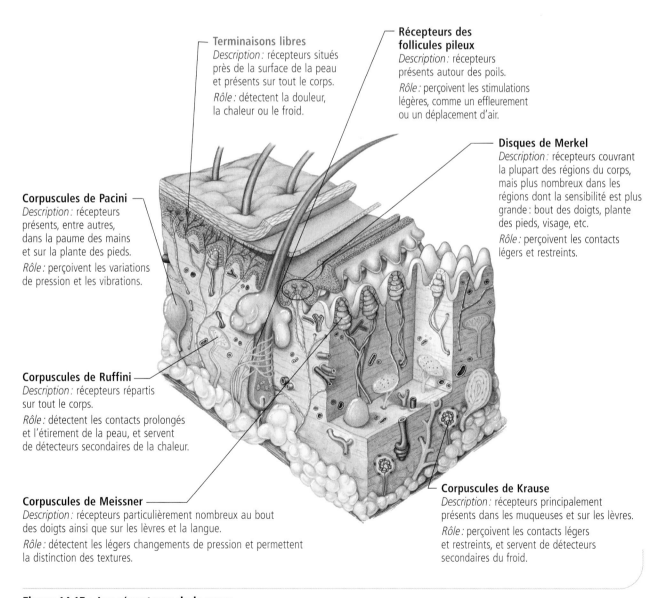

Terminaisons libres
Description : récepteurs situés près de la surface de la peau et présents sur tout le corps.
Rôle : détectent la douleur, la chaleur ou le froid.

Récepteurs des follicules pileux
Description : récepteurs présents autour des poils.
Rôle : perçoivent les stimulations légères, comme un effleurement ou un déplacement d'air.

Disques de Merkel
Description : récepteurs couvrant la plupart des régions du corps, mais plus nombreux dans les régions dont la sensibilité est plus grande : bout des doigts, plante des pieds, visage, etc.
Rôle : perçoivent les contacts légers et restreints.

Corpuscules de Pacini
Description : récepteurs présents, entre autres, dans la paume des mains et sur la plante des pieds.
Rôle : perçoivent les variations de pression et les vibrations.

Corpuscules de Ruffini
Description : récepteurs répartis sur tout le corps.
Rôle : détectent les contacts prolongés et l'étirement de la peau, et servent de détecteurs secondaires de la chaleur.

Corpuscules de Meissner
Description : récepteurs particulièrement nombreux au bout des doigts ainsi que sur les lèvres et la langue.
Rôle : détectent les légers changements de pression et permettent la distinction des textures.

Corpuscules de Krause
Description : récepteurs principalement présents dans les muqueuses et sur les lèvres.
Rôle : perçoivent les contacts légers et restreints, et servent de détecteurs secondaires du froid.

Figure 14.17 > Les récepteurs de la peau

Concepts clés

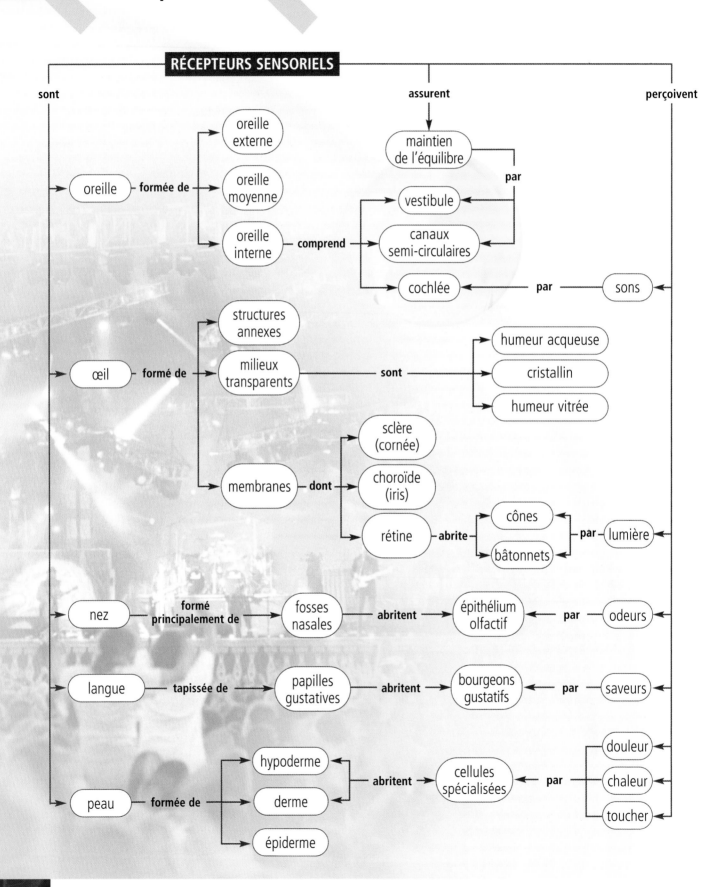

RÉCEPTEURS SENSORIELS

sont — oreille — **formée de**
- oreille externe
- oreille moyenne
- oreille interne — **comprend**
  - vestibule
  - canaux semi-circulaires
  - cochlée

assurent — maintien de l'équilibre — **par** → vestibule, canaux semi-circulaires

cochlée ← **par** — sons ← **perçoivent**

œil — **formé de**
- structures annexes
- milieux transparents — **sont**
  - humeur acqueuse
  - cristallin
  - humeur vitrée
- membranes — **dont**
  - sclère (cornée)
  - choroïde (iris)
  - rétine — **abrite** — cônes / bâtonnets ← **par** — lumière

nez — **formé principalement de** — fosses nasales — **abritent** — épithélium olfactif ← **par** — odeurs

langue — **tapissée de** — papilles gustatives — **abritent** — bourgeons gustatifs ← **par** — saveurs

peau — **formée de**
- hypoderme
- derme
- épiderme

hypoderme, derme — **abritent** — cellules spécialisées ← **par** — douleur / chaleur / toucher

.exe >>>

1 L'oreille est formée de trois parties complexes elles-mêmes formées de structures.

a) Quelle est la structure située à la frontière de l'oreille externe et de l'oreille moyenne ?

b) Quelles sont les structures situées à la frontière de l'oreille moyenne et de l'oreille interne ?

2 Nommez tous les éléments qui bougent au cours de la perception d'un son par l'oreille.

3 Qui suis-je ?

a) Je suis la seule membrane de l'oreille en contact avec l'air des deux côtés.

b) Je suis la région de l'œil qui permet de distinguer les détails les plus fins.

c) Je suis une structure de la langue en forme de cône.

d) Je suis le sens qui dispose de la plus grande variété de cellules spécialisées.

e) Je régule l'intensité de la lumière qui pénètre dans l'œil.

f) Je perçois les contacts légers.

g) Je suis une barrière qui empêche l'entrée de particules dans le nez.

h) Je suis l'organe sensoriel qui abrite la conjonctive.

4 Énumérez, dans l'ordre, tous les éléments transparents que la lumière traverse avant d'atteindre le fond de l'œil.

5 À l'aide d'un tableau sur deux colonnes, faites ressortir quatre différences entre les bâtonnets et les cônes.

6 En présence d'une odeur forte et désagréable, pourquoi avons-nous tendance à modifier le rythme de notre respiration, par exemple en prenant de petites inspirations ?

7 Faites ressortir trois ressemblances entre le fonctionnement de l'odorat et celui du goût.

8 Dans chaque cas, indiquez si l'énoncé est vrai ou faux. Corrigez les énoncés que vous jugez faux.

a) La trompe d'Eustache traverse l'os temporal.

b) L'épithélium olfactif est situé au sommet des fosses nasales.

c) Ce sont les cornets de l'oreille interne qui perçoivent la rotation du corps.

d) La choroïde est une couche de l'œil qui contient des vaisseaux sanguins.

e) Les bourgeons gustatifs sont situés à l'intérieur des parois des papilles fongiformes, caliciformes et foliées.

f) Les récepteurs de la peau que l'on nomme *corpuscules* se terminent tous par une arborescence.

g) De l'extérieur vers l'intérieur, les couches de la peau sont : l'épiderme, le derme et l'hypoderme.

9 Si l'on ne remarque aucune mauvaise odeur corporelle personnelle, a-t-on raison d'en conclure qu'on n'a pas besoin de se laver ni de laver ses vêtements ? Expliquez votre réponse à l'aide des concepts appris sur la structure de la peau et sur la perception des odeurs.

hist₂

> La petite histoire du braille

Le Français Valentin Haüy (1745-1822) fonde l'Institution royale des jeunes aveugles en 1784. Il leur rend la lecture accessible en reproduisant les lettres en relief sur du papier.

En 1808, Charles Barbier de la Serre (1767-1841), officier de l'armée française, invente une méthode pour communiquer par écrit dans l'obscurité : à l'aide d'un poinçon qu'on enfonce dans une feuille de papier, on représente les sonorités les plus courantes de la langue française ; on peut « lire » le texte en effleurant du doigt les aspérités ainsi créées au verso de la feuille.

Louis Braille (1809-1852) perd l'usage de ses yeux à trois ans. Il entre à l'Institution royale des jeunes aveugles en 1819.

Quelques années plus tard, Braille simplifie la méthode de Barbier en associant une quantité minimale de points à chaque lettre de l'alphabet.

La lecture du braille

Le succès du braille, comme on l'appelle aujourd'hui, est lié au grand nombre de disques de Merkel situés au bout des doigts (100 disques/cm²) et à leur sensibilité, qui permet de reconnaître facilement les six points sur trois lignes qui forment un caractère.

De nos jours, les claviers et les afficheurs destinés aux personnes aveugles utilisent l'alphabet braille, auquel on a ajouté une quatrième ligne pour pouvoir représenter d'autres caractères.

techn₂

> Une nouvelle méthode d'identification : la reconnaissance de l'iris

La biométrie est l'analyse mathématique des caractéristiques biologiques individuelles destinée à authentifier l'identité d'une personne de manière irréfutable. Les empreintes digitales utilisées comme méthode d'identification depuis la fin du XIXᵉ siècle sont aujourd'hui souvent remplacées par la reconnaissance de l'iris.

La reconnaissance de l'iris présente des avantages intéressants : l'iris a des motifs stables, puisqu'il se trouve à l'intérieur de l'œil ; on ne peut pas le voler ni le contrefaire ; on peut en capter l'image à distance.

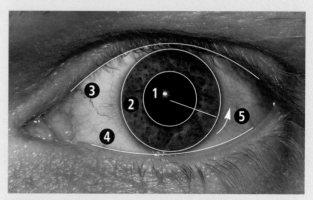

L'analyse d'un iris

Grâce à la photographie numérique, on prend une photo fidèle de l'iris. Ensuite, on traite cette photo à l'aide d'un programme informatique spécialisé. Le logiciel repère d'abord la pupille ❶ et le contour de l'iris ❷. En général, ce dernier apparaît incomplet, à cause des paupières, représentées mathématiquement par des arcs de cercle ❸ et ❹. Comme la numérisation de l'iris s'effectue par un balayage circulaire ❺, l'image présente suffisamment de points de repère pour comparer les photos de deux iris et déterminer avec certitude s'il s'agit ou non d'un même individu. Au lieu de comparer deux empreintes digitales, on compare deux photos d'iris.

Le principal rôle du sommelier ou de la sommelière est de conseiller les gens en matière de vins. Le travail consiste également à prendre les commandes de vins pour l'établissement où l'on travaille et à gérer l'entreposage des bouteilles dans la cave à vin. Le sommelier ou la sommelière doit établir la carte des vins en s'inspirant des goûts de la clientèle, de la popularité des vins et des nouvelles tendances. Comme la cuisine est un domaine en constante évolution, il faut veiller à l'harmonisation des vins avec le menu proposé à la salle à manger.

Maude est sommelière dans un restaurant gastronomique. Chaque jour, elle va et vient entre les tables, discrètement et élégamment, afin d'aider la clientèle à choisir le vin idéal pour accompagner tel ou tel mets. Le vocabulaire du vin est riche : *cépage, robe, arôme, acidité, nez, corps, rondeur,* etc. Les mots ne manquent décidément pas ! Maude connaît bien les crus de l'établissement : leur qualité, leur provenance, etc. C'est ainsi qu'elle peut répondre aux questions de la clientèle et lui recommander un cru qui lui apportera plaisir et satisfaction. Une fois le vin choisi, Maude va en chercher une bouteille dans la cave à vin, en vérifie la température et retourne la proposer au client ou à la cliente. C'est elle qui ouvre la bouteille, fait

goûter le vin et en assure le service tout au long du repas. Enfin, l'horaire de travail n'est pas toujours de tout repos : Maude doit souvent travailler tard le soir.

Maude a toujours eu beaucoup d'entregent ; communiquer avec les autres est comme une seconde nature pour elle. Sûre d'elle-même, elle est souriante et professionnelle. C'est une femme patiente et attentive. Avec tact, elle sait proposer sans imposer ! Maude doit souvent faire preuve d'imagination et de créativité afin de trouver le meilleur accord entre le vin et le mets, tout en répondant aux exigences de la clientèle. Maude a le souci du détail. C'est une qualité précieuse dans un domaine où il faut maîtriser de nombreuses notions. De plus, Maude parle couramment le français, l'anglais et l'espagnol, ce qui est un atout certain dans la restauration et l'hôtellerie !

Pour pratiquer son métier, Maude a d'abord obtenu un diplôme d'études professionnelles en services de la restauration. Puis, elle a suivi un programme de 450 heures en sommellerie professionnelle.

DOMAINES CONNEXES

Formation secondaire professionnelle

- Services en brasserie
- Formation spécialisée en gastronomie
- Formation de chef cuisinier ou chef cuisinière

Formation collégiale

- Technologie en création de nouveaux produits alimentaires
- Technique de gestion de services alimentaires

Formation universitaire

- Œnologie
- Science des produits alimentaires

Dossier 15 > Le système nerveux

O n compare souvent le système nerveux à l'unité centrale d'un ordinateur. Le système nerveux joue en effet le rôle d'un poste de commande dans l'organisme : il est en communication avec tous les autres systèmes et il en assure le fonctionnement ainsi que les interactions. Un peu comme l'unité centrale d'un ordinateur, le système nerveux reçoit, analyse et traite tous les stimulus, internes ou externes. Grâce à lui, nous pouvons, d'une part, respirer, bouger, penser ou éprouver des émotions et, d'autre part, interagir avec notre environnement et les autres individus.

{ À une certaine époque, le rôle de l'école consistait essentiellement à transmettre des connaissances et les élèves devaient apprendre par cœur de nombreuses données. Heureusement, le monde de l'éducation a bien évolué ! Au Québec, la Loi sur l'instruction publique précise que la mission de l'école est triple : instruire, socialiser et qualifier les individus. Selon vous, doit-on accorder la même importance à ces trois valeurs ? }

Dans ce dossier

S₂S

Le plomb est un métal extrêmement toxique pour l'organisme humain. Divers phénomènes naturels, comme l'érosion du sol, les éruptions volcaniques et les incendies de forêt, libèrent ce métal dans l'environnement. De plus, certaines activités humaines, comme l'exploitation minière, les industries et l'utilisation de piles ou d'accumulateurs, en rejettent aussi. Les poussières de plomb peuvent voyager sur des milliers de kilomètres dans l'atmosphère.

Quels sont les principaux effets nocifs du plomb ?

L'être humain

Liens >

... vu de l'intérieur

Dossier 16 > Le système musculosquelettique

Le système nerveux reçoit de nombreuses informations aussi bien de l'organisme lui-même que de l'environnement. Il commande, entre autres, les muscles. Connaissez-vous les types de muscles du corps ?

p. 104

... et la matière

Dossier 18 > Le comportement des fluides

Le bulbe rachidien fait partie du système nerveux central. Il commande le rythme respiratoire et la pression artérielle. Deux des fluides les plus importants du corps dépendent donc de lui. De quels fluides s'agit-il ?

p. 146

... et la technologie

Dossier 20 > Le dessin technique

L'hémisphère droit du cerveau est le siège de la représentation mentale et des aptitudes artistiques. Ces deux habiletés sont particulièrement utiles en dessin technique. Comment peut-on représenter un objet à trois dimensions sur une feuille de papier ?

p. 192

Le système nerveux central

Le cerveau — Cervelet

Encéphale

Tronc cérébral

Moelle épinière

Figure 15.1 > Les deux structures du système nerveux central
L'encéphale et la moelle épinière constituent les deux structures du système nerveux central.

Le système nerveux central est probablement le système le plus extraordinaire de votre corps! C'est grâce à lui que vous pouvez commander les muscles qui vous permettent de bouger, apprécier la saveur du chocolat ou vous rappeler un événement passé. Bien sûr, le cerveau tient la place d'honneur dans ce système; c'est le siège de l'intelligence, de la mémoire ainsi que de l'interprétation des émotions et des sensations. Il ne faut cependant pas oublier que le système nerveux central ne se limite pas au cerveau. Comment les informations y sont-elles interprétées?

L'encéphale et la moelle épinière constituent le **système nerveux central**. Le rôle de ce système consiste à recevoir, décoder, traiter et transmettre les messages nerveux.

L'encéphale

L'**encéphale** comprend les trois parties du système nerveux central qui occupent le crâne: le cerveau, le cervelet et le tronc cérébral (voir la figure 15.1).

LE CERVEAU

Le cerveau humain comprend deux **hémisphères** interconnectés (voir la figure 15.2) qui contrôlent chacun le côté opposé du corps. Par exemple, c'est l'hémisphère gauche qui commande les mouvements du pied droit. Par ailleurs, chaque hémisphère est associé à certaines habiletés. Chez 90 % des droitiers et 70 % des gauchers:

- l'hémisphère gauche est le siège de la parole, de l'analyse et de la résolution de problèmes;

- l'hémisphère droit est le siège de la représentation mentale, de l'interprétation des émotions et des aptitudes artistiques.

info +

DEUX MÉMOIRES POUR TRAITER L'INFORMATION

Vous savez probablement que les ordinateurs ont une mémoire vive pour les tâches immédiates et une mémoire morte pour l'archivage de l'information. Notre cerveau fonctionne d'une façon comparable. D'une part, notre mémoire à court terme nous permet, par exemple, de nous rappeler un numéro de téléphone pendant le temps nécessaire à le composer. D'autre part, c'est grâce à notre mémoire à long terme que nous pouvons stocker des données, comme un poème appris par cœur, un souvenir d'enfance ou l'utilisation de chaque bouton d'une manette de jeu. Le contenu de la mémoire à long terme demeure accessible, même au bout de plusieurs années.

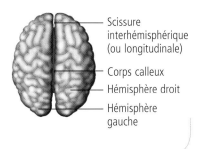

Figure 15.2 > Les hémisphères du cerveau

La scissure interhémisphérique délimite les deux hémisphères du cerveau, qui communiquent par une bande de fibres nerveuses, le corps calleux.

Scissure interhémisphérique (ou longitudinale)

Corps calleux

Hémisphère droit

Hémisphère gauche

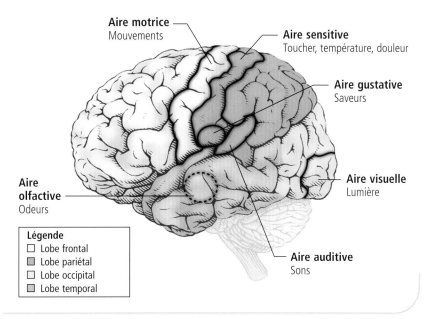

Aire motrice — Mouvements

Aire sensitive — Toucher, température, douleur

Aire gustative — Saveurs

Aire visuelle — Lumière

Aire auditive — Sons

Aire olfactive — Odeurs

Légende
☐ Lobe frontal
☐ Lobe pariétal
☐ Lobe occipital
☐ Lobe temporal

Figure 15.3 > Les principales aires du cerveau

Chaque hémisphère est subdivisé en quatre régions, nommées *lobes cérébraux*. Dans ces lobes se trouvent les aires responsables, entre autres, du contrôle des muscles, des activités intellectuelles et de la perception sensorielle (voir la figure 15.3).

LE CERVELET

Le **cervelet** participe à l'équilibre et à la posture du corps. De plus, il commande les muscles afin de produire des mouvements coordonnés.

LE TRONC CÉRÉBRAL

Le **tronc cérébral** sert de relais entre le cerveau et la moelle épinière. Outre le pont et les pédoncules cérébraux, il comprend le **bulbe rachidien**, responsable de fonctions vitales comme le rythme cardiaque, le rythme respiratoire et la pression artérielle (voir la figure 15.4).

L'encéphale et la moelle épinière sont constitués de deux couches de tissus : la matière grise et la matière blanche. La **matière grise** est le siège des fonctions intellectuelles, de l'interprétation des influx nerveux et de la commande des mouvements. La **matière blanche** assure la communication dans le système nerveux central.

Dans le cerveau et le cervelet, la matière grise est en périphérie de la matière blanche (voir la figure 15.5 **Ⓐ** de la page suivante). Cette disposition s'explique du fait que le cerveau et le cervelet communiquent avec la moelle épinière située vers l'intérieur du corps.

Trois membranes recouvrent les structures du système nerveux : la dure-mère, l'arachnoïde et la pie-mère. Ce sont les **méninges**, des couches de tissus résistantes et riches en vaisseaux sanguins. Elles servent à protéger l'encéphale et la moelle épinière. Entre les méninges, le **liquide céphalorachidien** absorbe les chocs, protège contre les infections et contribue à nourrir l'encéphale.

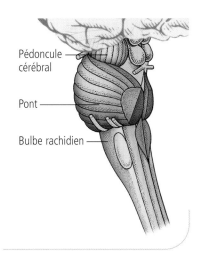

Figure 15.4 > Le tronc cérébral

Le tronc cérébral se divise en trois parties : les pédoncules cérébraux, le pont et le bulbe rachidien.

Pédoncule cérébral

Pont

Bulbe rachidien

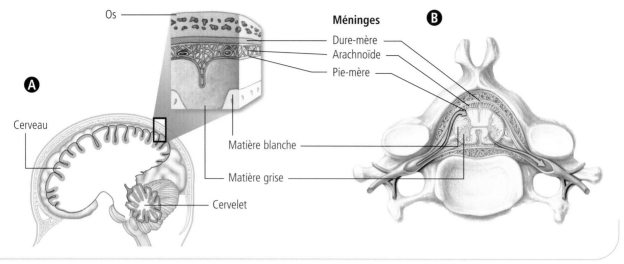

Figure 15.5 > Le système nerveux central en détail
Les méninges enveloppent l'encéphale **A** et la moelle épinière **B**. Dans le cerveau et le cervelet, la matière grise forme ce qu'on appelle le *cortex* **A**.

La moelle épinière

La **moelle épinière** joue un rôle essentiel dans le passage de l'influx nerveux. Des dommages à la moelle épinière, par exemple à la suite d'un accident, peuvent donc causer une paralysie plus ou moins étendue. Logée au centre de la colonne vertébrale, la moelle épinière a environ 2 cm de diamètre et 45 cm de longueur. Elle permet la transmission des influx nerveux entre les nerfs et l'encéphale. C'est aussi le siège des réflexes.

Comme la moelle épinière et le tronc cérébral communiquent vers l'extérieur par les nerfs, la matière blanche est en périphérie de la matière grise (voir la figure 15.5 **B**).

LA VACCINATION CONTRE LA MÉNINGITE

La méningite est une infection des méninges, les membranes protectrices qui se trouvent dans le système nerveux central. Elle est causée par un virus ou une bactérie. Bien qu'elle ne soit pas très contagieuse, il y a moins de 2 cas par 100 000 habitants au Canada, elle représente une menace grave pour l'encéphale. Pour la contracter, il faut entrer en contact avec les sécrétions du nez ou de la gorge d'une personne infectée. La seule forme qui cause des épidémies est la méningite à méningocoques. Au pays, on utilise trois types de vaccins selon les souches de la maladie. Pour les nouveau-nés, on recommande la vaccination contre la méningite Hib, autrefois la forme la plus répandue chez les enfants de moins de cinq ans.

La culture cellulaire

La culture cellulaire est une technique de laboratoire permettant la multiplication de cellules (micro-organismes, cellules animales ou cellules végétales). Ses applications sont nombreuses : tests de médicaments ou de produits toxiques, production de peau pour les greffes destinées aux personnes souffrant de graves brûlures, mise au point de vaccins, etc.

Depuis quelques années, des scientifiques s'intéressent à la culture de cellules dans l'espoir de pouvoir réparer des lésions de la moelle épinière. L'emploi de cellules souches à cette fin semble fort prometteur. En effet, ces cellules non différenciées ont l'extraordinaire capacité de se transformer en cellules spécialisées (cellules sanguines, nerveuses, musculaires, etc.). Cependant, l'utilisation d'embryons humains comme source de cellules souches soulève d'importantes questions éthiques.

- L'embryon est-il ou non une personne humaine ?

- En fécondation *in vitro*, les embryons surnuméraires sont jetés après 5 ans. Pourraient-ils et devraient-ils être utilisés pour la recherche ?

- Une grossesse peut-elle être planifiée uniquement dans le but de produire des embryons destinés à la recherche ?

Comment cultive-t-on des cellules ? La technique varie selon le type d'organisme vivant utilisé. Dans le cas d'un organisme pluricellulaire, il faut d'abord séparer les cellules du tissu ou de l'organe. Pour se multiplier en dehors de leur milieu naturel, les cellules nécessitent ce qu'on appelle un *milieu de culture,* soit solide, sous forme de gélatine, soit liquide, c'est-à-dire un bouillon de culture (voir la figure 15.6). Ce milieu de culture doit contenir les éléments essentiels à la croissance des cellules, tels que de l'eau, des minéraux, du glucose et des acides aminés. On transfère les cellules dans un autre milieu de culture lorsqu'il n'y a plus de nutriments ou trop de déchets accumulés par repiquage.

La reproduction de cellules nécessite le contrôle de plusieurs paramètres physicochimiques du milieu, comme la température, la pression atmosphérique, l'humidité, le degré d'acidité (pH) ou la concentration des gaz (dioxygène et dioxyde de carbone). Par ailleurs, le milieu et tout le matériel utilisé doivent être stériles, c'est-à-dire dépourvus de micro-organismes vivants. Les procédés de stérilisation sont diversifiés : la chaleur (flamme vive ou four), la vapeur d'eau bouillante (autoclave), les produits chimiques (par exemple, le peroxyde d'oxygène) ou le rayonnement (rayons X, gamma ou ultraviolets). Enfin, la congélation permet de conserver les cellules produites par culture.

Figure 15.6 > Milieu de culture liquide

Le stress de la vie

Vous connaissez et utilisez certainement le mot *stress.* Ce mot d'origine anglaise fait partie de notre vocabulaire courant depuis peu. C'est en effet en 1956 que l'endocrinologue montréalais Hans Selye (1907-1982) a introduit ce mot dans le vocabulaire médical et, par la même occasion, dans la langue française, avec son livre *Le stress de la vie.* Le stress devient alors un phénomène observable, presque mesurable : c'est l'ensemble des modifications (production de chaleur, d'hormones, etc.) que subit un organisme vivant pour passer au travers d'un moment difficile (froid intense, effort physique, chagrin, etc.) ou d'un traumatisme.

Le système nerveux périphérique

Avez-vous déjà apprécié la performance d'un gardien ou d'une gardienne de but au cours d'une partie de hockey ? La prochaine fois, pensez à l'efficacité de son système nerveux ! En effet, dès que la rondelle file vers le but, le cerveau commande aux muscles les mouvements nécessaires pour bloquer le tir. Comment les informations sont-elles reçues ? Comment les ordres aux différentes parties du corps sont-ils transmis ?

Le **système nerveux périphérique** est un prolongement du système nerveux central. Il comprend l'ensemble des nerfs du corps : les **nerfs crâniens** et les **nerfs rachidiens.** C'est grâce à ce système que les différentes parties de l'organisme communiquent et interagissent.

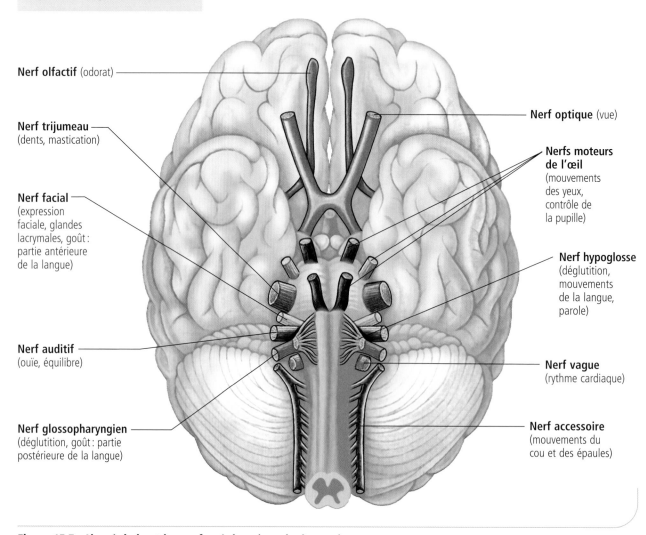

Nerf olfactif (odorat)

Nerf trijumeau (dents, mastication)

Nerf facial (expression faciale, glandes lacrymales, goût : partie antérieure de la langue)

Nerf auditif (ouïe, équilibre)

Nerf glossopharyngien (déglutition, goût : partie postérieure de la langue)

Nerf optique (vue)

Nerfs moteurs de l'œil (mouvements des yeux, contrôle de la pupille)

Nerf hypoglosse (déglutition, mouvements de la langue, parole)

Nerf vague (rythme cardiaque)

Nerf accessoire (mouvements du cou et des épaules)

Figure 15.7 > L'encéphale et les nerfs crâniens (vue de dessous)
Les nerfs crâniens émergent directement de l'encéphale. Les fonctions indiquées entre parenthèses sont des exemples et ne constituent pas des listes complètes.

Une fois dans l'organisme, le plomb peut ralentir la vitesse des influx nerveux et réduire la force musculaire ou la dextérité. Il peut même provoquer l'atrophie du nerf optique et causer la cécité.

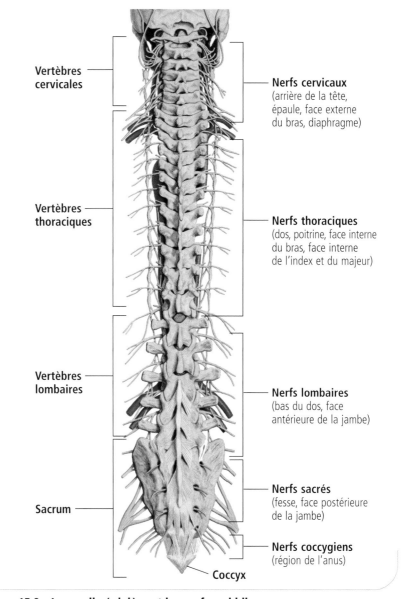

Vertèbres cervicales

Vertèbres thoraciques

Vertèbres lombaires

Sacrum

Coccyx

Nerfs cervicaux (arrière de la tête, épaule, face externe du bras, diaphragme)

Nerfs thoraciques (dos, poitrine, face interne du bras, face interne de l'index et du majeur)

Nerfs lombaires (bas du dos, face antérieure de la jambe)

Nerfs sacrés (fesse, face postérieure de la jambe)

Nerfs coccygiens (région de l'anus)

Figure 15.8 > La moelle épinière et les nerfs rachidiens
Les nerfs rachidiens sont reliés à la moelle épinière. Les structures indiquées entre parenthèses sont des exemples et ne constituent pas des listes complètes.

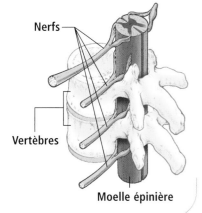

Nerfs

Vertèbres

Moelle épinière

Figure 15.9 > Le passage des nerfs rachidiens entre les vertèbres
Reliés à la moelle épinière, les nerfs rachidiens passent par les trous intervertébraux.

Les nerfs crâniens

L'organisme humain comporte 12 paires de nerfs crâniens (voir la figure 15.7). Ces nerfs sont reliés à l'encéphale et desservent principalement la tête et le cou. En plus d'assurer la perception sensorielle, ils commandent les mouvements des muscles volontaires.

Les nerfs rachidiens

Au nombre de 31 paires, les nerfs rachidiens sont reliés à la moelle épinière (voir la figure 15.8). Ils passent par les trous intervertébraux pour innerver les parties du corps inférieures au cou ainsi que l'arrière du crâne (voir la figure 15.9).

Le fonctionnement du système nerveux

Avez-vous hâte de terminer votre journée pour profiter d'une nuit de sommeil bien méritée ? Si vous vous dites que votre corps sera enfin inactif pendant que vous dormirez, détrompez-vous ! Grâce aux cellules nerveuses, il est possible pour le corps de transmettre des influx même s'il ne s'agit pas d'un acte conscient. Le trajet de l'influx nerveux diffère-t-il selon qu'il s'agit d'un acte volontaire ou d'un réflexe ?

La transmission de l'influx nerveux par les neurones

L'acte de prendre un crayon sur la table demande au cerveau d'envoyer un signal nerveux vers les nerfs conduisant au bras et à la main. Pour nous permettre d'écouter de la musique, le signal nerveux parcourt plutôt les nerfs qui mènent des oreilles au cerveau. L'**influx nerveux** est un processus électrochimique de transmission d'information qui sert à commander un muscle ou une glande, ou à percevoir une sensation (froid, douleur, odeur, etc.) en utilisant le réseau de nerfs du corps. En fait, on peut comparer ce réseau nerveux à un circuit électrique dans lequel les fils conduisent l'électricité. Le sens de l'influx nerveux varie selon le type de nerfs (voir le tableau 15.1).

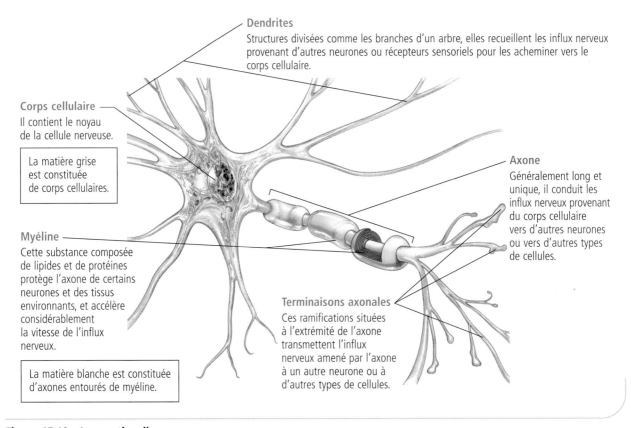

Dendrites
Structures divisées comme les branches d'un arbre, elles recueillent les influx nerveux provenant d'autres neurones ou récepteurs sensoriels pour les acheminer vers le corps cellulaire.

Corps cellulaire
Il contient le noyau de la cellule nerveuse.

La matière grise est constituée de corps cellulaires.

Axone
Généralement long et unique, il conduit les influx nerveux provenant du corps cellulaire vers d'autres neurones ou vers d'autres types de cellules.

Myéline
Cette substance composée de lipides et de protéines protège l'axone de certains neurones et des tissus environnants, et accélère considérablement la vitesse de l'influx nerveux.

La matière blanche est constituée d'axones entourés de myéline.

Terminaisons axonales
Ces ramifications situées à l'extrémité de l'axone transmettent l'influx nerveux amené par l'axone à un autre neurone ou à d'autres types de cellules.

Figure 15.10 > Les parties d'un neurone

Tableau 15.1 > Le sens de l'influx nerveux
selon le type de nerfs

	NERFS SENSITIFS	NERFS MOTEURS	NERFS MIXTES
Sens de l'influx nerveux	L'influx nerveux envoie une information des récepteurs sensoriels vers le système nerveux central.	L'influx nerveux envoie une commande du système nerveux central vers les muscles ou les glandes.	Ces nerfs sont à la fois sensitifs et moteurs. Ils peuvent donc transmettre l'influx nerveux dans les deux sens.

Les fonctions du sommeil

Bien sûr, le sommeil est réparateur : quand nous dormons, notre organisme se repose et reprend ses forces. Cependant, c'est aussi pendant le sommeil que notre cerveau « fait le ménage » dans la masse d'informations accumulées pendant la journée. Des études récentes associent d'ailleurs le rêve à cette activité de nettoyage. Or, un nombre suffisant d'heures est nécessaire pour traverser toutes les phases du sommeil, dont le sommeil paradoxal, qui correspond aux périodes de rêve. À l'adolescence, les modifications corporelles peuvent perturber le sommeil et les activités intéressantes ne manquent pas. Il ne faut cependant pas oublier de dormir !

L'influx nerveux circule dans le corps en passant par de très nombreux neurones. Un **neurone** est une cellule nerveuse qui comprend un corps cellulaire, des dendrites, un axone et des terminaisons axonales (voir la figure 15.10). Ce type de cellules est à la base des structures du système nerveux central et du système nerveux périphérique. La longueur de cette cellule varie de 1 mm (dans le cerveau) à 1 m (dans la jambe).

La transmission de l'influx nerveux entre deux neurones ou entre un neurone et une autre cellule (musculaire, glandulaire ou sensorielle) est assurée par la synapse. La **synapse** est la région de contact entre l'axone d'un neurone et les dendrites du neurone suivant (voir la figure 15.11).

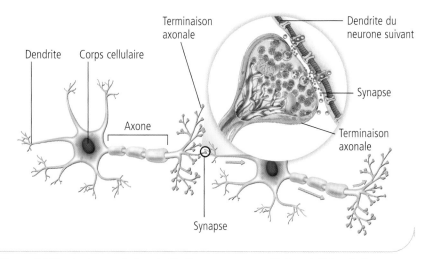

Figure 15.11 > La transmission de l'influx nerveux par l'intermédiaire de la synapse
La synapse permet à l'influx nerveux de passer d'un neurone à l'autre. À l'intérieur d'un neurone, l'influx se déplace toujours dans le même sens : des dendrites vers les terminaisons axonales.

L'AUTISME ET LES PRODIGES DE LA MÉMOIRE

Qu'est-ce que la mémoire exactement ? L'étude de l'autisme, une attitude de détachement de la réalité et de repli sur soi, jettera peut-être davantage de lumière sur le sujet. Des « autistes de haut niveau » ont démontré une capacité étonnante à se rappeler une quantité incroyable de données. On parle même à leur sujet de « mémoire encyclopédique », ce qui amène certaines personnes à s'interroger sur ces aptitudes.

Figure 15.12 > Un acte volontaire
Lancer une balle est un acte volontaire.

L'acte volontaire

Tourner les pages d'un livre, parler, marcher ou courir sont autant d'actes volontaires qu'on exécute au quotidien (voir la figure 15.12). Ces actes conscients sont sous le contrôle du cerveau et du cervelet. L'**acte volontaire** est une réaction à un **stimulus**, c'est-à-dire à une information captée par nos sens, et il fait généralement intervenir des muscles. Au cours d'un acte volontaire, l'influx nerveux peut voyager de deux façons, selon que les récepteurs sensoriels impliqués sont rattachés aux nerfs crâniens ou aux nerfs rachidiens (voir le tableau 15.2).

Au quotidien, la plupart des actes volontaires nécessitent plusieurs commandes du cerveau et du cervelet. Ainsi, marcher est un acte relativement simple. Cependant, marcher en portant attention à la circulation, en maintenant une cadence appropriée et en prévoyant son trajet implique plus d'un niveau de commande. La réalisation harmonieuse et coordonnée de toutes ces actions exige la participation du cervelet et de plusieurs aires sensorielles et motrices du cerveau.

Tableau 15.2 > Le trajet d'un influx nerveux dans un acte volontaire

RÉCEPTEURS SENSORIELS RELIÉS AUX NERFS CRÂNIENS		RÉCEPTEURS SENSORIELS RELIÉS AUX NERFS RACHIDIENS	
Stimulus	Un stimulus est capté par le récepteur sensoriel.	**Stimulus**	Un stimulus est capté par le récepteur sensoriel.
Récepteur sensoriel	L'influx nerveux voyage d'un neurone à l'autre jusqu'à l'encéphale.	**Récepteur sensoriel**	L'influx nerveux voyage d'un neurone à l'autre jusqu'à la moelle épinière.
		Moelle épinière	L'influx nerveux est acheminé de la moelle épinière à l'encéphale.
Encéphale	Le cerveau ou le cervelet décode l'influx nerveux et envoie une commande.	**Encéphale**	Le cerveau ou le cervelet décode et traite l'influx nerveux, puis envoie une commande.
		Moelle épinière	L'influx nerveux se dirige vers la moelle épinière.
Muscle	L'influx nerveux est acheminé de l'encéphale au muscle concerné.	**Muscle**	L'influx nerveux est acheminé de la moelle épinière au muscle concerné.
Action	Un acte volontaire se produit.	**Action**	Un acte volontaire se produit.

L'arc réflexe et l'acte involontaire

Pourquoi les coups de tonnerre proches font-ils sursauter ? Cette réaction réflexe presque instantanée est un mouvement automatique et involontaire, déclenché par un stimulus externe. Ce type de réaction sert souvent à protéger l'organisme. Quand votre main touche un objet brûlant, vous la retirez brusquement, sans vraiment y penser. Sans ce réflexe, vous risqueriez de vous brûler grièvement (voir la figure 15.13). Dans ce genre de réaction, l'influx nerveux est traité directement par la moelle épinière, sans se rendre à l'encéphale. L'**arc réflexe** correspond au trajet suivi par l'influx nerveux (voir le tableau 15.3). Il comprend une voie sensitive, un centre réflexe (tronc cérébral ou moelle épinière), une voie motrice ainsi qu'un organe effecteur (muscle strié, muscle lisse ou glande).

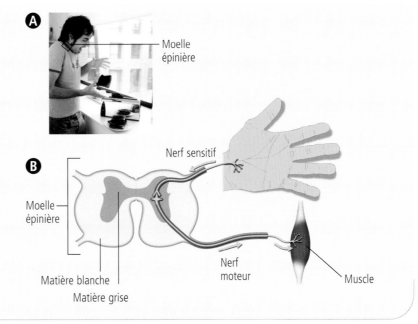

Figure 15.13 > **Le déclenchement d'un arc réflexe**
Une situation potentiellement dangereuse pour l'organisme **A** déclenche un arc réflexe **B**.

Tableau 15.3 > Le trajet de l'influx nerveux
dans un arc réflexe

RÉCEPTEURS SENSORIELS RELIÉS AUX NERFS CRÂNIENS OU AUX NERFS RACHIDIENS	
Stimulus	Un stimulus est capté par le récepteur sensoriel.
Récepteur sensoriel	L'influx nerveux voyage d'un neurone à l'autre jusqu'à la moelle épinière ou au tronc cérébral.
Moelle épinière ou tronc cérébral	L'influx nerveux est immédiatement acheminé vers le muscle ou la glande en cause.
Muscle ou glande	
Action ou sécrétion d'une substance	Une réaction involontaire se produit.

Qui peut empêcher son cœur de battre plus vite à la vue de la personne aimée ou ses glandes sudoripares de sécréter de la sueur quand la température est écrasante ? Difficile aussi d'ignorer les signes de la faim ou de la soif ! Ces réactions sont des **actes involontaires**.

En fait, le fonctionnement de la majorité de nos glandes et organes internes est involontaire. Il ne fait pas l'objet d'un contrôle conscient de notre part, mais il dépend de notre système nerveux autonome. Les centres de contrôle en sont le tronc cérébral et l'**hypothalamus**, une région qui participe à plusieurs fonctions corporelles telles que les pulsions sexuelles, la soif, la faim et le sommeil. Le rôle du système nerveux autonome est de stabiliser les autres systèmes de l'organisme (température corporelle, volume des liquides corporels et teneur du sang en glucose, en dioxyde de carbone ou en minéraux). Cet état d'équilibre se nomme homéostasie.

Voici quelques-unes des fonctions corporelles dont le système nerveux autonome est le siège :

- la dilatation et la constriction des vaisseaux sanguins ;
- l'accélération et le ralentissement des rythmes cardiaque et respiratoire ;
- l'accélération et le ralentissement de la digestion (en agissant, par exemple, sur les glandes salivaires, l'estomac et les intestins) ;
- la transpiration ;
- la production de larmes ;
- la sécrétion d'hormones (adrénaline et insuline) ;
- la dilatation et la contraction des pupilles.

L'exposition constante au plomb nuit à son élimination par l'organisme et perturbe le fonctionnement du système nerveux autonome. Les principaux symptômes d'une intoxication sont les douleurs abdominales, les vomissements, la transpiration et l'anorexie.

ZOOM sur la santé

UNE CHOSE À LA FOIS !

Le mode multitâche n'est pas le mode de fonctionnement idéal pour notre cerveau. Bien sûr, on peut lire un roman facile ou un journal tout en faisant autre chose. Cependant, pour garder toute sa concentration, il faut ménager son cerveau. Par exemple, pour préparer un examen, il est préférable de s'isoler et de réduire au minimum les sources de distraction, comme la télé ou la musique. Plusieurs scientifiques affirment même qu'il y a une corrélation entre, d'une part,  le nombre d'heures passées à regarder la télé et, d'autre part, la piètre qualité de la mémoire ainsi que le ralentissement de l'apprentissage.

Concepts clés

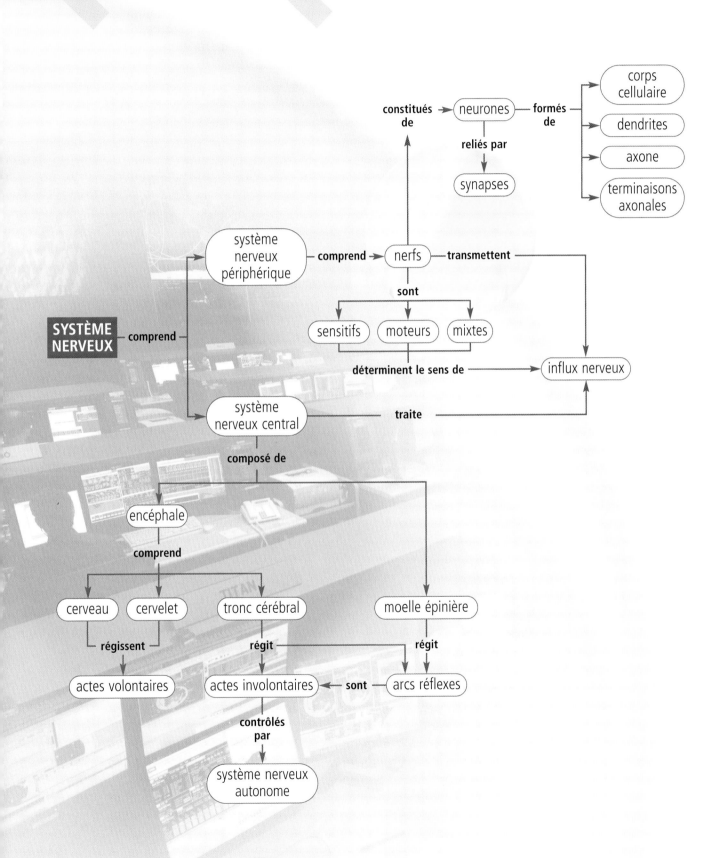

constitués de → neurones → formés de → corps cellulaire

neurones — reliés par → synapses

formés de:
- corps cellulaire
- dendrites
- axone
- terminaisons axonales

SYSTÈME NERVEUX — comprend

système nerveux périphérique — comprend → nerfs — transmettent

nerfs — sont → sensitifs, moteurs, mixtes

déterminent le sens de → influx nerveux

système nerveux central — traite → influx nerveux

système nerveux central — composé de

encéphale — comprend
- cerveau
- cervelet
- tronc cérébral

moelle épinière

cerveau, cervelet — régissent → actes volontaires

tronc cérébral — régit → actes involontaires

moelle épinière — régit → arcs réflexes

arcs réflexes — sont → actes involontaires

actes involontaires — contrôlés par → système nerveux autonome

1 Le système nerveux contribue à assurer le bon fonctionnement de notre organisme.

Il nécessite des intrants et produit des extrants.

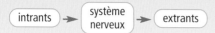

intrants → système nerveux → extrants

Comment nomme-t-on les intrants et les extrants du système nerveux ?

2 Identifiez les structures dans le schéma suivant.

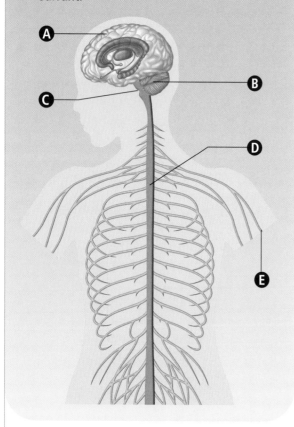

3 Qui suis-je ?

a) Je suis une cellule spécialisée du système nerveux.

b) Je suis la partie du système nerveux qui comprend l'encéphale et la moelle épinière.

c) Je suis la substance qui enveloppe certains axones.

d) Je suis la structure qui transmet l'influx nerveux de l'encéphale vers un muscle.

e) Je suis la matière qui forme le cortex cérébral.

f) Je suis le système responsable des actes involontaires, mais indispensables à la survie.

4 Dans chaque cas, précisez l'hémisphère (droit ou gauche) le plus sollicité.

a) Vous composez un poème.

b) Vous lancez une balle avec votre main droite.

c) Vous analysez un problème de mathématique afin de le résoudre.

d) Vous avez l'impression que quelque chose ne va pas bien à la maison et vous vous dites que vous devriez y retourner.

e) Avant de passer à la caisse d'un magasin, vous calculez mentalement le total de vos achats.

5 Dans chaque cas, faites ressortir les différences entre les deux éléments.

a) Le trajet de l'influx nerveux au cours d'un arc réflexe et le trajet de l'influx nerveux au cours d'un acte volontaire.

b) Le système nerveux central et le système nerveux périphérique.

c) La matière grise et la matière blanche.

6 Corrigez l'énoncé suivant.

Les nerfs sont formés de neurones. Puisque l'organisme humain compte 43 paires de nerfs, il compte forcément 86 neurones au total.

7 Déterminez les conséquences pour un individu d'un sectionnement accidentel de sa moelle épinière selon les nerfs touchés.

a) Les nerfs sacrés.

b) Les nerfs thoraciques.

8 Dans chaque cas, déterminez si l'acte est volontaire (V) ou involontaire (I).

a) Éplucher des oignons vous fait pleurer.

b) À vélo, vous vous arrêtez toujours à un feu rouge.

c) Quand on vous chatouille la plante des pieds, vos orteils se contractent.

d) À l'approche de midi, votre ventre se met à gargouiller.

e) Vous préparez un examen à l'aide de vos notes de cours.

f) Vous transpirez à cause de la chaleur ambiante.

g) En sortant de l'école, le froid hivernal vous donne la chair de poule.

9 L'air se raréfie en altitude. Notre respiration devient alors plus rapide. Selon vous, quelle partie de l'encéphale est sollicitée ? Expliquez votre réponse.

10 Le système nerveux interagit avec les autres systèmes de l'organisme. Décrivez brièvement ces interactions avec le système excréteur, le système reproducteur et le système musculosquelettique.

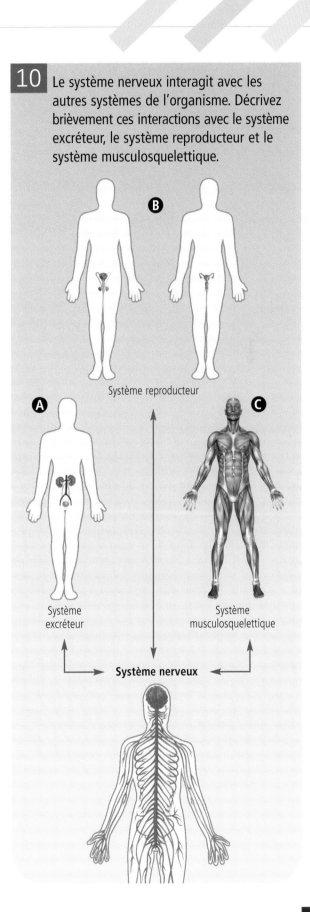

Système reproducteur

Système excréteur

Système musculosquelettique

Système nerveux

hist₂

› WILDER PENFIELD : UN CARTOGRAPHE DU CERVEAU

Né aux États-Unis, le docteur Wilder Penfield étudie en Angleterre pour faire ensuite carrière à Montréal, où il devient chercheur à l'Hôpital Royal Victoria dès 1928.

Au début de sa carrière, le docteur Penfield travaille sur le traitement chirurgical de l'épilepsie. Il tient à réduire au minimum les effets secondaires des traitements.

**Wilder Penfield
(1891-1976)**

Afin de poursuivre ses projets de recherche et d'expérimentation sur des sujets vivants, le docteur Penfield fonde l'Institut de neurologie de Montréal. L'établissement devient rapidement un centre d'enseignement et de recherche sur le traitement des désordres cérébraux provoquant des crises. Le médecin y met au point une technique d'intervention neurochirurgicale : d'abord, une anesthésie locale du crâne permet d'en retirer facilement la peau ; à l'aide de stimulations électriques, le chercheur peut sonder les différentes régions du cerveau pendant que le patient, conscient, décrit ses propres sensations. Grâce à cette technique, Wilder Penfield dresse la cartographie des aires sensorielles du cerveau.

Cet éminent chercheur et chirurgien de réputation internationale devient membre de l'Ordre du Canada en 1967 et meurt en 1976. Ce n'est qu'en 1994 qu'il est intronisé au Temple de la renommée médicale canadienne.

techn₂

› UN BRAS MYOÉLECTRIQUE PERMET DES MOUVEMENTS PRESQUE NATURELS

Une personne handicapée peut activer un bras myoélectrique à l'aide de ses muscles. Ce bras est une prothèse qui comporte un capteur sensible aux signaux électriques faibles, comme ceux des influx nerveux.

On place des électrodes sur le moignon de la personne amputée et on les relie à la prothèse. Quand l'individu veut prendre un objet, son cerveau envoie un signal conséquent à ses muscles. Les électrodes transmettent le signal au moteur, qui actionne la prothèse à l'aide d'un circuit électrique. Le temps de réaction de certains modèles permet d'ouvrir la main en 0,2 s, ce qui en fait un mouvement presque naturel !

Comme ce sont les muscles qui contrôlent les fonctions de la prothèse, l'individu doit apprendre à solliciter chaque muscle en fonction de l'action désirée — et l'apprentissage peut s'avérer ardu.

Comparées aux prothèses mécaniques traditionnelles, les prothèses myoélectriques permettent une meilleure liberté de mouvement et une vitesse d'exécution plus rapide. On poursuit les recherches pour en arriver à rendre les mouvements encore plus naturels.

**Une prothèse
myoélectrique**

Les thérapeutes en réadaptation physique traitent des individus de tout âge atteints d'une incapacité physique de type musculosquelettique, neurologique ou cardiorespiratoire. La cause de cette incapacité peut être un accident de la route, une blessure sportive, une maladie, etc. Le travail consiste à élaborer et à mettre un plan de traitement en application dans le but de maintenir, d'améliorer ou de rétablir les capacités physiques des personnes qui les consultent. Le lieu de travail peut être un centre hospitalier, une clinique privée ou un centre de réadaptation.

Depuis quelques années, Nora est thérapeute en réadaptation physique dans un centre spécialisé. Elle y travaille en collaboration avec des physiothérapeutes. La thérapie pratiquée par Nora dépend toujours du type d'incapacité. Par exemple, certains exercices physiques peuvent grandement aider une personne à retrouver la forme. Dans d'autres cas, Nora effectue des traitements à l'aide de la chaleur, du froid, de l'eau, de l'électricité ou des ultrasons.

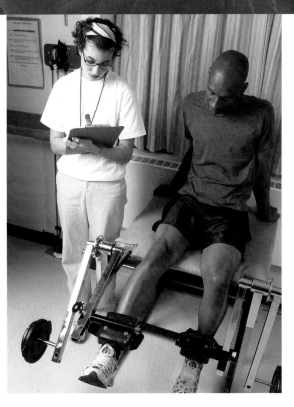

Nora fait preuve d'une très bonne écoute. C'est en effet une qualité essentielle pour pratiquer la réadaptation physique, car il faut très bien comprendre les besoins des autres. Par ailleurs, comme l'efficacité des traitements est liée à l'hygiène de vie, Nora aime conseiller les individus qui la consultent. Elle les aide à corriger leurs postures et leur recommande des exercices. Nora s'investit beaucoup dans son travail : elle se préoccupe du rétablissement de ceux et celles qu'elle soigne. Consciente de la chance qu'elle a d'être en excellente santé, Nora est empathique et compréhensive. Dans la vie, elle est plutôt optimiste et aime la compagnie.

Pour pratiquer son métier, Nora a suivi une formation collégiale en techniques de réadaptation physique.

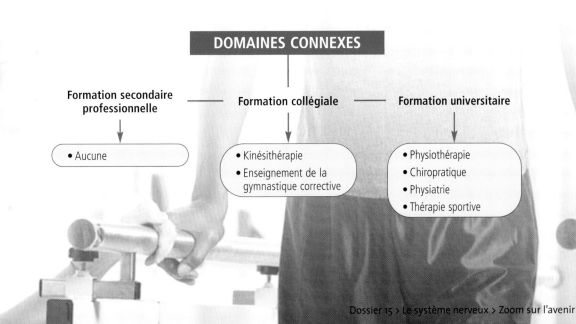

DOMAINES CONNEXES

Formation secondaire professionnelle
- Aucune

Formation collégiale
- Kinésithérapie
- Enseignement de la gymnastique corrective

Formation universitaire
- Physiothérapie
- Chiropratique
- Physiatrie
- Thérapie sportive

Dossier 16 > Le système musculosquelettique

Qu'est-ce qui vous permet de réussir un slalom en skis, de faire une pirouette en patins à roues alignées ou d'utiliser habilement la souris et le clavier dans un jeu vidéo? C'est votre système musculosquelettique, qui est responsable du maintien, de la posture et du tonus du corps. Les articulations fournissent au squelette une certaine flexibilité, mais les véritables acteurs du mouvement sont les muscles. Quelle est la composition des os, des muscles et des articulations?

Au Canada, 83 000 jeunes âgés entre 11 ans et 18 ans, surtout des garçons, ont déjà utilisé des stéroïdes dans le but d'augmenter le volume et la force de leurs muscles. Obtenus sans ordonnance médicale, les stéroïdes sont considérés comme une drogue. Selon vous, quels effets néfastes ces hormones synthétiques peuvent-elles avoir sur la santé?

S $_2$ S

La radioactivité est la propriété qu'ont certains corps d'émettre des particules par désintégration. La radioactivité est présente dans la nature : par exemple, dans les roches et le sol. Elle est aussi présente dans de nombreux appareils : par exemple, les réacteurs nucléaires, le matériel de radiographie et les détecteurs de fumée.

Quels peuvent être les effets de la radioactivité sur votre organisme ?

L'être humain

Liens >

... vu de l'intérieur

Dossier 17 > Le système reproducteur

Grâce à nos muscles et à nos os, nous pouvons bouger et percevoir le monde à l'aide de nos sens. C'est ainsi que nous entrons en relation avec notre environnement. À l'adolescence, les changements physiques revêtent une grande importance. Quelles transformations caractérisent l'adolescence ?

p. 124

... et la technologie

Dossier 21 > Les mouvements mécaniques

Plusieurs personnes utilisent des appareils spécialisés pour développer leurs muscles. Le fonctionnement de ces appareils de musculation repose sur plusieurs principes d'ingénierie. À quelles fonctions mécaniques ces appareils font-ils appel ?

p. 212

Les os

Les os constituent la charpente de votre corps. En plus de déterminer votre taille, ils protègent certains organes vitaux dont le cerveau, le cœur et les poumons. Quelles modifications les os subissent-ils au cours de la croissance ?

Le squelette

Chez l'être humain, le **squelette** compte généralement 206 os. Les os servent à :

- supporter le corps ;
- articuler le corps ;
- protéger les organes internes ;
- mettre en réserve des minéraux, tels que le calcium et le phosphore ;
- produire les éléments figurés du sang.

On divise habituellement le squelette humain en trois parties : la tête, le tronc et les membres (voir la figure 16.1).

LA TÊTE

La **tête** comprend les os du crâne et ceux de la face. Le **crâne** est une structure qui renferme et protège l'encéphale (voir la figure 16.2). La tête repose sur la colonne vertébrale, qui fait partie du tronc.

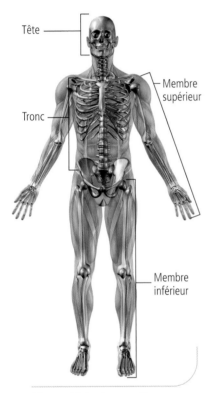

Figure 16.1 > Les parties du squelette humain

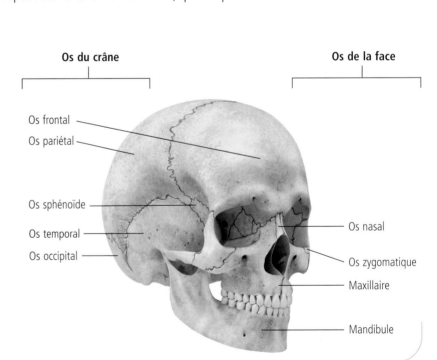

Figure 16.2 > Les principaux os de la tête

Le tronc

Le **tronc** comprend les os de la colonne vertébrale et ceux de la cage thoracique. La colonne vertébrale est l'axe du squelette. Elle est le point d'ancrage de la cage thoracique, de la tête et des membres. Formée de 33 vertèbres superposées, elle abrite en son milieu la moelle épinière (voir la figure 16.3). La cage thoracique, aussi appelée *thorax*, est formée des côtes et du sternum. Elle comprend 12 paires de côtes attachées aux vertèbres. Sept d'entre elles sont aussi reliées au **sternum**, un os plat situé au centre de la cage thoracique (voir la figure 16.4).

Vertèbres cervicales

Moelle épinière

Vertèbres thoraciques

Vertèbres lombaires

Vertèbres sacrées (formant le sacrum)

Vertèbres coccygiennes (formant le coccyx)

Figure 16.3 > La colonne vertébrale

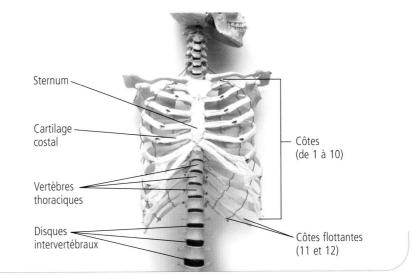

Sternum

Cartilage costal

Vertèbres thoraciques

Disques intervertébraux

Côtes (de 1 à 10)

Côtes flottantes (11 et 12)

Figure 16.4 > La cage thoracique
La cage thoracique protège le cœur et les poumons.

ZOOM sur la santé

LA SCOLIOSE

La scoliose est une déviation latérale de la colonne vertébrale, qui prend la forme d'un C ou d'un S. On associe souvent cette maladie à la vieillesse. Pourtant, la scoliose apparaît généralement pendant la croissance, à partir de l'âge de 10 ans. Les causes en sont peu connues, mais on sait qu'elle n'a rien à voir avec les mauvaises postures ou le port d'un sac à dos trop lourd. Cette déformation de la colonne vertébrale et de la cage thoracique est indolore. Elle touche de 2 % à 4 % de la population et surtout les femmes.

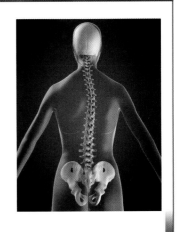

LES MEMBRES

Le membre supérieur (bras, avant-bras, main) est relié au tronc par l'omoplate et la clavicule. Le membre inférieur (cuisse, jambe, pied) est relié à la colonne vertébrale par l'os iliaque (voir la figure 16.5).

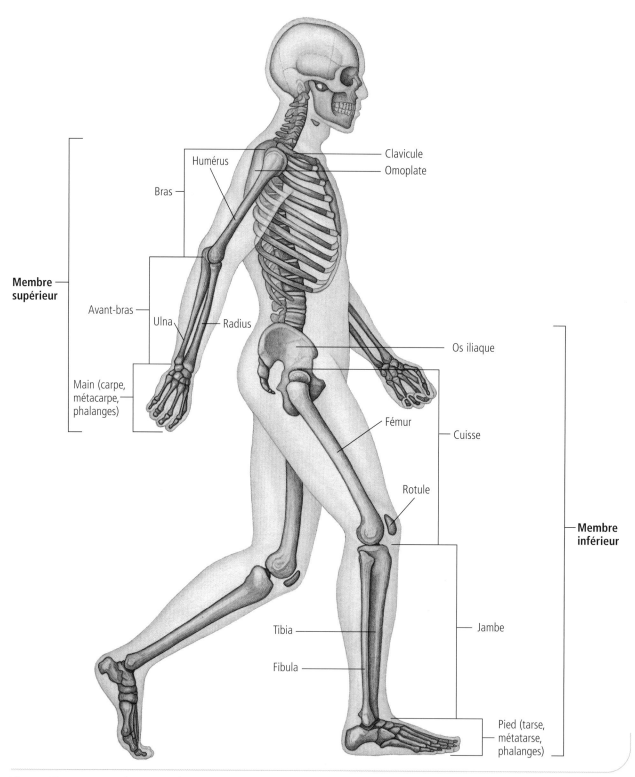

Figure 16.5 > Les membres supérieur et inférieur

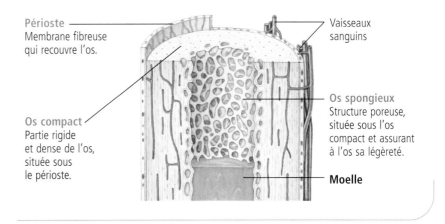

Périoste
Membrane fibreuse
qui recouvre l'os.

Os compact
Partie rigide
et dense de l'os,
située sous
le périoste.

Vaisseaux
sanguins

Os spongieux
Structure poreuse,
située sous l'os
compact et assurant
à l'os sa légèreté.

Moelle

Figure 16.6 > La structure d'un os

La sécurité des installations nucléaires est importante. On sait qu'une fuite peut libérer une quantité de radiations suffisante pour causer chez les personnes exposées de graves hémorragies et diverses formes de cancer, comme la leucémie et le cancer des os.

La structure des os

Les os sont formés de minéraux (calcium et phosphore), qui assurent leur rigidité, et d'une protéine (collagène), qui leur confère une forte résistance à la torsion. Un os comprend, entre autres, les parties suivantes : le périoste, l'os compact, l'os spongieux et de la moelle (voir la figure 16.6).

Les types d'os

La forme des os varie selon leur emplacement et leur rôle (voir le tableau 16.1).

Tableau 16.1 > La classification des os

	OS LONGS	OS COURTS	OS PLATS	OS IRRÉGULIERS
Exemple	Fémur (cuisse)	Rotule (genou)	Omoplate (haut du dos)	Vertèbre (colonne vertébrale)
Taille et forme	Ils sont plus longs que larges et leurs extrémités sont renflées.	Ils sont petits et presque cubiques.	Leur taille varie et ils sont plats.	Leur taille et leur aspect varient.
Rôle	Ils supportent les muscles qui assurent les mouvements du corps.	Ils permettent aux articulations d'être plus flexibles.	Ils protègent des organes ou servent de point d'ancrage à des muscles.	Leur rôle varie en fonction de leur emplacement.

L'entraînement : « trop », c'est comme « pas assez »

On parle souvent des conséquences néfastes de l'entraînement physique excessif. L'une de ces conséquences est le ralentissement de la croissance : les os atteignent leur taille adulte plus tardivement et la puberté peut être retardée, parfois de plus de deux ans. Il ne faut donc pas chercher à pousser le corps au-delà de ses limites. Par ailleurs, la pratique modérée d'une activité physique favorise la croissance.

Les **os longs** se retrouvent principalement dans les membres (voir la figure 16.7). La **diaphyse** est la partie centrale des os longs. Chez le bébé, elle est remplie de **moelle osseuse rouge**, un tissu renfermant les cellules souches qui produisent les éléments figurés du sang. Chez l'adulte, la moelle osseuse rouge est remplacée par de la **moelle osseuse jaune**, un tissu renfermant des lipides et qui sert de réserve de matières grasses. Les **épiphyses** désignent les deux extrémités renflées des os longs. Elles sont composées d'os spongieux dont les cavités sont pleines de moelle osseuse rouge. Chez l'adulte, seules les épiphyses de l'humérus et du fémur en contiennent encore.

Les **os courts** ne contiennent presque pas de moelle osseuse jaune et les **os plats** n'en contiennent pas du tout (voir la figure 16.8). En revanche, ils renferment de la moelle osseuse rouge. Quant aux **os irréguliers**, ils contiennent les deux types de moelle osseuse dans des proportions variables.

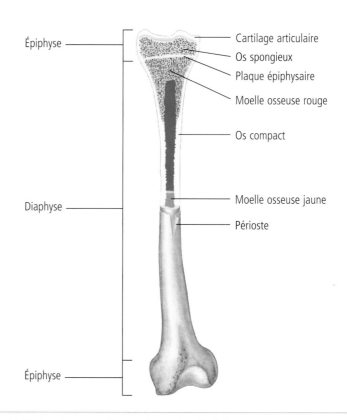

Épiphyse

Cartilage articulaire
Os spongieux
Plaque épiphysaire
Moelle osseuse rouge

Os compact

Diaphyse

Moelle osseuse jaune
Périoste

Épiphyse

Figure 16.7 > La structure d'un os long chez l'adulte

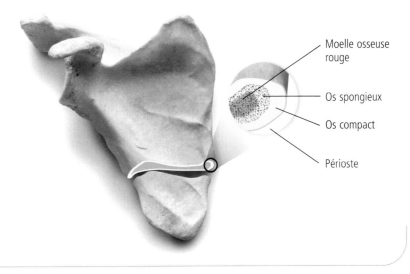

Figure 16.8 > La structure d'un os plat
Contrairement aux autres types d'os, les os plats ne contiennent pas de moelle osseuse jaune.

Les os sont des tissus vivants qui peuvent croître et se réparer. La croissance de l'être humain s'étend sur une vingtaine d'années. De la naissance à 20 ans, la taille d'un individu s'accroît d'environ 1,25 m. Chez le nouveau-né, les os contiennent une grande quantité de **cartilage épiphysaire**, un tissu conjonctif à la fois flexible et élastique. Ce cartilage joue un rôle déterminant dans la croissance osseuse (voir la figure 16.9). Chez l'adulte, il disparaît pour être remplacé par du tissu osseux, ce qui explique l'arrêt de la croissance. Cependant, le tissu osseux continue de se renouveler et de se réparer au cours de la vie de l'individu.

Les « crises de croissance »

À l'adolescence, les poussées de croissance, ou « crises de croissance » comme on les appelle souvent, sont tout à fait normales. C'est en effet à ce stade du développement humain qu'on les observe. Certains os, comme ceux du pied, allongent plus vite que d'autres et le développement physique varie d'un individu à l'autre.

Les garçons peuvent croître de 10,0 cm entre 13 et 14 ans. Chez les filles, cet accroissement peut atteindre 8,5 cm entre 11 et 12 ans.

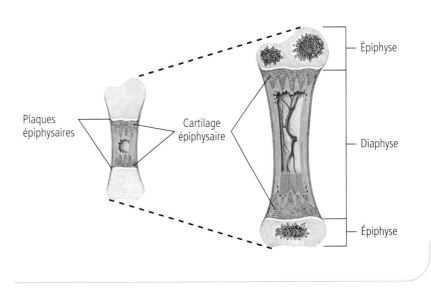

Figure 16.9 > La croissance d'un os long durant l'enfance
Le cartilage épiphysaire assure la croissance des os longs.

Les muscles

Les muscles sont responsables de la motricité du corps. Qu'il s'agisse de danse, de vélo, de natation, de boxe, etc., c'est souvent après un effort physique soutenu qu'on prend conscience de leur existence. Combien de muscles y a-t-il dans le corps humain? Quelle est leur structure? Sont-ils tous semblables?

La musculature

La **musculature** comprend des muscles apparents et des muscles non apparents. Les muscles squelettiques, rattachés aux os, et les muscles peauciers, rattachés à la peau, sont des muscles apparents. Ces deux types de muscles sont volontaires et liés aux mouvements du corps. Ils peuvent servir, par exemple, à marcher et à courir ou à faire la moue et à sourire. Le corps humain comporte environ 650 muscles de ce type (voir la figure 16.10).

Les autres muscles sont non apparents et involontaires. C'est le cas du cœur et des muscles qui se trouvent dans les parois des organes tels que la vessie, l'utérus, l'estomac et l'intestin. Leur structure est différente et ils ne sont pas rattachés aux os.

La musculature sert à:

- donner du tonus au corps;

- assurer les mouvements du corps;

- faire fonctionner les organes internes du corps (brassage de l'estomac, contraction des artères, etc.);

- dégager de la chaleur pour maintenir la température corporelle.

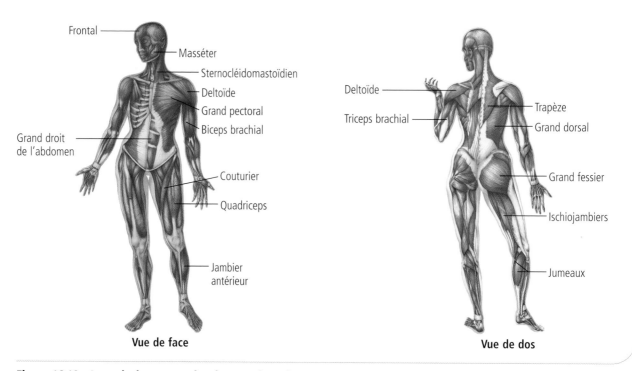

Vue de face

Vue de dos

Figure 16.10 > Les principaux muscles du corps humain

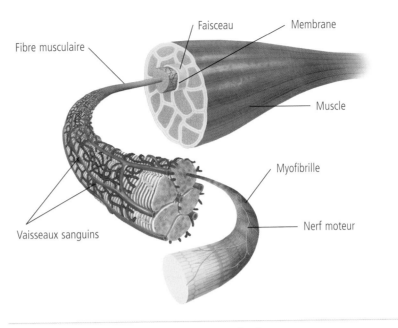

Figure 16.11 > La structure d'un muscle squelettique

La structure des muscles

Les muscles représentent à eux seuls presque la moitié de la masse totale du corps humain. Un muscle est constitué de plusieurs faisceaux retenus par une membrane (voir la figure 16.11). Chacun de ces faisceaux regroupe de 10 à 100 cellules musculaires, aussi appelées *fibres musculaires*. Ces cellules peuvent avoir de 3 cm à 35 cm de longueur.

Un muscle est aussi formé de vaisseaux sanguins et de nerfs. Les vaisseaux sanguins approvisionnent le muscle en dioxygène, alors que les nerfs lui acheminent les influx en provenance du système nerveux.

Cinq propriétés caractérisent les muscles.

- L'**excitabilité** est la capacité de réagir à des stimulus de nature chimique (par exemple, un médicament ou un acide), mécanique (par exemple, une distension), thermique (par exemple, la chaleur ou le froid) ou physiologique (par exemple, un influx nerveux).

- La **contractilité** est la capacité de gonfler, de raccourcir et de durcir au cours de la contraction. Cette propriété procure la force au mouvement.

- L'**élasticité** est la capacité de reprendre sa forme première lorsque la stimulation cesse.

- L'**extensibilité** est la capacité de s'étirer au-delà de sa longueur au repos.

- La **tonicité** correspond à la présence d'une légère contraction des muscles, même au repos. Cette propriété confère au corps son maintien, appelé *tonus musculaire*.

Les types de muscles

Les muscles n'ont pas tous la même apparence. Selon leur emplacement et leur rôle, ils peuvent être plus ou moins longs, en forme de ruban, de triangle ou de quadrilatère. On distingue ainsi deux types de muscles : les muscles striés et les muscles lisses (voir le tableau 16.2).

Tableau 16.2 > Les caractéristiques des muscles striés et des muscles lisses

MUSCLE STRIÉ VOLONTAIRE	MUSCLE STRIÉ INVOLONTAIRE	MUSCLE LISSE INVOLONTAIRE
Noyaux / Fibres musculaires / Stries	Noyau / Fibres musculaires / Stries	Noyau / Fibres musculaires
La surface des fibres musculaires est striée.	Le cœur est le seul muscle strié involontaire.	La surface des fibres musculaires est lisse (non striée).
Ce muscle est rouge.	Ce muscle est rougeâtre.	Ce muscle est rosâtre.
Il assure la motricité du corps.	Il assure le pompage du sang.	Il assure le fonctionnement des organes internes.
Son action est rapide.	Son action est lente.	Son action est très lente.
Le contrôle de ce type de muscle est conscient et régi par le système nerveux central ; c'est pourquoi on le qualifie de « volontaire ».	Ce muscle est régi par le système nerveux autonome ; c'est pourquoi on le qualifie d'« involontaire ».	Le contrôle de ce type de muscle est inconscient et régi par le système nerveux autonome ; c'est pourquoi on le qualifie d'« involontaire ».
Les cellules ont plusieurs noyaux.	Les cellules ont un ou deux noyaux.	Les cellules ont un seul noyau.

ZOOM sur la santé

LA DOULEUR MUSCULAIRE : UN SIGNE DE FATIGUE

Vous est-il déjà arrivé, après un effort physique intense, d'avoir une sensation de brûlure dans les muscles ? Cette sensation douloureuse est causée par l'accumulation d'acide lactique.

Les muscles fonctionnent grâce à l'énergie produite par la réaction chimique entre le dioxygène et le glucose. L'apport en dioxygène nécessaire à cette réaction peut être insuffisant quand l'effort physique est trop intense. Le corps produit alors de l'acide lactique. C'est le signe qu'il faut se reposer.

Le fonctionnement du système musculosquelettique

Au cours d'une séance de conditionnement physique, vous sollicitez plusieurs de vos muscles, comme ceux de l'abdomen, des cuisses ou des bras. Pendant l'entraînement, vous effectuez une foule de mouvements : tourner les hanches, plier les genoux, étendre les bras, etc. Comment pouvez-vous exécuter une si grande variété de mouvements sans vous blesser ? Quelle est la structure de vos articulations ? Comment ces structures sont-elles protégées contre les blessures ?

Les articulations

Les **articulations** constituent la jonction de deux ou plusieurs os. Grâce à elles, le corps est mobile et flexible. On distingue trois types d'articulations selon leur degré de mobilité : l'articulation fixe, l'articulation semi-mobile et l'articulation mobile.

L'ARTICULATION FIXE

Comme son nom l'indique, l'**articulation fixe** ne bouge pas. On trouve ce type d'articulation au niveau du crâne, par exemple. Les os qui forment le crâne s'emboîtent parfaitement les uns dans les autres et sont reliés par un tissu conjonctif dense et rigide. Les fines lignes de contact entre les os de la boîte crânienne se nomment *sutures*. À l'âge adulte, les plaques osseuses fusionnent et le tissu conjonctif est presque complètement remplacé par du tissu osseux (voir la figure 16.12).

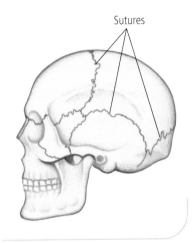

Sutures

Figure 16.12 > Des articulations fixes : les sutures du crâne

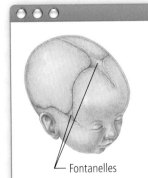

Fontanelles

LES FONTANELLES : DES ESPACES MEMBRANEUX

Chez le nourrisson, les sutures du crâne sont des membranes souples. En effet, à la naissance, les os du crâne ne sont pas encore soudés et présentent même de petites dépressions, dont deux sont palpables au toucher. On les appelle *fontanelles*. L'importante croissance du cerveau durant cette période peut ainsi s'effectuer librement. Les fontanelles permettent aussi au nouveau-né de ne pas souffrir de la compression du crâne liée à l'accouchement. Elles disparaissent au cours des deux premières années de vie et les membranes font place à du tissu osseux.

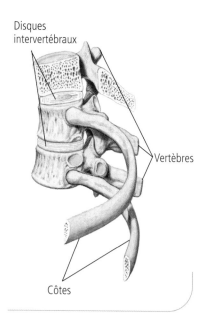

Figure 16.13 > **Des articulations
semi-mobiles :
les vertèbres**

L'ARTICULATION SEMI-MOBILE

L'**articulation semi-mobile** ne permet que des mouvements de faible
amplitude grâce au cartilage élastique qui relie les os. En plus de rendre
l'articulation flexible, ce cartilage amortit les chocs causés par les mouvements
des os. Les côtes, qui s'articulent avec le sternum (voir la figure 16.4, p. 107),
et les vertèbres, qui sont reliées aux disques intervertébraux formés de tissu
cartilagineux (voir la figure 16.13), sont des exemples d'articulations
semi-mobiles.

L'ARTICULATION MOBILE

L'**articulation mobile** permet des mouvements de grande amplitude.
La surface de contact des os est recouverte de cartilage articulaire, ce qui
permet d'amortir les chocs et de réduire le frottement entre les os. Ce cartilage
se lubrifie grâce à la **synovie**, un liquide visqueux produit par une membrane
qui recouvre l'articulation. Les os des articulations mobiles sont reliés par
des **ligaments**, des bandelettes de tissu conjonctif élastique et résistant.
Les ligaments peuvent permettre des mouvements ou les limiter dans certaines
directions. Les articulations mobiles sont les plus répandues dans le corps
humain. Les coudes, les poignets, les hanches et les genoux en sont des
exemples (voir la figure 16.14).

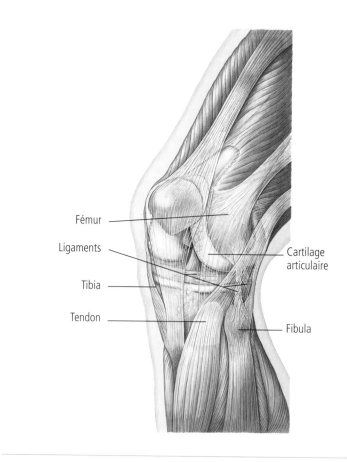

Figure 16.14 > **Une articulation mobile : le genou**

Mouvement du pied droit

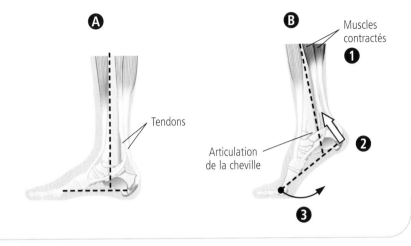

Figure 16.15 > Le mouvement : un jeu de leviers
En se contractant ❶, les muscles attachés au sommet de la jambe exercent une traction sur l'arrière du pied ❷ et font basculer l'avant du pied en sens inverse ❸.

Les mouvements

Les muscles squelettiques et les os participent aux mouvements du corps. Lorsqu'un mouvement est effectué, c'est le muscle qui travaille. Les os servent de leviers (voir la figure 16.15). Les **muscles squelettiques**, impliqués dans la majorité des mouvements du corps, sont reliés aux os par des **tendons**, des bandelettes de tissu conjonctif dense.

Les mouvements sollicitent généralement deux muscles ou deux groupes de muscles squelettiques. Dans la majorité des cas, les muscles agissent par paires et leur action est contraire : d'un côté, il y a une contraction et de l'autre, il y a un relâchement. On parle alors de **muscles antagonistes** (voir la figure 16.16).

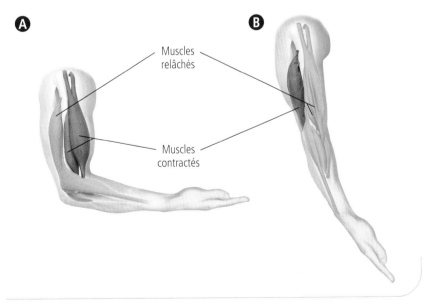

Figure 16.16 > L'action de muscles antagonistes
Le biceps et le triceps sont des muscles antagonistes. Quand l'avant-bras est fléchi, le biceps se contracte, alors que le triceps se relâche ❹. Quand l'avant-bras est en extension, le triceps se contracte, alors que le biceps se relâche ❺.

On devine aisément qu'à la suite d'une amputation ou d'un accident vasculaire cérébral, une personne ait besoin d'aide, de ressources et de temps pour apprendre à marcher avec une jambe artificielle ou pour réapprendre à parler, par exemple. Grâce à la rééducation, de nombreux individus peuvent apprendre à vivre avec un handicap causé par un accident ou une maladie. Les équipes spécialisées d'établissements comme l'Institut de réadaptation de Montréal et l'Institut de réadaptation en déficience physique de Québec consacrent leurs efforts à cette tâche.

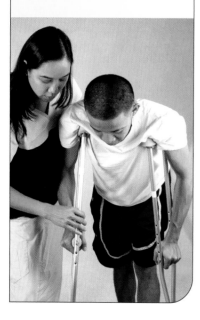

Les articulations mobiles permettent d'exécuter plusieurs types de mouvements liés à l'action contraire de paires de muscles (voir le tableau 16.3).

Tableau 16.3 > Les principaux types de mouvements liés à des muscles antagonistes

MOUVEMENT	DESCRIPTION	EXEMPLE
Flexion	Un membre se plie.	
Extension	Un membre se déplie.	
Adduction	Un membre s'approche du corps.	
Abduction	Un membre s'éloigne du corps.	
Rotation	Une partie du corps effectue un mouvement circulaire autour de l'axe d'un os.	

Concepts clés

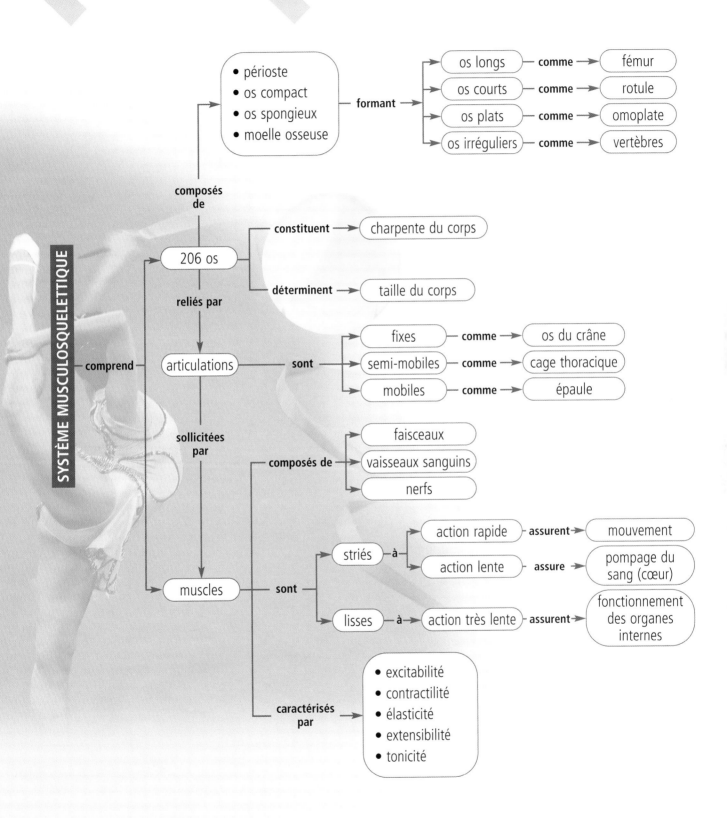

SYSTÈME MUSCULOSQUELETTIQUE

comprend

composés de
- périoste
- os compact
- os spongieux
- moelle osseuse

formant
- os longs — **comme** → fémur
- os courts — **comme** → rotule
- os plats — **comme** → omoplate
- os irréguliers — **comme** → vertèbres

206 os

constituent → charpente du corps

déterminent → taille du corps

reliés par

articulations **sont**
- fixes — **comme** → os du crâne
- semi-mobiles — **comme** → cage thoracique
- mobiles — **comme** → épaule

sollicitées par

composés de
- faisceaux
- vaisseaux sanguins
- nerfs

muscles **sont**
- striés **à**
  - action rapide — **assurent** → mouvement
  - action lente — **assure** → pompage du sang (cœur)
- lisses **à** → action très lente — **assurent** → fonctionnement des organes internes

caractérisés par
- excitabilité
- contractilité
- élasticité
- extensibilité
- tonicité

1 Le système musculosquelettique contribue à assurer le bon fonctionnement de notre organisme.

Il nécessite des intrants et produit des extrants.

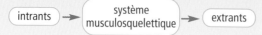

intrants → système musculosquelettique → extrants

Comment nomme-t-on les intrants et les extrants du système musculosquelettique ?

2 Répondez aux questions suivantes en vous basant sur ce que vous avez appris dans ce dossier.

a) Indiquez trois des rôles attribués aux os.

b) Indiquez trois des rôles attribués à la musculature.

3 Les cinq os suivants font partie du corps humain. Répondez aux questions suivantes en donnant toutes les réponses possibles.

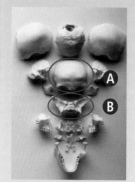
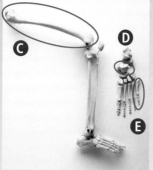

a) Quel os fait partie des os plats ?

b) Quel os contient de la moelle osseuse jaune ?

c) Quel os fait partie des os longs ?

d) Quel os comprend un périoste ?

e) Quel os a pour rôle de rendre les articulations plus flexibles ?

4 Qui suis-je ?

a) Je suis la partie du squelette formée par la colonne vertébrale et la cage thoracique.

b) Je suis la membrane qui recouvre les os.

c) Je suis le seul muscle strié involontaire.

d) Je suis un type d'articulation qui ne permet que des mouvements de faible amplitude.

e) Je suis le liquide qui sert de lubrifiant dans certaines articulations.

5 Quelle est la différence entre un tendon et un ligament ?

6 Dans chaque cas, déterminez le type de mouvement représenté.

a)

b)

7 Indiquez les différentes structures de l'os long illustré.

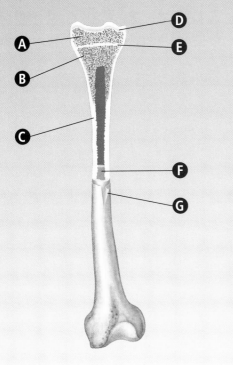

8 Nommez et expliquez les propriétés qui caractérisent les muscles.

9 Vérifiez votre compréhension du rôle des muscles et des articulations.

Yasmine ressent souvent une douleur dans le bas du dos. Pourtant, elle ne pratique presque jamais d'activité physique et elle ne soulève jamais d'objets lourds. Pour régler ses maux de dos, son médecin lui recommande de faire des exercices de renforcement des muscles abdominaux. Pourquoi ?

10 Le système musculosquelettique fonctionne en interrelation avec les autres systèmes du corps humain. Décrivez brièvement les liens qui unissent le système musculosquelettique au système nerveux, au système reproducteur et au système digestif.

B

Système reproducteur

A

C

Système nerveux

Système digestif

Système musculosquelettique

hist₂

> UN MÉDECIN AVANT-GARDISTE

Au XIXᵉ siècle, le médecin français Guillaume-Benjamin Duchenne, à la fois neurologue (spécialiste du système nerveux) et myologue (spécialiste des muscles) s'intéresse à deux nouveaux phénomènes : la photographie et l'électricité.

Le docteur Duchenne est un chercheur clinicien : il étudie les maladies directement sur ses patients. Il s'intéresse particulièrement à la paralysie sous toutes ses formes. Il essaie d'en comprendre les causes, qu'on associait exclusivement, à l'époque, à des désordres du système nerveux.

Guillaume-Benjamin Duchenne (1806-1875)

Duchenne décide d'utiliser l'électricité chez des personnes qui souffrent de paralysie faciale dans l'espoir de stimuler la contraction musculaire. Il découvre qu'il peut provoquer certaines expressions faciales chez des personnes paralysées. Photographe à ses heures, il prend des clichés des expressions faciales obtenues au cours de ses expériences. C'est une première dans le domaine médical. Grâce à cette technique, Duchenne parvient à localiser tous les muscles du visage et à en déterminer le rôle.

Ses recherches lui permettent de démontrer que certaines paralysies ne sont pas d'origine neurologique, mais bien musculaire. Par ailleurs, le scientifique décrit une maladie dégénérative musculaire touchant les jeunes garçons. Cette maladie porte aujourd'hui son nom : la dystrophie musculaire progressive de Duchenne.

techn₂

> UN FAUTEUIL ROULANT TOUT-TERRAIN

Les progrès technologiques ne sont pas seulement utiles dans les loisirs. Pour venir en aide aux personnes à mobilité réduite, on cherche à améliorer les performances des fauteuils roulants motorisés.

Plusieurs prototypes sont à l'essai. L'un d'eux, par exemple, présente les caractéristiques suivantes : le siège à hauteur ajustable permet à la personne de parler à quelqu'un sans avoir à attraper un torticolis pour autant ; le fauteuil peut rouler sur un terrain accidenté ; il peut même gravir un escalier.

Ce prototype est muni de six roues : quatre de grandeur moyenne et deux petites. La personne peut ainsi faire effectuer au fauteuil des rotations complètes. Elle peut ajuster les roues, la hauteur du siège et le centre de gravité du fauteuil grâce à des détecteurs et à des processeurs. L'équilibre est donc toujours assuré.

Un tel fauteuil comporte cependant des inconvénients : à l'intérieur, sa maniabilité est réduite ; on ne sait pas encore si la conduite sera fiable dans des conditions hivernales ; une fois sur le marché, son prix se traduira en dizaines de milliers de dollars.

D'autres projets en recherche et développement sont en cours. Entre autres, on veut mettre au point un fauteuil « intelligent », c'est-à-dire qui peut percevoir les obstacles et en tenir compte dans les déplacements. Les spécialistes travaillent aussi sur la conception d'un fauteuil dont les commandes seraient directement reliées au cerveau de la personne qui le conduit, ce qui améliorerait grandement l'autonomie des quadraplégiques.

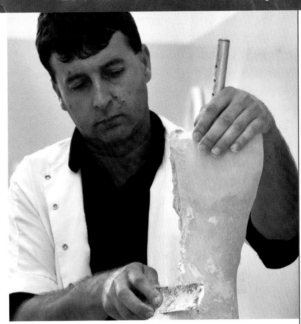

Le technicien ou la technicienne en orthèses et prothèses orthopédiques fabrique ce qu'on appelle des « aides techniques », c'est-à-dire des appareils ou des dispositifs conçus pour corriger une fonction déficiente chez un individu ou pour remplacer, en partie ou en totalité, un organe ou un membre. Ses tâches comprennent aussi l'essayage, les ajustements et les réparations. C'est un travail qui vise l'amélioration de la qualité de vie des individus.

Hadi travaille dans le laboratoire de prothèses et d'orthèses d'un centre hospitalier. La fabrication d'une aide technique commence toujours à partir d'une ordonnance médicale. Hadi doit donc d'abord analyser méticuleusement la commande, puis déterminer les mesures précises de l'aide technique qui répondra aux exigences médicales. Avant de fabriquer l'aide technique comme telle, il en dessine le plan et construit un prototype. Une fois l'aide technique réalisée, Hadi procède à l'essayage sur la personne qui la portera. La plupart du temps, il doit faire des ajustements, jusqu'à ce que le confort soit maximal. S'il y a lieu, il y apporte des modifications. Il explique ensuite à la personne comment elle fonctionne et ce qu'il faut faire pour bien l'entretenir. Si l'aide technique a besoin d'être réparée, c'est Hadi qui s'en occupe.

Dans ce genre de travail, la minutie est de rigueur. L'ajustement inadéquat d'une jambe artificielle, par exemple, peut en effet causer des douleurs ou des blessures à la personne qui la porte. Hadi est très

habile et il aime le travail manuel. Il a une excellente connaissance de l'anatomie, de la morphologie et de la physiologie du corps humain. Hadi adore travailler à la conception d'aides techniques, dessiner des croquis et reproduire des formes humaines en deux ou trois dimensions. On peut dire de lui que c'est un « visuel », avec un penchant marqué pour l'art, ce qui ne nuit pas, loin de là, à l'efficacité de ses réalisations.

Pour exercer son métier, Hadi a fait des études collégiales en techniques d'orthèses et de prothèses orthopédiques.

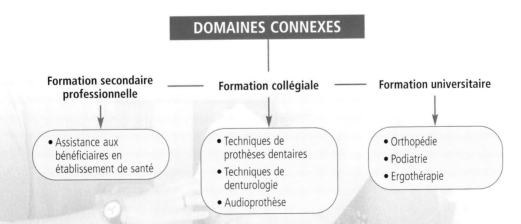

DOMAINES CONNEXES

Formation secondaire professionnelle

- Assistance aux bénéficiaires en établissement de santé

Formation collégiale

- Techniques de prothèses dentaires
- Techniques de denturologie
- Audioprothèse

Formation universitaire

- Orthopédie
- Podiatrie
- Ergothérapie

Dossier 17 > Le système reproducteur

L a puberté est une étape charnière de la vie, car c'est à cet âge que le système reproducteur s'active. La capacité de procréer, c'est-à-dire d'avoir des enfants, soulève dès lors la question des droits et des responsabilités de l'individu. Vous rappelez-vous l'apparition des premiers signes de la puberté dans votre organisme ? Quelles modifications physiologiques et psychologiques accompagnent ce passage à l'âge adulte, tant chez l'adolescent que chez l'adolescente ?

La Cour suprême du Canada a statué, en 1989, que seuls les êtres humains ont des droits constitutionnels et que ces droits commencent à la naissance. Selon vous, pourquoi a-t-elle aussi jugé que le père d'un fœtus n'a aucun droit sur ce dernier et qu'il ne peut empêcher une femme enceinte de se faire avorter ?

Dans ce dossier

Il existe diverses sources de radioactivité naturelle : par exemple, certains métaux comme l'uranium, certains gaz comme le radon ainsi que le rayonnement cosmique. L'exposition à la radioactivité varie selon les régions et a tendance à augmenter avec l'altitude.

Quels risques pour la santé la radioactivité entraîne-t-elle ?

L'être humain

Liens >

... vu de l'intérieur

Dossier 16 > Le système musculosquelettique

La puberté est caractérisée par la poussée de croissance la plus importante chez l'individu, après celle des premières années de vie. Durant cette période, la taille augmente d'environ 16 %. Comment les os allongent-ils ?

p. 104

... et la matière

Dossier 19 > Les ondes

À la puberté, la production d'hormones sexuelles entraîne des changements dans l'épaisseur des cordes vocales et dans la taille du larynx. La voix mue et devient plus grave, ce qui provoque à l'occasion une variation involontaire dans le timbre de la voix chez les garçons. Qu'est-ce qui distingue un son grave d'un son aigu ?

p. 164

Le déclenchement de la puberté

On peut distinguer un homme d'une femme grâce à leurs organes génitaux, mais il existe aussi des caractères sexuels secondaires propres à chaque sexe. Plutôt lent durant l'enfance, le développement des caractères sexuels s'accélère à l'adolescence et sa vitesse varie selon les individus. La puberté entraîne une véritable métamorphose chez l'adolescent comme chez l'adolescente. Connaissez-vous les transformations physiques et psychologiques provoquées par la puberté ?

Les changements physiques

Il est très facile de déterminer le sexe d'un individu dès sa naissance. A-t-il un pénis et un scrotum ou bien une vulve ? Les organes génitaux externes et internes constituent les **caractères sexuels primaires**. Avec la croissance, les traits d'un garçon se masculinisent et ceux d'une fille se féminisent. Ces changements sont dus à l'activité des glandes sexuelles, testicules et ovaires, qui produisent une petite quantité d'hormones sexuelles durant l'enfance. Chez le garçon, les testicules produisent la testostérone, qui a un effet masculinisant sur tout le corps (voir la figure 17.1**Ⓐ**) ; chez la fille, les ovaires produisent des œstrogènes, dont l'action est féminisante (voir la figure 17.1**Ⓑ**).

L'effet de la radioactivité sur les cellules somatiques dépend de la durée de l'exposition, de son intensité et des organes touchés. Les organes reproducteurs sont 20 fois plus sensibles aux radiations que la peau. En quantité suffisante, le rayonnement radioactif peut favoriser l'apparition d'un cancer.

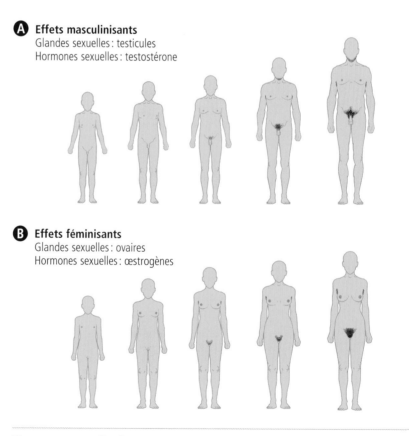

Ⓐ **Effets masculinisants**
Glandes sexuelles : testicules
Hormones sexuelles : testostérone

Ⓑ **Effets féminisants**
Glandes sexuelles : ovaires
Hormones sexuelles : œstrogènes

Figure 17.1 > Le développement de l'être humain de l'enfance à l'âge adulte

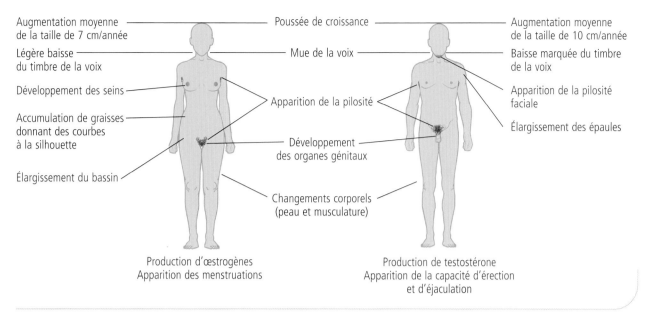

Figure 17.2 > **Les transformations du corps à la puberté**

La **puberté** débute par une soudaine augmentation de la production d'hormones sexuelles. En plus de stimuler le développement du système reproducteur, ces hormones provoquent des changements sur le plan de la physionomie et du comportement. Les **caractères sexuels secondaires** apparaissent au fil des ans chez les deux sexes (voir la figure 17.2). Soulignons que l'individu tant mâle que femelle peut procréer avant d'avoir acquis tous les caractères sexuels secondaires propres à l'adulte.

Il est difficile d'établir avec précision l'âge du début de la puberté. Chaque personne possède sa propre « horloge biologique », qui détermine la production des hormones sexuelles. Cette horloge biologique est située dans l'hypothalamus, une petite structure qui se trouve à la base du cerveau. La puberté est déclenchée lorsque l'**hypophyse**, une glande hormonale reliée à l'hypothalamus, stimule les glandes sexuelles, aussi appelées *gonades*, pour qu'elles sécrètent dans le sang des hormones sexuelles. Les gonadotrophines sont l'hormone folliculostimulante (FSH) et l'hormone lutéinisante (LH). Ces hormones sont présentes chez l'homme et la femme, mais leurs effets sur le système reproducteur sont différents.

La confidentialité du dossier médical

À l'adolescence, on hésite souvent à consulter un ou une médecin quand on s'interroge sur son état de santé, particulièrement en matière de sexualité. Pourtant, on a tout à gagner en faisant cette démarche, car les médecins ont les compétences nécessaires pour soigner, guider et conseiller.

Si vous avez 14 ans ou plus, vous avez le droit de consulter un ou une médecin et de prendre des décisions relatives à votre santé sans demander l'autorisation de vos parents. Les confidences et les informations transmises dans le cadre d'une consultation médicale sont protégées par le secret professionnel.

LES STÉROÏDES ANABOLISANTS

Les stéroïdes anabolisants sont des substances utilisées dans l'élevage pour stimuler la croissance des animaux. Ils s'apparentent à la testostérone, l'hormone mâle chez l'être humain.

Depuis leur apparition, des athlètes et des culturistes les utilisent pour augmenter leur masse musculaire et améliorer leurs performances. En plus de tricher, ces personnes mettent leur santé en danger en consommant ces substances.

Effets possibles d'une prise prolongée :

- anomalies du cœur, hypertension, crise cardiaque et accident vasculaire cérébral ;
- rage incontrôlable, manies et dépression ;
- arrêt de la croissance ;
- rupture des tendons ;
- acné ;
- perte des cheveux ;
- chez l'homme, diminution de la taille des testicules et augmentation de la taille des seins ;
- chez la femme, baisse de la voix, augmentation de la pilosité faciale, arrêt du cycle menstruel et réduction de la taille des seins.

La puberté apparaît généralement plus tôt chez les filles que chez les garçons. Les filles commencent donc leur poussée de croissance avant les garçons. C'est la forte concentration d'œstrogènes dans le corps de la fille qui entraîne la solidification des os, mettant fin à sa croissance. Si les femmes ont généralement une taille plus petite que celle des hommes, c'est que leur période de croissance est plus courte.

Les changements psychologiques

Les changements physiques vécus au cours de la puberté ont des répercussions sur le plan psychologique. Les adolescents et les adolescentes éprouvent de nouveaux besoins :

- la recherche d'une plus grande indépendance par rapport aux parents ;
- l'affirmation de l'esprit critique ;
- la prise de responsabilités ;
- l'envie d'une plus grande autonomie ;
- l'établissement d'un réseau de jeunes de leur âge ;
- le désir d'aimer une autre personne et de former un couple ;
- l'acquisition du sens de l'éthique.

Au cours de l'adolescence, les variations hormonales peuvent aussi provoquer d'importants changements d'humeur : l'individu peut se sentir tour à tour vulnérable, euphorique ou irritable.

La puberté chez l'adolescent

Chez le garçon, le passage de l'adolescence à l'âge adulte se manifeste par différents signes comme la mue de la voix, l'apparition de la pilosité ainsi que des premières érections et éjaculations. Connaissez-vous le processus d'élaboration des spermatozoïdes ? Savez-vous ce qui se passe au cours de l'érection du pénis et de l'éjaculation ? À quel moment un adolescent devient-il apte à engendrer la vie ?

La spermatogenèse

Le cerveau contrôle directement l'activité des glandes sexuelles en envoyant constamment des hormones aux testicules pour les stimuler à produire de la testostérone et des dizaines de milliers de spermatozoïdes. Le **spermatozoïde** est la cellule reproductrice mâle, appelée aussi *gamète mâle*. L'élaboration des spermatozoïdes débute un peu avant la capacité d'érection, nécessaire à la procréation.

La **spermatogenèse** est la transformation en spermatozoïdes de centaines de milliers de cellules souches présentes dans les testicules. La testostérone déclenche la division cellulaire dans les testicules au début de la puberté (voir la figure 17.3). Ce processus d'élaboration est continu. Il est généralement plus intense entre 20 et 30 ans, alors que le taux de testostérone dans le corps est à son maximum.

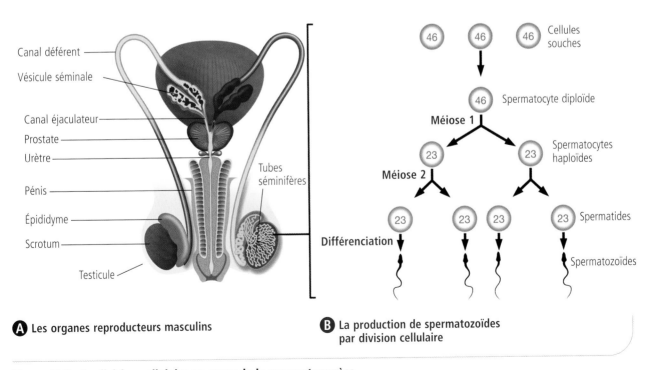

A Les organes reproducteurs masculins

B La production de spermatozoïdes par division cellulaire

Figure 17.3 > La division cellulaire au cours de la spermatogenèse

Les spermatozoïdes sont produits à partir des cellules souches présentes dans les **tubes séminifères** des testicules. Comme les cellules souches sont diploïdes (46 chromosomes), elles doivent se diviser par méiose pour devenir des **spermatocytes**, qui sont des cellules haploïdes (23 chromosomes). Les spermatocytes deviennent ensuite des spermatozoïdes. Chaque spermatozoïde est doté d'un flagelle, un filament mobile qui lui permet de se déplacer.

L'hypophyse sécrète des gonadotrophines environ toutes les heures. Donc, **l'homme n'est soumis à aucun cycle de fertilité.** Cependant, il existe un système naturel de régulation hormonale. Celui-ci contrôle la production de testostérone dans l'organisme (voir la figure 17.4). Au fur et à mesure que le taux de testostérone augmente, l'hypophyse ralentit sa production de gonadotrophines.

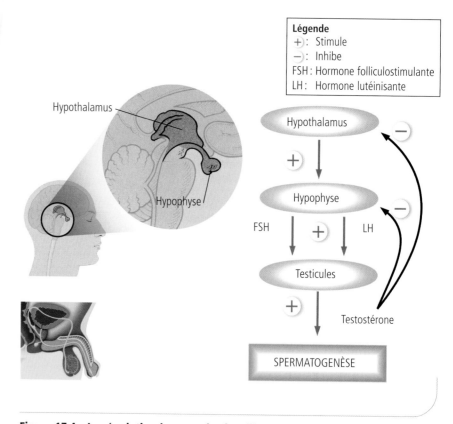

Figure 17.4 > La régulation hormonale chez l'homme

Le mécanisme de l'érection et de l'éjaculation

Le premier signe de puberté chez le garçon est le développement du pénis et du scrotum. Comme pour les autres parties du corps, le rythme de croissance des organes génitaux varie selon les individus. Le pénis peut atteindre sa taille définitive en quelques mois ou en plusieurs années, et son développement est généralement terminé vers l'âge de 18 ans. Le pénis d'un homme adulte mesure en moyenne de 7 cm à 10 cm lorsqu'il est flasque et de 12 cm à 18 cm lorsqu'il est en érection.

Le pénis comprend plusieurs structures (voir la figure 17.5). Celles qui forment les tissus érectiles ressemblent à des éponges. En se remplissant de sang, ces tissus font gonfler le pénis. C'est ce qu'on appelle l'**érection**.

L'érection du pénis implique l'interaction entre le système reproducteur et les systèmes nerveux, musculaire et circulatoire (voir le tableau 17.1). Déclenchée par une stimulation sexuelle, l'érection ne mène pas systématiquement à l'éjaculation. La stimulation continue du pénis agit progressivement sur les nerfs qu'il comporte. À partir d'un certain seuil d'excitation, le mécanisme réflexe de l'**éjaculation** se déclenche.

L'expulsion du **sperme**, un liquide blanchâtre contenant des spermatozoïdes, à l'extérieur du pénis est généralement accompagnée d'un **orgasme**, c'est-à-dire une profonde sensation d'euphorie et de bien-être. Il est souvent préférable d'avoir des relations sexuelles dans une ambiance calme, agréable et détendue, car le stress peut nuire à l'érection.

La période de fertilité de l'homme

L'homme peut engendrer la vie dès l'adolescence et jusqu'à un âge où il serait habituellement grand-père. Cependant, avec le temps, la sécrétion de testostérone et la mobilité des spermatozoïdes peuvent diminuer. Ces changements, qu'on peut associer à l'**andropause**, surviennent à des âges très variables.

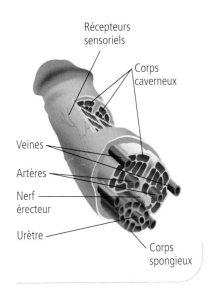

Récepteurs sensoriels

Corps caverneux

Veines

Artères

Nerf érecteur

Urètre

Corps spongieux

Figure 17.5 > Les structures du pénis
Les corps caverneux et le corps spongieux forment les tissus érectiles.

Tableau 17.1 > Le mécanisme de l'érection et de l'éjaculation

EXCITATION	• Les récepteurs sensoriels captent des stimulus (tactiles, visuels, etc.), qui provoquent une excitation sexuelle. • Le cerveau envoie un influx nerveux aux muscles lisses des tissus érectiles, qui se décontractent. • D'autres influx font augmenter la quantité de sang dans les artères du pénis. • La décontraction des tissus érectiles permet au sang de pénétrer dans leurs cavités, ce qui fait gonfler le pénis.
ÉRECTION	• L'augmentation du volume du pénis comprime les veines et empêche le sang d'en sortir. • Sous l'effet de l'augmentation de la pression sanguine, le pénis devient en érection. • Une excitation suffisante déclenche une éjaculation.
ÉJACULATION	• Le sperme est éjecté par une contraction des muscles lisses des tissus érectiles. • Les veines se décompressent. • Le sang sort des tissus érectiles et les artères se compriment. • Le pénis redevient flasque.

La puberté chez l'adolescente

Chez la fille, le passage de l'adolescence à l'âge adulte se manifeste par différents signes, comme l'apparition de la pilosité et des premières menstruations. Connaissez-vous le processus d'élaboration des ovules ? Connaissez-vous les particularités des différents cycles chez la femme : le cycle ovarien, le cycle menstruel et le cycle de la fertilité ? Savez-vous quand une femme peut devenir enceinte ?

L'ovogenèse

Le centre de contrôle de la production des ovules et des hormones sexuelles se situe dans le cerveau. L'ovule est le *gamète femelle*, c'est-à-dire la cellule reproductrice femelle. Dès sa naissance, une femme possède toutes les cellules souches à l'origine des ovules qu'elle produira au cours de sa vie (voir la figure 17.6). La production des ovules se nomme **ovogenèse**.

Comme la cellule d'origine est diploïde (46 chromosomes), elle doit se diviser par méiose pour devenir un ovocyte haploïde (23 chromosomes). Lorsqu'il est libéré par l'ovaire, cet ovocyte prend le nom d'**œuf**. Un ovaire ne produit habituellement qu'un seul œuf à la fois. Une fois fécondé, cet œuf porte le nom d'**ovule**.

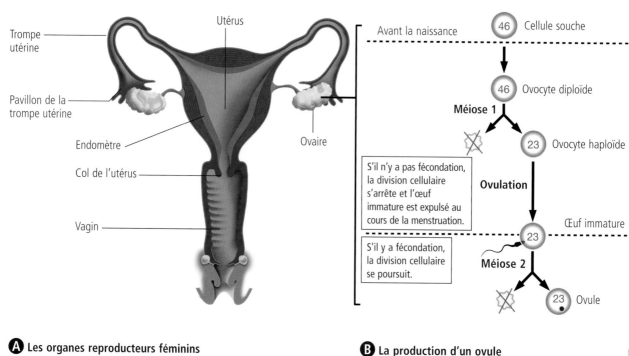

Trompe utérine

Pavillon de la trompe utérine

Endomètre

Col de l'utérus

Vagin

Utérus

Ovaire

Avant la naissance

46 Cellule souche

46 Ovocyte diploïde

Méiose 1

23 Ovocyte haploïde

Ovulation

S'il n'y a pas fécondation, la division cellulaire s'arrête et l'œuf immature est expulsé au cours de la menstruation.

S'il y a fécondation, la division cellulaire se poursuit.

23 Œuf immature

Méiose 2

23 Ovule

Ⓐ Les organes reproducteurs féminins

Ⓑ La production d'un ovule par division cellulaire

Figure 17.6 > La division cellulaire au cours de l'ovogenèse

Le cycle ovarien

Le **cycle ovarien** est le processus au cours duquel un follicule mûrit, libère un œuf et produit un corps jaune. L'ovaire produit un œuf sous l'effet de l'hormone folliculostimulante (FSH) sécrétée par l'hypophyse. Cet œuf est entouré d'une couche de cellules, le **follicule**, qui se développe en même temps que lui et libère des œstrogènes.

Plus le follicule se développe, plus il sécrète d'œstrogènes. Cette augmentation du taux d'œstrogènes ralentit la sécrétion de FSH par l'hypophyse et active la production de l'hormone lutéinisante (LH) nécessaire pour déclencher l'ovulation (voir la figure 17.7).

Au moment de l'ovulation, le follicule éclate et libère l'œuf qui se dirige vers la trompe utérine. Le follicule rompu se transforme alors en un autre tissu, appelé **corps jaune** (ou corps lutéinique), qui sécrète la progestérone et des œstrogènes. Plus le corps jaune se développe, plus il produit de progestérone et d'œstrogènes. Si l'œuf n'est pas fécondé, le corps jaune se résorbera et un autre cycle ovarien débutera.

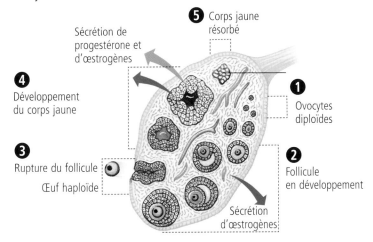

5 Corps jaune résorbé

Sécrétion de progestérone et d'œstrogènes

4 Développement du corps jaune

1 Ovocytes diploïdes

3 Rupture du follicule

Œuf haploïde

2 Follicule en développement

Sécrétion d'œstrogènes

Note : Il s'agit ici d'une représentation combinée des étapes successives du cycle ovarien. Dans la réalité, l'œuf ne migre pas ainsi dans l'ovaire.

Figure 17.7 > Les changements dans l'ovaire au cours du cycle ovarien
Si l'œuf n'est pas fécondé, le corps jaune se résorbe ; s'il y a fécondation, il persiste.

---

info+

LA SIMILARITÉ DES MOLÉCULES DE TESTOSTÉRONE ET D'ŒSTRADIOL

Les molécules de testostérone et d'œstradiol (un des œstrogènes) sont toutes les deux composées d'atomes de carbone, d'hydrogène et d'oxygène. Elles ne se distinguent que par quelques atomes sur la quarantaine qu'elles comportent.

Testostérone

Œstradiol

LA VARIATION DES HORMONES AU COURS DU CYCLE OVARIEN

Tout au long du cycle ovarien, il se produit des changements dans la sécrétion des hormones sexuelles. On découpe le cycle ovarien en trois étapes : la phase folliculaire, l'ovulation et la phase lutéale (voir la figure 17.8).

Le cycle ovarien commence par la **phase folliculaire**. Durant la menstruation, les follicules sont immatures et produisent, par conséquent, peu d'hormones sexuelles (voir la figure 17.8 **Ⓐ**). Le taux d'œstrogènes augmente au fur et à mesure que le follicule se développe. En fait, le corps se prépare à l'ovulation.

L'**ovulation** est la seconde phase du cycle ovarien. Le taux élevé d'œstrogènes entraîne une sécrétion massive de LH, ce qui cause l'éclatement du follicule.

La **phase lutéale** termine le cycle ovarien. Après l'ovulation, le follicule se transforme en corps jaune. Ce dernier sécrète des œstrogènes et de la progestérone. Sous l'effet de la progestérone, l'**endomètre**, la muqueuse qui tapisse l'**utérus**, s'épaissit et de nombreux petits vaisseaux sanguins apparaissent. L'organisme se prépare à la nidification d'un ovule fécondé dans l'utérus. Si l'œuf n'est pas fécondé dans les 24 heures après sa sortie de l'ovaire, les taux d'œstrogènes et de progestérone diminuent. Sans un taux suffisant de progestérone, l'endomètre se dégrade. La couche superficielle de l'endomètre est expulsée de l'utérus de 12 à 16 jours après l'ovulation, au moment de la menstruation.

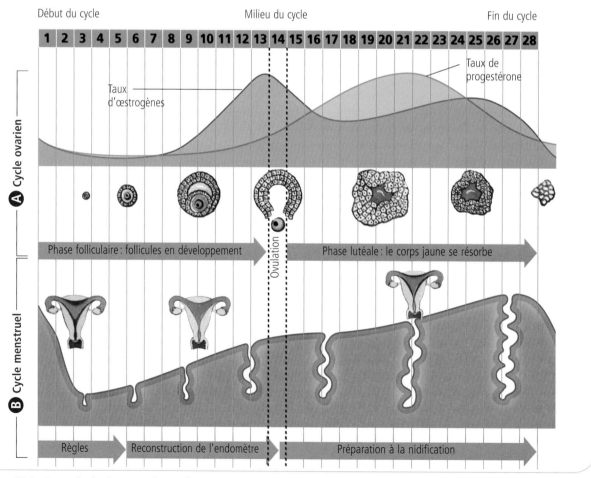

Figure 17.8 > Les principales transformations au cours d'une période de 28 jours

LE SYNDROME PRÉMENSTRUEL

Quelques jours avant le début d'une menstruation, plusieurs femmes éprouvent divers symptômes liés aux changements hormonaux qui se produisent dans leur corps. Si vous êtes l'une de ces femmes, il ne faut pas vous en inquiéter outre mesure. C'est tout à fait naturel. Ces symptômes sont déclenchés par la diminution du taux d'œstrogènes et de progestérone lorsque le corps jaune se résorbe. On associe au syndrome prémenstruel plus de 150 signes différents.

Voici les plus courants :

- crampes dans le bas du ventre ;
- gonflement ou sensibilité des seins ;
- poussée d'acné ;
- ballonnements causés par la rétention d'eau ;
- maux de tête ;
- douleurs musculaires dans le bas du dos ;
- irritabilité ou agressivité ;
- grande sensibilité émotive ;
- anxiété sans cause apparente.

Il est important de distinguer le cycle ovarien du cycle menstruel, même s'ils sont liés.

Le cycle menstruel

Le **cycle menstruel** renvoie aux transformations que subit l'utérus sur une période de 28 jours. Il se déroule parallèlement au cycle ovarien (voir la figure 17.8 **B**). C'est un phénomène complexe qui comporte plusieurs étapes. En comprenant parfaitement ce qui se passe dans son organisme tout au long de son cycle menstruel, une femme peut suivre son cycle de fertilité et ainsi mieux planifier ses grossesses.

LES ÉTAPES DU CYCLE MENSTRUEL

Le cycle menstruel commence avec les **règles**. Une menstruation dure de trois à cinq jours. L'écoulement de sang totalise entre 5 ml et 25 ml, selon les femmes et les mois. La présence de petits caillots dans le sang menstruel est tout à fait normale : celui-ci contient en effet des fragments de l'endomètre.

Après la menstruation, il y a **reconstruction de l'endomètre**. Cette étape, qui se poursuit jusqu'à l'ovulation, est souvent marquée par certains signes perceptibles. Plusieurs femmes ressentent un pincement du côté de l'ovaire qui produit l'œuf. D'autres remarquent le gonflement de leurs seins ou un plus grand désir sexuel.

L'ovulation marque le début de l'étape de **préparation à la nidification**, qui dure 14 jours. Pendant cette période, l'endomètre commence à s'épaissir pour se préparer à nourrir un éventuel embryon. S'il y a fécondation, l'embryon se fixe à la paroi de l'utérus et l'endomètre poursuit son développement. Sinon, la couche superficielle de l'endomètre se détériore et est expulsée du corps de la femme sous forme de saignements. C'est le début d'un autre cycle menstruel. De nombreuses femmes ressentent des crampes et divers autres maux environ 48 heures avant la menstruation.

LA VARIATION DANS LA DURÉE DU CYCLE MENSTRUEL

Il arrive souvent qu'un cycle menstruel soit plus long ou plus court que 28 jours. On considère que le cycle menstruel est régulier si l'intervalle entre les menstruations varie de 26 à 32 jours au cours d'une année (voir la figure 17.9). Plus souvent qu'autrement, il est irrégulier avant l'âge de 18 ans. La variation dans la durée du cycle dépend généralement de la phase de maturation de l'œuf. Divers phénomènes extérieurs, comme les suivants, peuvent dérégler le cycle menstruel :

- une situation stressante ;
- un poids nettement inférieur ou supérieur au poids santé ;
- un entraînement physique très exigeant ;
- la consommation de drogues ou de certains médicaments.

Si le cycle menstruel est régulier, on estime que la femme est féconde durant quatre jours, vers le milieu de son cycle. Cette estimation tient compte de la durée de vie de l'ovule dans la trompe utérine et de celle des spermatozoïdes. Fait important à souligner, l'ovulation ne se produit pas toujours au milieu du cycle menstruel. On ne peut donc pas déterminer le moment de l'ovulation en ajoutant 14 jours à la date du début de la menstruation. Pour éviter une grossesse non désirée, les moyens de contraception sont beaucoup plus efficaces que les estimations basées sur le calendrier.

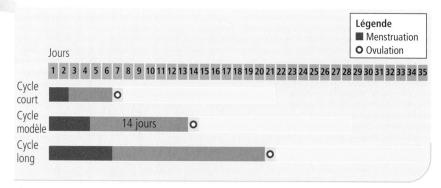

Figure 17.9 > La comparaison de différents cycles menstruels
Le nombre de jours suivant l'ovulation est généralement constant. Ce sont les règles et la période de reconstruction de l'endomètre qui déterminent la durée du cycle menstruel.

LE RETARD DE LA MENSTRUATION

Comme le cycle menstruel n'a pas toujours la même durée, le « retard » du début de la menstruation est tout à fait normal. Cependant, dans une telle situation, une femme qui a eu récemment des relations sexuelles devrait envisager la possibilité d'être enceinte, particulièrement si aucun moyen de contraception n'a été utilisé.

La contraception orale d'urgence

Les professionnels de la santé des CLSC, des pharmacies et des services infirmiers scolaires peuvent fournir gratuitement une contraception orale d'urgence (COU) à une adolescente qui craint une grossesse.

La COU (aussi appelée *pilule du lendemain*) contient des doses élevées d'œstrogènes et de progestérone, ce qui déclenche la menstruation. Pour qu'elle soit efficace, la femme doit prendre les cachets dans les 72 heures qui suivent la relation sexuelle non protégée. Plus tôt elle les prendra, plus ils seront efficaces. Après 72 heures, seul un avortement peut interrompre une grossesse.

Attention ! La prise régulière de ce type de contraceptifs est fortement déconseillée à cause de ses effets secondaires importants.

La fécondation de l'ovule met fin au cycle ovarien. En effet, les tissus entourant l'embryon (futur placenta) sécrètent la gonadotrophine chorionique (ou HCG), qui maintient le corps jaune en vie. Cette hormone garantit que le taux de progestérone et d'œstrogènes demeure élevé, ce qui permet à l'endomètre nourricier de subsister dans l'utérus. Après deux semaines de grossesse, la HCG est éliminée par les reins et se retrouve en concentration suffisante pour être détectée dans l'urine. Les tests de grossesse à domicile sont des bâtonnets indicateurs de la présence de cette hormone.

Le cycle de fertilité de la femme

Chez la femme, l'élaboration des gamètes (cellules reproductrices) n'est pas continue, comme c'est le cas pour l'homme. Le **cycle de fertilité** de la femme est lié directement à la production des hormones sexuelles, notamment les œstrogènes (voir la figure 17.10).

À la puberté, la sécrétion d'hormones sexuelles provoque les premières ovulations. L'organisme produit un seul œuf par mois, ce qui modifie le taux des hormones sexuelles. Vers le milieu de la quarantaine, la production d'œstrogènes diminue de façon importante, ce qui empêche l'ovulation. C'est le début de la **ménopause**, soit la fin de la période fertile de la femme. La **période de fertilité** d'une femme comprend l'ensemble des cycles de fertilité, de la puberté à la ménopause. La **période de fécondité** d'un cycle de fertilité correspond à l'intervalle pendant lequel l'œuf peut être fécondé.

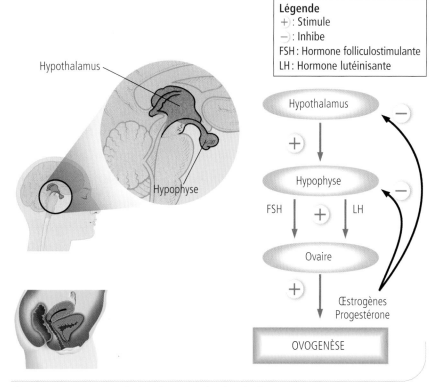

Figure 17.10 > La régulation hormonale chez la femme

La procréation assistée

La médecine propose des solutions efficaces pour contourner certains troubles de la fertilité. C'est ce qu'on appelle la *procréation médicalement assistée (PMA)*. L'expression désigne l'ensemble des techniques médicales destinées à faciliter la procréation en dehors du processus naturel. Il s'agit, en fait, d'imiter la nature : unir un spermatozoïde et un ovule.

L'insémination artificielle, la fécondation *in vitro* et l'injection intracytoplasmique d'un spermatozoïde dans un œuf font partie de ces techniques.

La **technique d'insémination artificielle (IA)** consiste à déposer un peu de sperme à l'intérieur de l'utérus. Comme la fécondation se déroule dans le corps de la femme, on parle de fécondation *in vivo* (expression latine signifiant « dans le vivant »). Le sperme peut être recueilli immédiatement après une éjaculation ou aspiré directement des épididymes (structures des testicules). On peut congeler le sperme pour l'utiliser à un autre moment. Avant l'insémination, on traite généralement le sperme pour sélectionner les spermatozoïdes les plus vigoureux et augmenter leur concentration (voir la figure 17.11).

La **technique de fécondation *in vitro* (FIV)** vise à permettre la fécondation en dehors du corps de la femme. Elle consiste à déposer des spermatozoïdes et des œufs dans un même récipient. S'il y a fécondation, on dépose un ou plusieurs embryons formés de quelques cellules dans l'utérus de la femme. L'expression latine *in vitro*, qui signifie « dans le verre », rappelle le matériau des éprouvettes et est utilisée comme antonyme de l'expression *in vivo* (voir la figure 17.12).

La **technique d'injection intracytoplasmique d'un spermatozoïde (IICS)** consiste à injecter un spermatozoïde directement dans le cytoplasme d'un ovule. C'est une technique de fécondation *in vitro* qu'on pratique à l'aide d'une aiguille très fine et d'un microscope. Après la fécondation, on place l'embryon dans l'utérus de la femme (voir la figure 17.13).

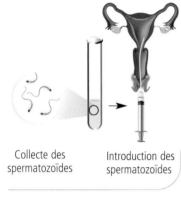

Collecte des spermatozoïdes

Introduction des spermatozoïdes

Figure 17.11 > L'insémination artificielle

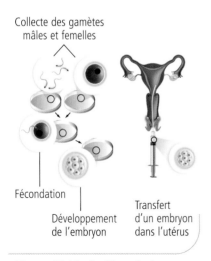

Collecte des gamètes mâles et femelles

Fécondation

Développement de l'embryon

Transfert d'un embryon dans l'utérus

Figure 17.12 > La fécondation *in vitro*

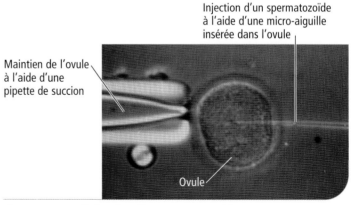

Injection d'un spermatozoïde à l'aide d'une micro-aiguille insérée dans l'ovule

Maintien de l'ovule à l'aide d'une pipette de succion

Ovule

Figure 17.13 > L'injection d'un spermatozoïde dans le cytoplasme d'un ovule

Concepts clés

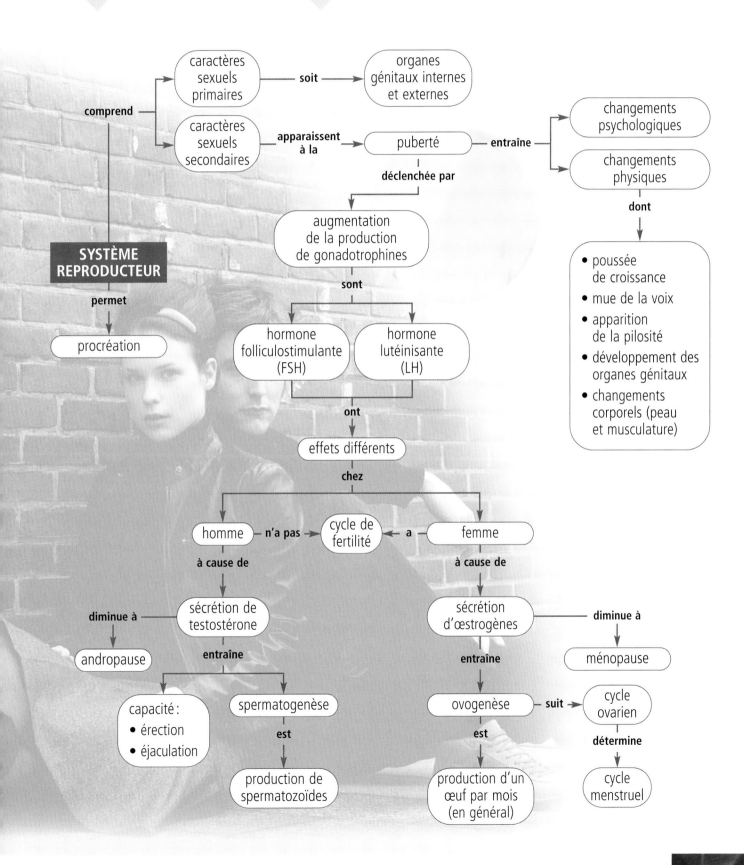

SYSTÈME REPRODUCTEUR

- comprend → caractères sexuels primaires — soit → organes génitaux internes et externes
- comprend → caractères sexuels secondaires — apparaissent à la → puberté
- permet → procréation

puberté — entraîne → changements psychologiques

puberté — entraîne → changements physiques

puberté — déclenchée par → augmentation de la production de gonadotrophines

changements physiques — dont →
- poussée de croissance
- mue de la voix
- apparition de la pilosité
- développement des organes génitaux
- changements corporels (peau et musculature)

augmentation de la production de gonadotrophines — sont → hormone folliculostimulante (FSH) / hormone lutéinisante (LH)

FSH et LH — ont → effets différents — chez → homme / femme

homme — n'a pas → cycle de fertilité ← a — femme

homme — à cause de → sécrétion de testostérone

femme — à cause de → sécrétion d'œstrogènes

sécrétion de testostérone — diminue à → andropause

sécrétion de testostérone — entraîne → capacité :
- érection
- éjaculation

sécrétion de testostérone — entraîne → spermatogenèse — est → production de spermatozoïdes

sécrétion d'œstrogènes — diminue à → ménopause

sécrétion d'œstrogènes — entraîne → ovogenèse — suit → cycle ovarien — détermine → cycle menstruel

ovogenèse — est → production d'un œuf par mois (en général)

1 Qui suis-je ?

a) Je suis le centre de commande de l'horloge biologique liée au déclenchement de la puberté.

b) Je suis la glande du cerveau qui contrôle la production d'hormones sexuelles.

c) Je suis le groupe d'hormones qui régule la production d'hormones sexuelles chez l'homme et la femme.

d) Je suis la glande qui produit la testostérone.

e) Je suis l'ensemble des processus de production des gamètes mâles.

f) Je suis le résultat de l'accumulation de sang dans les tissus du pénis.

g) Je corresponds à l'expulsion des gamètes mâles.

h) Je suis la glande qui produit les œstrogènes et la progestérone.

i) Je suis l'ensemble des processus de production des gamètes femelles.

j) Je corresponds à l'expulsion habituellement mensuelle de la muqueuse de l'utérus.

k) Je désigne l'ensemble des phases de production des hormones sexuelles par les ovaires.

2 Dans chaque cas, nommez la glande qui produit l'hormone et décrivez-en brièvement l'action.

a) Hormone folliculostimulante.

b) Hormone lutéinisante.

c) Œstrogènes.

d) Progestérone.

3 À l'aide d'un tableau, dressez la liste des caractères sexuels primaires et secondaires chez l'homme et chez la femme.

4 En vous basant sur le cycle menstruel suivant, déterminez si le phénomène a lieu avant ou après l'ovulation.

Jours

| 1 | 2 | 3 | 4 | 5 | 6 | 7 | 8 | 9 | 10 | 11 | 12 | 13 | 14 | 15 | 16 | 17 | 18 | 19 | 20 | 21 | 22 | 23 | 24 |

a) Phase folliculaire.

b) Épaississement de la couche superficielle de l'endomètre.

c) Développement du follicule.

d) Sécrétion de gonadotrophines (FSH et LH).

e) Transformation du follicule en corps jaune.

f) Dégénérescence de l'œuf.

g) Déclenchement de l'ovogenèse.

h) Phase lutéale.

i) Expulsion de la muqueuse utérine.

j) Sécrétion de progestérone.

k) Menstruation.

5 À l'aide d'un tableau, faites ressortir trois différences entre la fécondation *in vivo* et la fécondation *in vitro*.

6 Faites ressortir deux ressemblances entre la fécondation *in vitro* et l'injection intracytoplasmique d'un spermatozoïde.

7 Observez les calendriers ci-dessous. Une femme a marqué d'un point rouge chaque jour où elle a eu un écoulement de sang menstruel.

MAI						
D	**L**	**M**	**M**	**J**	**V**	**S**
1	•2	•3	•4	5	6	7
8	9	10	11	12	13	14
15	16	17	18	19	20	21
22	23	24	25	26	27	28
29	30	31				

JUIN						
D	**L**	**M**	**M**	**J**	**V**	**S**
			1	2	•3	•4
•5	6	7	8	9	10	11
12	13	14	15	16	17	18
19	20	21	22	23	24	25
26	27	28	29	30		

a) Quelle est la durée du cycle menstruel de cette femme ?

b) Quelle(s) date(s) peut-on associer au premier jour d'un cycle menstruel ?

c) À quelle(s) date(s) cette femme aurait-elle pu éprouver des douleurs prémenstruelles ?

d) À quel moment l'ovulation a-t-elle été le plus susceptible de se produire ?

8 Le système reproducteur interagit avec les autres systèmes de l'organisme. Décrivez brièvement ces interactions avec le système digestif, le système nerveux et le système circulatoire.

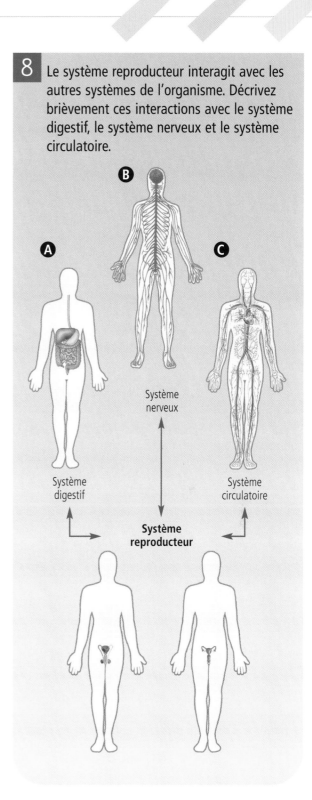

hist○₂

> LA « PILULE »

Sur le plan historique, on associe étroitement la mise au point des contraceptifs oraux à l'émancipation de la femme. Aujourd'hui, on parle beaucoup d'égalité entre les sexes et du droit à l'autonomie individuelle. Il n'en a pas toujours été ainsi. Au début du XXᵉ siècle, la femme n'a pas le droit de vote et peu de carrières s'offrent à elle. Son rôle principal est d'élever les enfants à la maison. Dans la plupart des régions du monde, la contraception et l'avortement sont illégaux.

Dans les années 1900, une jeune américaine, Margaret Sanger (1879-1966), se révolte contre le sort réservé aux femmes. Elle veut fournir aux femmes les moyens nécessaires pour prendre elles-mêmes les décisions liées à leurs grossesses. Cette militante est la pionnière du contrôle des naissances.

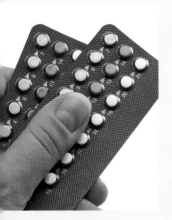

La rencontre entre Margaret Sanger et Katharine McCormick (1875-1967), une biologiste américaine qui milite pour l'obtention du droit de vote par les femmes, est déterminante dans la mise au point de la pilule contraceptive, le premier contraceptif hormonal, qu'on appelle rapidement la « pilule ». Elles jouent un rôle important dans le financement des recherches du médecin et biologiste américain Gregory Pincus (1903-1967). Grâce à ses travaux, la pilule apparaît sur le marché en 1960. À peine cinq ans plus tard, des millions de femmes l'utilisent.

techn○₂

> LES SOINS AUX ENFANTS PRÉMATURÉS

On appelle *enfants prématurés* les bébés nés avant terme, entre la 22ᵉ et la 37ᵉ semaine de grossesse. Pour survivre, ces nouveau-nés ont besoin de soins particuliers, car leurs fonctions vitales (thermorégulation, respiration, digestion, etc.) sont immatures.

Des déficiences du système immunitaire rendent les enfants prématurés vulnérables aux infections.

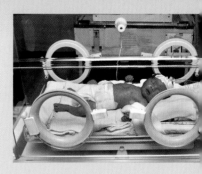

L'enfant prématuré perd facilement sa chaleur, car il a peu de graisses et son système de thermorégulation n'est pas fonctionnel. L'atmosphère contrôlée d'un incubateur permet de remédier au problème.

En général, les poumons de l'enfant prématuré ne sont pas complètement formés. On fournit donc à l'enfant du dioxygène à l'aide d'un ventilateur, d'un respirateur ou d'une lunette nasale. Des injections de surfactant de synthèse sont souvent nécessaires. Le surfactant est une substance naturelle qui empêche les parois des alvéoles pulmonaires de s'effondrer sur elles-mêmes.

L'enfant prématuré ne peut ni téter ni avaler. Pour contourner le problème, on peut lui donner du lait au moyen d'un petit tube qui passe par le nez ou la bouche et se rend jusqu'à l'estomac, ou lui injecter un soluté par voie intraveineuse.

Le monitorage, c'est-à-dire la surveillance des signes vitaux à l'aide d'un écran est constant. On suit ainsi de près la température corporelle, la fréquence cardiaque, la fréquence respiratoire et le taux d'oxygène dans le sang. Les électroencéphalogrammes (EEG) et les échographies permettent de suivre la maturation du cerveau de l'enfant.

Le travail d'une sage-femme ou d'un sage-homme consiste à donner aux femmes les soins et les services professionnels requis pendant la grossesse, le travail et l'accouchement, et à assurer les soins au nouveau-né pendant la période postnatale. La profession peut s'exercer au domicile de la future mère, dans un hôpital, dans une clinique ou dans une maison de naissance, c'est-à-dire un établissement non hospitalier où l'on pratique des accouchements présentant peu de risques et ne nécessitant pas d'hospitalisation. La promotion de la santé et la prévention sont de mise.

Chantale est sage-femme dans une maison de naissance. Elle assure le suivi continu de femmes enceintes dont la grossesse est normale. Elle accompagne chaque femme tout au long de la grossesse, elle lui donne les soins nécessaires, vérifie l'état de santé du fœtus à l'aide de matériel spécialisé et assiste la future mère pendant l'accouchement. Après la naissance, elle assure le suivi de la mère et de l'enfant. Son soutien et ses conseils sont précieux, notamment en matière d'allaitement.

Chantale se doit d'avoir une très bonne écoute. Une relation de confiance avec chaque femme est essentielle tout au long de la grossesse, de l'accouchement et du suivi postnatal. Si une femme le désire, Chantale intègre d'autres personnes dans le processus, comme le père. Elle sait rassurer et encourager chaque femme tout au long de cette

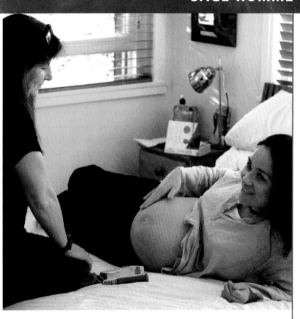

belle aventure. Chantale doit toujours rester vigilante et respecter les limites de sa profession. Dès qu'elle détecte quelque chose d'anormal pendant une grossesse ou un accouchement, elle doit adresser la femme à un ou une médecin.

Pour exercer sa profession, Chantale a d'abord obtenu un diplôme d'études collégiales en formation générale (un diplôme en formation technique est aussi adéquat) et réussi certains cours de biologie et de chimie. Ensuite, elle s'est inscrite au baccalauréat spécialisé en pratique sage-femme. Elle a enfin obtenu son permis d'exercer de l'Ordre des sages-femmes du Québec.

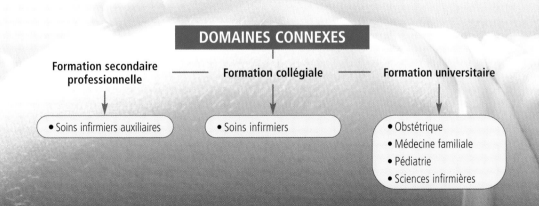

DOMAINES CONNEXES

Formation secondaire professionnelle — **Formation collégiale** — **Formation universitaire**

- Soins infirmiers auxiliaires
- Soins infirmiers
- Obstétrique
- Médecine familiale
- Pédiatrie
- Sciences infirmières

L'être humain et la matière

Regardez autour de vous : les arbres, les plantes, l'eau que vous buvez, l'air que vous respirez, votre vélo, vos vêtements sont constitués d'atomes. Votre corps aussi, d'ailleurs.

Quatre éléments constitutifs de la matière – l'oxygène, l'hydrogène, le carbone et l'azote – forment 96 % de votre masse corporelle. Différents systèmes du corps y absorbent, transportent ou transforment la matière pour assurer votre survie. Pour mieux comprendre votre corps, il faut saisir comment ces éléments s'organisent et se réorganisent en substances permettant la vie, et comment cette réorganisation est facilitée par des fluides – liquides et gaz – qui pénètrent dans votre corps et se déplacent sous l'action de forces qui les compriment ou les poussent.

Portez encore attention autour de vous : les sons et la lumière qui vous parviennent sont des ondes qui interagissent avec la matière et lui transmettent de l'énergie. Pour « voir » les comportements de la matière, vous aurez besoin autant de votre logique que de votre imagination.

DOSSIERS DE L'UNIVERS MATÉRIEL

Dossier 18 > Le comportement des fluides

ous vous êtes certainement déjà fait prendre dans un embouteillage. Plus les véhicules sont nombreux, plus les artères sont étroites, et plus l'encombrement est important. On peut comparer le déplacement des fluides dans votre corps avec la circulation routière. Pour acheminer les nutriments et évacuer les déchets, les fluides empruntent les réseaux de circulation du corps. Par exemple, le sang apporte le dioxygène aux cellules. La pression joue un rôle primordial dans cette circulation.

Au Québec, il se vend chaque année environ 1 véhicule neuf pour 20 personnes. Tous ces véhicules contiennent des huiles particulièrement toxiques pour l'environnement. Ces fluides servent principalement à transmettre une commande aux organes de freinage, de changement de vitesse et de direction. Les véhicules remplacés par des voitures neuves sont revendus sur le marché ou mis à la ferraille. Que fait-on des fluides qu'ils contiennent ?

S$_2$S

Certains changements climatiques récents amènent les météorologues à penser que les variations de température deviendront plus brusques et plus fréquentes. Ces phénomènes sont habituellement accompagnés de variations significatives de la pression atmosphérique.

Quels effets auront ces variations de pression sur la santé des êtres humains ?

L'être humain

... vu de l'intérieur	... et la matière
Dossier 14 > Les récepteurs sensoriels	Dossier 19 > Les ondes
Les fluides ont la propriété de transmettre la pression dans toutes les directions. C'est pourquoi toutes les parties d'un corps immergé dans l'eau ressentent la pression. Quelles structures du corps détectent la pression ?	Les perturbations de l'écorce terrestre peuvent transmettre une énergie colossale à l'eau des océans sous la forme d'une onde de choc sous-marine qui s'amplifie à l'approche des côtes. C'est le tsunami. Comment les ondes se propagent-elles en général ?
p. 66	p. 164

Liens >

La mesure de la pression

Si vous avez déjà plongé dans l'eau profonde d'une piscine ou d'un lac, vous avez expérimenté la pression exercée par un fluide. À une certaine profondeur dans l'eau, la douleur aux oreilles devient difficile à supporter. C'est la pression exercée par l'eau sur vos tympans qui provoque cette sensation. L'eau, immobile en apparence, est en fait composée de milliards de molécules en mouvement. Ces molécules s'entrechoquent et heurtent les objets environnants, comme les parois de la piscine et vos tympans.

On pense généralement que les fluides sont tous des liquides, mais il faut savoir que les gaz sont aussi des fluides. Un **fluide** est une substance qui n'a pas de forme propre ; c'est son contenant qui en détermine la forme. Les molécules des fluides ont deux caractéristiques : elles sont sans cesse en mouvement et elles exercent une pression sur les parois qu'elles frappent.

Figure 18.1 > L'effet de la force en fonction de l'aire de la surface touchée

Qu'est-ce que la pression ?

L'effet d'une force exercée sur une surface dépend de l'aire de cette surface. Par exemple, les pieds d'une personne qui se tient debout s'enfonceront plus profondément dans un matelas que son corps si elle est étendue sur le même matelas (voir la figure 18.1). La pression est la conséquence d'une force appliquée perpendiculairement à une surface.

Les facteurs qui régissent la pression

La pression dépend de deux facteurs : l'intensité de la force appliquée et l'aire de la surface sur laquelle cette force est appliquée. Considérons un paquet de 500 feuilles de papier, ou rame, déposé sur une table : d'une part, cette rame a un poids, c'est-à-dire que la Terre exerce une force d'attraction sur sa masse ; d'autre part, la surface de contact entre la rame et la table a une aire bien déterminée. À l'aide de ces deux variables, la force et l'aire de la surface, on a déterminé deux règles générales relatives à la pression (voir le tableau 18.1).

Le calcul de la pression

La **pression** (*p*) est le rapport entre l'intensité d'une force et l'aire de la surface où s'exerce cette force.

$$\text{Pression} = \frac{\text{force}}{\text{aire}}$$

La **force** (*F*) est la mesure de l'action exercée sur la surface. Son unité de mesure est le newton (N). Un newton équivaut environ à la force d'attraction exercée par la Terre sur 14 pièces de 2 $. Sur la Terre, 1 kg pèse 9,80 N.

L'**aire** (*A*) est l'étendue de la surface qui subit la force. Son unité de mesure est le mètre carré (m^2).

Tableau 18.1 > Les règles générales relatives à la pression

PREMIÈRE RÈGLE	SECONDE RÈGLE
La pression est proportionnelle à la force appliquée.	La pression est inversement proportionnelle à l'aire de la surface sur laquelle la force est appliquée.

Pile A   Pile B

- On empile trois fois plus de rames dans la pile B que dans la pile A.
- La force d'attraction terrestre est trois fois plus grande pour la pile B que pour la pile A.
- Comme l'aire de la pile A est égale à l'aire de la pile B, la pression exercée au bas de la pile B est trois fois plus grande que celle exercée au bas de la pile A.

Pile A   Pile B

- On coupe la pile A en deux et on forme la pile B avec les demi-rames obtenues.
- La force d'attraction terrestre est la même pour la pile A que pour la pile B.
- Comme l'aire de la pile B est deux fois plus petite que l'aire de la pile A, la pression exercée au bas de la pile B est deux fois plus grande que la pression exercée au bas de la pile A.

La pression est la force exercée par unité de surface. Son unité de mesure est le pascal (Pa).

$$1 \text{ Pa} = 1 \text{ N/m}^2$$

Un exemple de calcul de la pression

On empile sur une table quatre livres ayant chacun une masse de 1,25 kg et une surface de 0,250 m sur 0,300 m. Quelle est la pression exercée sur la table par cette pile de livres ?

Pour déterminer la pression, il faut d'abord calculer la force exercée sur les livres ainsi que la surface de contact.

$F = $ masse $\times$ attraction gravitationnelle

$F = m \times g$

$F = 4 \times 1{,}25 \text{ kg} \times 9{,}80 \frac{\text{N}}{\text{kg}}$

$F = 49{,}0 \text{ N}$

$A = $ longueur $\times$ largeur

$A = L \times l$

$A = 0{,}250 \text{ m} \times 0{,}300 \text{ m}$

$A = 0{,}075\,0 \text{ m}^2$

Note : Sur la Terre, $g = 9{,}80$ N/kg.

Le calcul de la pression exercée sur une surface repose sur l'équation suivante.

$$p = \frac{F}{A}$$

$$p = \frac{49{,}0 \text{ N}}{0{,}075\,0 \text{ m}^2}$$

$$p \approx 653 \text{ Pa}$$

La pression dans les gaz

Si vous transportez une pile de livres sur votre tête, vous subirez l'effet de la pression. Toute masse empilée au-dessus de notre tête exerce une pression. Il en est de même pour l'air, dont le poids exerce une pression immense sur notre corps. Croyez-vous que le poids de l'air augmente ou diminue avec l'altitude ? Avez-vous déjà ressenti le mal des montagnes ?

La pression atmosphérique

La couche d'air qui entoure la Terre s'étend sur plus de 30 km au-dessus de nos têtes (voir la figure 18.2). Près du sol, les molécules sont rapprochées, car le poids de l'air situé au-dessus les écrase. Plus on monte en altitude, plus l'air se raréfie.

Au niveau de la mer, la masse volumique de l'air est d'environ 1,20 kg/m³, alors qu'en altitude, elle peut être cent fois plus petite. Cette différence de masse volumique est attribuable au fait qu'un gaz est un **fluide compressible**, c'est-à-dire que son volume diminue lorsqu'il subit une pression.

Si l'on pouvait comprimer l'air raréfié en altitude jusqu'à rendre sa masse volumique égale à celle de l'air au niveau de la mer, l'épaisseur de la couche atmosphérique ne serait plus que de 8 600 m environ. À l'aide de cette donnée et de la masse volumique de l'air, il est possible de calculer approximativement la pression exercée par l'air au niveau de la mer.

LE CALCUL DE LA PRESSION ATMOSPHÉRIQUE

Pour calculer la pression atmosphérique, on se base sur une surface de 1 m². On commence par calculer le volume d'air situé directement au-dessus de ce mètre carré. Puis, à l'aide de la masse volumique de l'air (ρ = 1,20 kg/m³), on calcule la masse de l'air contenu dans cette colonne.

Figure 18.2 > L'atmosphère terrestre
La couche d'air entourant la Terre représente environ un deux-centième du rayon terrestre. Vue de l'espace, elle a l'aspect d'un mince voile blanc.

$$V = L \times l \times h \qquad\qquad m = \rho \times V$$
$$V \approx 1\,\text{m} \times 1\,\text{m} \times 8\,600\,\text{m} \qquad m \approx 1{,}20\,\frac{\text{kg}}{\text{m}^3} \times 8\,600\,\text{m}^3$$
$$V \approx 8\,600\,\text{m}^3 \qquad\qquad m \approx 10\,300\,\text{kg}$$

La colonne d'air qui s'élève vers l'espace au-dessus de 1 m² contient donc environ 10 300 kg d'air.

À l'aide des données obtenues, il est possible de calculer le poids de l'air et la pression atmosphérique.

$$\text{Force} = m \times g \qquad\qquad p = \frac{F}{A}$$
$$F \approx 10\,300\,\text{kg} \times 9{,}80\,\frac{\text{N}}{\text{kg}} \qquad p \approx \frac{101\,000\,\text{N}}{1\,\text{m}^2}$$
$$F \approx 101\,000\,\text{N} \qquad\qquad p \approx 101\,000\,\text{Pa}$$

La pression atmosphérique est d'environ 101 000 Pa ou 101 kPa.

OUTIL 7, p. 248

Tableau 18.2 > La variation de la pression atmosphérique selon l'altitude

ALTITUDE (km)	PRESSION ATMOSPHÉRIQUE (kPa)
0 (niveau de la mer)	101,3
1	90,0
2	79,4
3	70,0
4	61,7
5	54,1

LA VARIATION DE LA PRESSION ATMOSPHÉRIQUE SELON L'ALTITUDE

L'air exerce une pression, tout comme le fait une pile de livres. En insérant la main entre deux livres du bas de la pile, on ressent une pression assez forte. Si l'on insère la main entre des livres placés plus haut dans la pile, la pression est moins forte. De la même façon, la pression de l'air varie en fonction de l'épaisseur de la couche d'air située au-dessus. Plus la couche d'air située au-dessus est épaisse, plus la pression est élevée. L'épaisseur de la couche d'air située plus bas n'a aucun effet sur la valeur de la pression.

Ainsi, la pression diminue avec la hauteur (voir le tableau 18.2). Dans le cas des solides, elle diminue très rapidement. Pour les gaz, cette diminution est à peine perceptible. Dans un ascenseur, par exemple, on ne sent pas la différence de pression, même en montant plusieurs étages. Pourtant, si l'on pouvait insérer la main sous une pile de livres haute de plusieurs étages, on sentirait assurément la différence de pression entre le haut et le bas de la pile.

Marcher sur le toit du monde

Le 5 mai 1999, l'explorateur québécois Bernard Voyer réussit tout un exploit : marcher sur le toit du monde – c'est ainsi qu'on surnomme le mont Everest, la plus haute cime de notre planète, à 8 850 m d'altitude.

À une telle altitude, la raréfaction de l'air transforme en prouesse l'activité la plus ordinaire, comme mettre un pied devant l'autre pour marcher. Afin de permettre au corps de s'adapter aux modifications de l'environnement, on doit faire l'ascension d'un mont aussi élevé que l'Everest de façon progressive. Certaines recommandations s'imposent : s'arrêter au camp de base, situé à 5 180 m et redescendre de quelques mètres avant de camper pour la nuit. La prudence est de mise, car une personne sur six qui a tenté l'ascension de l'Everest y a perdu la vie.

Le comportement des gaz sous la pression

Un gaz est un fluide : ses molécules vont et viennent dans tous les sens. Lorsqu'un gaz est emprisonné dans un contenant, ses molécules frappent les parois, ce qui crée une pression uniforme dans le contenant. Le niveau de pression dépend, entre autres, de la quantité de gaz et de la capacité du contenant, c'est-à-dire son volume.

LA RELATION ENTRE LA QUANTITÉ DE GAZ ET LA PRESSION

Lorsqu'on gonfle un pneu, il se remplit d'air uniformément. L'air y prend toute la place disponible. Que se passe-t-il quand un pneu est partiellement dégonflé ? Les molécules d'air y sont peu nombreuses et très espacées. Les collisions des molécules, entres elles et avec la paroi du pneu, sont donc moins fréquentes et la pression, moins élevée. Si le pneu est bien gonflé, les molécules d'air sont très nombreuses et plus rapprochées. Leurs collisions avec la paroi sont donc plus fréquentes et la pression, plus élevée (voir le tableau 18.3).

LA RELATION ENTRE LE VOLUME DU GAZ ET LA PRESSION

Les gaz sont des fluides compressibles, c'est-à-dire qu'on peut leur faire occuper un volume plus restreint. En mettant dans un contenant plus de gaz qu'il n'en contient normalement, on le comprime. Le même contenant peut donc renfermer une plus grande quantité de gaz comprimé que de gaz non comprimé. C'est grâce à cette propriété des gaz qu'on peut emmagasiner de l'air dans les bouteilles utilisées en plongée sous-marine. Dans une seule bouteille, il y a assez d'air comprimé pour remplir les poumons d'un plongeur ou d'une plongeuse des centaines de fois. À l'inverse, si l'on augmente le volume disponible, le gaz prend de l'expansion pour occuper tout l'espace.

Tableau 18.3 > La relation entre la surface de contact des pneus d'une voiture et la pression

PRESSION	Lorsque la pression dans le pneu est normale, la surface de la semelle en contact avec le sol est aussi normale.	Lorsque la pression est peu élevée, la surface de la semelle en contact avec le sol est plus grande que la surface normale.	Lorsque la pression est élevée, la surface de la semelle en contact avec le sol est plus petite que la normale.
SURFACE DE CONTACT	$A_{normale} = \dfrac{F}{p_{normale}}$	$A_{grande} = \dfrac{F}{p_{peu\ élevée}}$	$A_{petite} = \dfrac{F}{p_{élevée}}$

Note : La force (*F*) correspond au poids de la voiture. Elle est constante dans les trois situations.

Tableau 18.4 > La relation entre la pression et le volume

VOLUME DU CONTENANT		
PRESSION	Lorsque le volume du contenant est grand, il y a peu de collisions entre les molécules. La pression exercée sur les parois est peu élevée.	Lorsque le volume du contenant est petit, il y a beaucoup de collisions entre les molécules. La pression exercée sur les parois du contenant est élevée.

Note : La quantité de gaz et la température demeurent constantes.

En fait, la pression d'un gaz est inversement proportionnelle à son volume (voir le tableau 18.4). Si le volume d'un contenant diminue selon un facteur donné, la pression exercée par le gaz augmente selon le même facteur.

L'équation suivante permet d'exprimer le changement de relation entre la pression et le volume quand celui-ci est modifié.

où
$$p_1 \times V_1 = p_2 \times V_2$$

p_1 : pression initiale du gaz
V_1 : volume initial du gaz
p_2 : pression finale du gaz
V_2 : volume final du gaz

L'équation se vérifie pour autant que la quantité de gaz et sa température demeurent constantes.

LE LIEN ENTRE LES MOUVEMENTS DES GAZ ET LA VARIATION DE PRESSION

Quand on ouvre un contenant de gaz comprimé dans un environnement où la pression est moins élevée, la différence de pression provoque un mouvement du gaz du milieu où la pression est la plus élevée vers le milieu où la pression est la moins élevée. Voyons quelques exemples de la vie courante. Quand on appuie sur le clapet de la valve d'un pneu gonflé, l'air s'en échappe très rapidement, car la pression est moins élevée à l'extérieur du pneu qu'à l'intérieur. Le phénomène des vents sur la Terre obéit à la même loi : l'air se déplace des milieux où la pression est la plus élevée (zones de haute pression) vers les milieux où la pression est la moins élevée (zones de basse pression). Quand on aspire une boisson à l'aide d'une paille, la pression diminue à l'intérieur de la tige, ce qui fait monter le liquide (voir la figure 18.3). À proprement parler, le liquide n'est donc pas « attiré » vers le haut, mais bien « poussé » dans la paille par la pression de l'air ambiant.

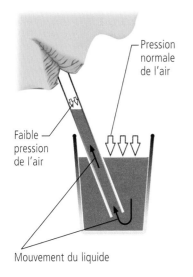

Pression normale de l'air

Faible pression de l'air

Mouvement du liquide

Figure 18.3 > Le déplacement d'un liquide en fonction de la pression
Lorsqu'on boit un liquide à l'aide d'une paille, le liquide est poussé dans la tige vers le haut.

Le rôle de la pression dans la ventilation pulmonaire

Quand on respire, le diaphragme et les muscles intercostaux modifient le volume de la cage thoracique, ce qui influe sur la pression à l'intérieur des poumons. L'air inspiré se déplace du milieu où la pression est la plus élevée (air ambiant) vers le milieu où la pression est la moins élevée (poumons); l'air expiré se déplace aussi vers le milieu où la pression est la moins élevée (voir le tableau 18.5).

C'est aussi la différence de pression qui permet au dioxygène de passer des alvéoles au sang. Lorsque le sang arrive dans les alvéoles, sa concentration en dioxygène est faible. Par conséquent, le dioxygène exerce peu de pression sur la paroi des alvéoles. Comme les alvéoles sont gonflées d'air et que la pression y est élevée, le dioxygène a tendance à s'engouffrer dans le sang, là où la pression est la moins élevée.

Tableau 18.5 > La variation de pression au cours de la ventilation pulmonaire

INSPIRATION

❶ Le diaphragme et les muscles intercostaux se contractent.

❷ Le volume des poumons augmente.

❸ La pression dans les poumons devient moins élevée que la pression ambiante.

❹ L'air se déplace du milieu où la pression est la plus élevée (air ambiant) vers le milieu où la pression est la moins élevée (poumons).

Pression ambiante : 101,3 kPa

❸ Pression dans les alvéoles 100,9 kPa

EXPIRATION

❶ Le diaphragme et les muscles intercostaux se relâchent.

❷ Le volume des poumons diminue.

❸ La pression dans les poumons devient plus élevée que la pression ambiante.

❹ L'air se déplace du milieu où la pression est la plus élevée (poumons) vers le milieu où la pression est la moins élevée (air ambiant).

Pression ambiante : 101,3 kPa

❸ Pression dans les alvéoles : 101,7 kPa

La pression dans les liquides

En Amérique du Nord, les réseaux municipaux de distribution d'eau nous donnent accès à de l'eau potable à volonté, même en cas de panne de courant. L'eau est pompée dans des châteaux d'eau, c'est-à-dire d'immenses réservoirs qui peuvent contenir jusqu'à 100 000 L d'eau, puis elle est distribuée par la force de gravité. Votre corps possède aussi un système de distribution des liquides. Croyez-vous qu'il fonctionne comme les réseaux de distribution d'eau ?

Le comportement des liquides sous la pression

Tous les fluides transmettent la pression, et ce, dans toutes les directions. Cependant, les liquides se différencient des gaz de deux façons : leurs molécules s'agitent beaucoup moins et, parce qu'elles sont très rapprochées, ils sont incompressibles. Ceci est attribuable au fait que les forces qui maintiennent ensemble les molécules des liquides sont plus fortes que celles qui relient les molécules des gaz entre elles.

LA PRESSION CRÉÉE PAR LES LIQUIDES

Lorsqu'on verse un liquide dans un récipient, il se dépose d'abord dans la partie inférieure, à cause de l'attraction gravitationnelle, et il en épouse parfaitement la forme, parce que ses molécules ont une certaine mobilité.

Comme dans le cas d'une pile de livres, la pression exercée par une masse de liquide est déterminée par sa hauteur. Dans un plan d'eau calme, tous les points situés au même niveau subissent la même pression. Plus l'eau est profonde, plus la pression est élevée. Quand on se trouve à une profondeur de 10 m, on ressent deux fois le poids de l'atmosphère terrestre, car il y a autant de matière dans une colonne d'eau de 10 m que dans toute la colonne d'air qui se trouve au-dessus. On dit alors que la pression est de deux atmosphères (2 atm).

ZOOM sur la santé

LES VARICES

Une varice est la dilatation permanente d'une veine. Les varices se manifestent par l'apparition de cordons bleus visibles à la surface de la peau. Elles se forment lorsqu'une valvule cesse de fonctionner dans une veine. Le sang s'accumule alors derrière la valvule dysfonctionnelle. L'accumulation de sang exerce une pression sur la veine, ce qui la dilate et la rend visible à travers la peau. Les varices nuisent au retour du sang vers le cœur. Elles peuvent causer des œdèmes, des crampes nocturnes et des lourdeurs dans les jambes.

---

info +

LE KETCHUP EST THIXOTROPE !

Qui n'a jamais tenté de déloger le ketchup agglutiné au fond d'une bouteille ? Pourtant, le ketchup est liquide. C'est d'ailleurs pourquoi on peut en verser sur un aliment. Alors, pourquoi en reste-t-il dans le fond de la bouteille, même quand on la laisse reposer tête en bas pendant des heures ?

Au repos, les particules du mélange s'agglomèrent pour former un gel. Si l'on agite la bouteille, le gel se défait et retrouve son état liquide. Cette propriété de passer d'un état visqueux à un état liquide sous l'effet d'une agitation s'appelle *thixotropie*. La prochaine fois que vous voudrez sortir le ketchup du fond de la bouteille, passez à l'action !

Figure 18.4 > Une application du principe des vases communicants

Le principe des vases communicants permet d'illustrer l'effet de la hauteur de la colonne d'un liquide sur son comportement. Les vases communicants sont des récipients ouverts, donc exposés à la pression ambiante, et reliés par un tube. Leur forme et leur capacité peuvent varier. Le principe des vases communicants est le suivant : le niveau de liquide contenu dans les récipients s'équilibre (voir la figure 18.5). Le fonctionnement de l'indicateur de niveau de liquide d'une bouilloire (voir la figure 18.4) est basé sur ce principe.

LES LIQUIDES : DES FLUIDES INCOMPRESSIBLES

Contrairement aux gaz, les liquides sont incompressibles. Dans les **fluides incompressibles**, les molécules sont collées les unes aux autres et ne peuvent pas être rapprochées davantage sous l'action d'une force. Ainsi, on ne peut pas comprimer un récipient fermé rempli de liquide. Si on applique une pression sur l'une des parois, une autre se déforme, car le volume du liquide demeure constant.

L'incompressibilité des liquides joue un rôle dans le fonctionnement de certaines structures du corps humain. C'est le cas de la cochlée, une structure de l'oreille interne constituée d'un tube rempli de liquide, délimité par la fenêtre ovale à une extrémité et par la fenêtre ronde à l'autre. Comme les deux membranes sont souples, le liquide peut bouger à l'intérieur du tube et transmettre aux cils la vibration que l'étrier provoque sur la fenêtre ovale (voir la figure 18.6).

L'être humain a appris à utiliser l'incompressibilité des liquides à son avantage. Les appareils hydrauliques dont sont munis les tracteurs (voir la figure 18.7), les systèmes de levage qu'on trouve dans les ateliers de mécanique et les systèmes de freinage utilisés dans l'industrie automobile en sont des exemples.

La pression exercée au bas du récipient de gauche est plus forte que celle exercée au bas du récipient de droite, car la hauteur de la couche d'eau y est plus importante.

Dès qu'on ouvre la valve, l'eau se déplace du milieu où la pression est la plus élevée vers le milieu où la pression est la moins élevée.

Lorsque les niveaux d'eau sont identiques, la pression au bas des récipients est équilibrée et le déplacement d'eau cesse.

Figure 18.5 > Le principe des vases communicants

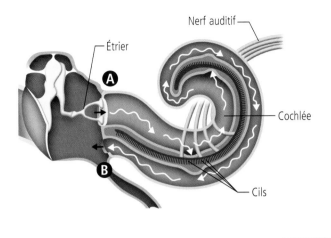

Figure 18.6 > **Le mouvement du liquide dans la cochlée**
Lorsque l'étrier exerce une pression sur la fenêtre ovale **Ⓐ**, le liquide contenu
dans la cochlée déforme la fenêtre ronde **Ⓑ**.

Mécanismes
hydrauliques

**Figure 18.7 > Un système
hydraulique**

Un mécanisme hydraulique est composé le plus souvent d'un tube étanche
rempli d'huile et muni d'un piston à chaque extrémité. Le **piston** est la pièce
mobile à l'intérieur du cylindre. En appliquant une force sur l'un des pistons,
on augmente la pression sur le liquide, ce qui produit une force mécanique
sur l'autre piston (voir le tableau 18.6).

Tableau 18.6 > Le fonctionnement d'un mécanisme
hydraulique

PISTONS DE TAILLES IDENTIQUES	PISTONS DE TAILLES DIFFÉRENTES
La force appliquée à une extrémité du mécanisme exerce une pression sur le liquide contenu dans le tube. Comme le liquide est incompressible, la pression déplace le piston et produit la même force à l'autre extrémité du tube.	Selon la taille des pistons, la force appliquée à une extrémité du mécanisme peut être décuplée à l'autre extrémité. $$p_A = p_B$$ $$\frac{F_A}{A_A} = \frac{F_B}{A_B}$$ $$\frac{2\,000\ \text{N}}{0,050\ \text{m}^2} = \frac{F_B}{0,50\ \text{m}^2}$$ $$F_B = 20\,000\ \text{N}$$

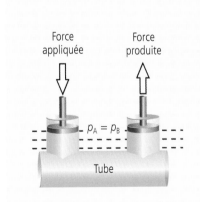

Qu'est-ce qui vous fait rougir ? Prendre la parole en public ? Entendre quelqu'un vous faire un compliment ? Vous faire prendre la main dans le sac pour une chose sans importance ? Ou simplement être en présence de l'être aimé...

L'érubescence (rougissement) peut être causée par une émotion. Sous l'effet du stress, votre système nerveux envoie un influx aux vaisseaux sanguins, qui se dilatent. C'est une réaction automatique. Plus on a peur de rougir, plus le stress augmente et plus on rougit. La solution : détendez-vous !

Le rôle de la pression dans la circulation sanguine

Les fluides ont tous tendance à se déplacer vers un milieu où la pression est moins élevée si la possibilité se présente. Dans le corps humain, le sang n'échappe pas à cette loi.

Le cœur exerce une force qui augmente la pression dans les artères adjacentes, ce qui propulse le sang dans les vaisseaux. Le sang circule ainsi successivement dans les artères, dans les artérioles, puis dans les capillaires, avant de revenir au cœur par le système veineux. Au fur et à mesure que le sang progresse dans le système sanguin, la pression diminue. Ainsi, la pression du sang dans les veines des jambes est très faible. À elle seule, elle est même trop faible pour combattre la force de gravité et faire remonter le sang jusqu'au cœur. Ce sont les muscles des jambes qui le font progresser.

ZOOM sur la santé

L'HYPERTENSION ARTÉRIELLE

L'hypertension est l'élévation anormale de la pression artérielle. Cette affection comporte plusieurs risques pour la santé ; c'est d'ailleurs l'une des principales causes de décès au Canada. L'hypertension est une affection sournoise, car elle ne présente habituellement aucun symptôme. Elle peut endommager et fragiliser les vaisseaux sanguins, et causer un accident vasculaire cérébral (AVC) ou une crise cardiaque pouvant entraîner la mort.

L'embonpoint, le tabagisme et la sédentarité (inactivité physique) sont des facteurs susceptibles de causer l'hypertension. Pour éviter les problèmes liés à l'hypertension, alimentez-vous sainement, évitez le tabagisme et faites de l'exercice sur une base régulière.

La **pression artérielle** est la pression que le sang exerce, grâce au cœur, sur les parois des artères. Une pression artérielle trop haute ou trop basse indique un problème de santé. L'unité de mesure est habituellement le millimètre de mercure (mm Hg). Chez une personne adulte, la pression artérielle normale est d'environ 120 mm Hg pour la pression systolique, et de 80 mm Hg pour la pression diastolique. On exprime couramment la pression artérielle sous la forme suivante : 120/80.

On mesure la pression artérielle à l'aide d'un sphygmomanomètre, aussi appelé *tensiomètre*. La version manuelle de cet appareil est constituée d'un brassard gonflable relié à une poire et à un instrument de mesure. Pour relever la pression artérielle, il faut aussi utiliser un stéthoscope (voir la figure 18.8).

On gonfle d'abord le brassard en pompant la poire qui y est reliée par un tube. La circulation sanguine se trouve alors momentanément bloquée. On appuie ensuite la plaque réceptrice du stéthoscope sur le bras, juste en dessous du brassard, puis on relâche doucement la pression pour permettre l'évacuation de l'air qu'il contient. Comme la circulation est toujours bloquée, on n'entend rien au début. Lorsque le pouls commence à se faire entendre, on note la pression exercée par le brassard. C'est la **pression systolique** (voir la figure 18.8 **A**). On prend ensuite un second relevé au moment où l'on cesse d'entendre le pouls. C'est la **pression diastolique** (voir la figure 18.8 **B**). On utilise de plus en plus les sphygmomanomètres électroniques au lieu des tensiomètres manuels.

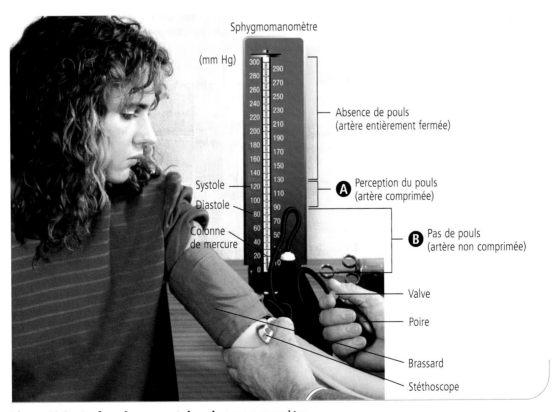

Figure 18.8 > Le fonctionnement du sphygmomanomètre
Lorsque la pression exercée par le brassard est suffisamment élevée, l'artère est comprimée, le sang ne circule plus et on ne peut pas percevoir le pouls. Lorsque la pression du brassard est assez faible, le sang se remet à circuler librement, sans exercer aucune pression sur le stéthoscope.

Concepts clés

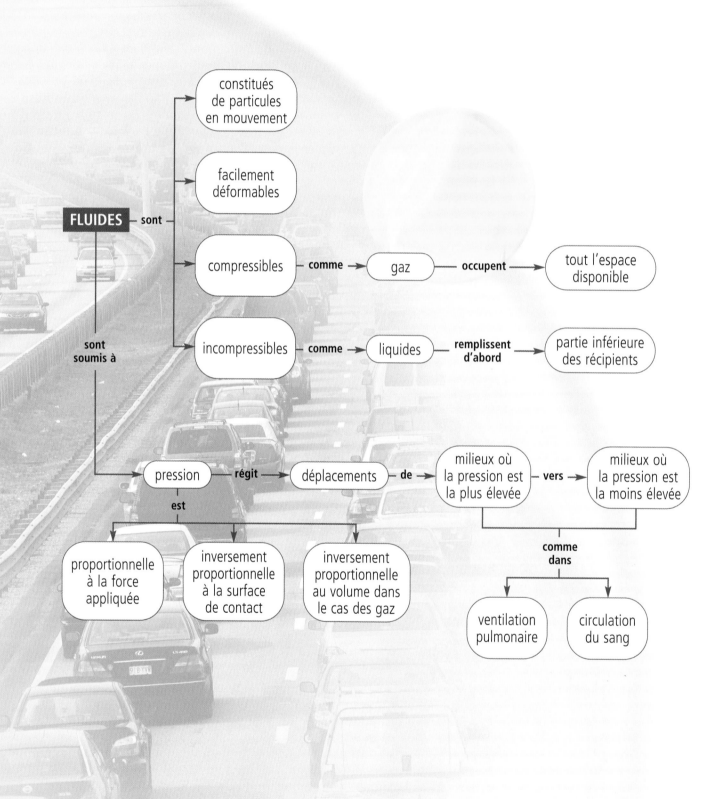

FLUIDES — sont —
- constitués de particules en mouvement
- facilement déformables
- compressibles — **comme** → gaz — **occupent** → tout l'espace disponible
- incompressibles — **comme** → liquides — **remplissent d'abord** → partie inférieure des récipients

FLUIDES — **sont soumis à** — pression — **régit** → déplacements — **de** → milieux où la pression est la plus élevée — **vers** → milieux où la pression est la moins élevée

pression — **est** —
- proportionnelle à la force appliquée
- inversement proportionnelle à la surface de contact
- inversement proportionnelle au volume dans le cas des gaz

milieux où la pression est la plus élevée / milieux où la pression est la moins élevée — **comme dans** —
- ventilation pulmonaire
- circulation du sang

1 Dans chaque cas, indiquez si l'énoncé est vrai ou faux. Corrigez les énoncés que vous jugez faux.

a) Deux livres de tailles différentes empilés l'un sur l'autre sur une table y exercent la même pression, quel que soit l'ordre d'empilement.

b) Si la sortie d'air d'une pompe à bicyclette est bloquée et que le piston est abaissé à mi-hauteur, la pression à l'intérieur de la pompe double.

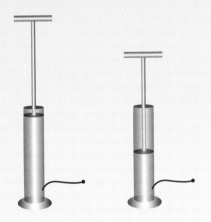

c) La pression de l'eau mesurée à la moitié de la profondeur d'une piscine est égale à celle mesurée au fond de la piscine.

2 Une personne a un poids de 850 N. Lorsqu'elle se tient debout sur la neige, elle exerce une pression de 12,5 kPa sur la neige. Quelle est la surface de la semelle de chaque botte ? Présentez vos calculs.

3 Pour un de ses modèles de voiture, un fabricant recommande de gonfler les pneus à une pression de 220 kPa (220 000 Pa) pour assurer la meilleure adhérence possible au sol. Correctement gonflé, chaque pneu aura avec le sol une surface de contact carrée de 15,0 cm (0,150 m) de côté.

Quelle est la masse de la voiture ? Présentez vos calculs.

4 Répondez aux questions suivantes en vous basant sur ce que vous avez appris dans ce dossier.

a) Faites ressortir trois ressemblances entre les gaz et les liquides.

b) À l'aide d'un tableau, faites ressortir trois différences entre les gaz et les liquides.

5 On mesure la pression artérielle à l'aide d'un sphygmomanomètre.

a) Qu'est-ce qui caractérise la pression diastolique ?

b) Qu'est-ce qui caractérise la pression systolique ?

hist₂

> L'INVENTION DU BAROMÈTRE

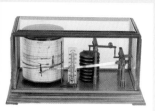

Un baromètre enregistreur

Le baromètre est un instrument conçu pour mesurer la pression atmosphérique. Son invention remonte au XVIIᵉ siècle. Chargé de construire des pompes d'irrigation, Galilée (1564-1642) en conçoit un modèle : un tube dans lequel l'eau monte naturellement, sans pourtant jamais dépasser 10 m. Intrigué par le phénomène, le scientifique émet l'hypothèse que l'air a un poids. Il meurt cependant avant de pouvoir résoudre le problème.

Evangelista Torricelli (1608-1647), physicien italien et disciple de Galilée, veut vérifier l'hypothèse de son maître. En 1643, il réalise une expérience devenue célèbre sous le nom d'« expérience de Torricelli ». D'abord, il remplit de mercure un tube fermé à une extrémité et en bouche l'autre extrémité avec un doigt. Il plonge ensuite l'extrémité du tube dans un récipient rempli de mercure. En retirant son doigt, il observe alors que le tube ne se vide pas complètement dans le récipient. Il en conclut que c'est l'air, c'est-à-dire la pression atmosphérique, qui empêche le tube de se vider.

Le savant et penseur français Blaise Pascal (1623-1662), intéressé par les expériences de Galilée et de Torricelli, est persuadé que l'air a un poids. Pour le prouver, il transporte un tube contenant du mercure au sommet d'une montagne. Pascal constate que la hauteur du mercure dans le tube a baissé. Le concept de pression atmosphérique est né. On a d'ailleurs nommé l'unité de mesure de pression en son honneur : le pascal (Pa).

Depuis, on n'a pas cessé de perfectionner le baromètre. En plus des baromètres à mercure, il en existe qui fonctionnent au gaz, à l'eau, à l'électricité, etc. Il y a même des baromètres miniatures intégrés dans des montres !

techn₂

> LE DÉTECTEUR DE MENSONGE

En criminologie et dans les cours de justice, la vérité a une importance capitale. C'est pourquoi on a inventé le détecteur de mensonge, aussi appelé *polygraphe.*

En fait, le détecteur de mensonge ne détecte pas le mensonge comme tel. Il détecte plutôt les réactions physiologiques généralement associées à l'acte de mentir. L'appareil est relié à divers autres qui permettent de mesurer ces paramètres. Un sphygmomanomètre sert à mesurer les variations de pression artérielle. Un pneumographe renseigne sur la variation de l'amplitude et du rythme des mouvements de la cage thoracique pendant la respiration : on place sur la poitrine de l'individu des tubes de caoutchouc gonflés d'air ; lorsque la poitrine bouge, l'air est comprimé et ce mouvement est converti en signal électrique. Des galvanomètres fixés au bout des doigts mesurent la production de sueur grâce à la conductibilité électrique : des doigts humides conduisent mieux l'électricité que des doigts secs.

Cette technologie, toute perfectionnée qu'elle soit, ne permet toutefois pas d'affirmer sans l'ombre d'un doute qu'une personne ment.

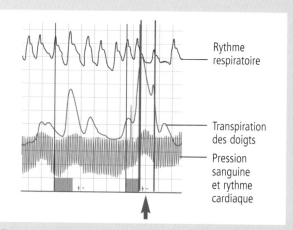

Rythme respiratoire

Transpiration des doigts

Pression sanguine et rythme cardiaque

L'interprétation du polygraphe : mensonge ou stress ?
Pendant l'intervalle pointé (↑), on observe que la personne cesse de respirer, qu'elle transpire davantage et que sa tension artérielle augmente.

ZOOM
sur l'avenir

Le travail d'un mécanicien ou d'une mécanicienne de machines fixes consiste à assurer le fonctionnement et l'entretien de diverses machines, telles que les chaudières à haute pression, les turbines, les compresseurs, les moteurs, les générateurs, etc. Ses connaissances et ses compétences lui permettent de travailler dans l'industrie, dans un bâtiment commercial, dans une manufacture ou dans un édifice public, comme un centre hospitalier ou une école.

Cynthia est mécanicienne de machines fixes depuis quatre ans. Le travail au centre commercial qui l'emploie ne manque pas. Les divers systèmes du bâtiment requièrent une attention particulière pour bien fonctionner. Dans le cadre de l'entretien préventif, Cynthia inspecte régulièrement la machinerie et les systèmes assurant la ventilation, la climatisation, le chauffage, l'éclairage, la production d'énergie, etc. Cynthia et son équipe ont à cœur votre sécurité et votre confort.

Cynthia a toujours été attirée par la mécanique, cherchant à comprendre le fonctionnement des mécanismes, des appareils ou des instruments. Elle a un grand sens des responsabilités. Sa vigilance lui est d'un grand secours pour respecter les règles de sécurité. Son travail exige de l'initiative et du jugement. Cynthia a l'habitude de prendre des décisions importantes et sait qu'il lui faut consulter les bonnes personnes en cas de besoin. Enfin, elle est particulièrement heureuse d'être en bonne

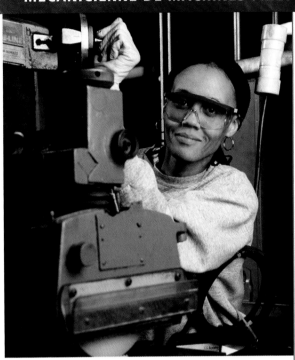

condition physique et d'avoir de l'endurance, puisque son environnement n'est pas des plus faciles, que ce soit à cause du bruit ou de la chaleur.

Après ses études secondaires, Cynthia a suivi un cours en mécanique de machines fixes et obtenu un diplôme d'études professionnelles. Enfin, elle a dû réussir un examen administré par le gouvernement du Québec, ce qui lui a permis d'obtenir le certificat de qualification nécessaire à la pratique de son métier.

DOMAINES CONNEXES

Formation secondaire professionnelle

- Réfrigération
- Chaudronnerie
- Mécanique industrielle de construction et d'entretien

Formation collégiale

- Techniques de génie mécanique
- Techniques de fabrication en génie mécanique
- Conception d'outillage assisté par ordinateur en génie mécanique

Formation universitaire

- Génie mécanique
- Génie physique
- Génie électrique
- Génie nucléaire

Dossier 19 > Les ondes

Avez-vous déjà lancé une pierre dans l'eau calme d'un lac? Dans ce cas, vous avez pu voir de petites vagues se propager en un mouvement répétitif à partir du point d'impact. Ce sont des ondes. La majorité des ondes sont pourtant invisibles. Savez-vous que la lumière et le son sont des ondes? En réalité, les ondes sont partout. Elles nous entourent et font partie de notre quotidien. Grâce à elles, vous pouvez utiliser un cellulaire, clavarder sur Internet et écouter la radio!

{ L'évolution rapide de la téléphonie cellulaire nous permet d'envisager la disparition de ce que plusieurs personnes qualifient de «pollution visuelle»: les fils téléphoniques aériens. La technologie cellulaire a cependant des répercussions négatives: une plus grande utilisation des ondes à des fins personnelles, un plus grand nombre d'antennes et la désuétude accélérée des appareils. Selon vous, combien de téléphones en bon état jetterez-vous au cours de votre vie? }

Dans ce dossier

Une introduction aux ondes

Un modèle : l'onde mécanique transversale
Les propriétés qualitatives d'une onde
Les propriétés quantitatives d'une onde

Les ondes sonores

Le son : une onde mécanique longitudinale
La vitesse du son dans la matière
Les fréquences audibles
L'échelle des décibels

Les ondes électromagnétiques

La lumière : une onde électromagnétique
Le spectre électromagnétique

L'interaction de la lumière avec la matière

La réflexion
La réfraction
La formation d'une image à travers une lentille

S O S

L'un des effets du réchauffement climatique de ces dernières années est l'augmentation des épisodes orageux : ils sont plus intenses, plus fréquents ou plus longs et se produisent sur un plus grand nombre de mois dans l'année. Les orages sont caractérisés par l'observation de la foudre, qui est une décharge électrique accompagnée d'ondes lumineuses et sonores parfois terrifiantes.

En plus de la mort par électrocution, quels dangers la foudre nous fait-elle courir ?

L'être humain

Liens >

… vu de l'intérieur

Dossier 14 > Les récepteurs sensoriels

La perception d'un son fait nécessairement intervenir le sens de l'ouïe. Savez-vous comment l'oreille capte et transforme un son pour le rendre interprétable par le cerveau ?

p. 66

… et la technologie

Dossier 20 > Le dessin technique

Il ne suffit pas de connaître le comportement des rayons lumineux pour déterminer où se formera une image. Il faut aussi savoir tracer le parcours de la lumière. Quels sont les instruments les plus utiles pour y arriver ?

p. 192

Une introduction aux ondes

Que se passe-t-il si vous frappez sur la peau d'un tambour ? Il se crée une vibration qui voyage dans l'air jusqu'à vos tympans. Dans le cas d'un tremblement de terre, la vibration se propage dans le sol. Toutes ces vibrations qui voyagent à travers un milieu sont des ondes.

Une **onde** est une perturbation qui se propage à travers la matière ou dans le vide. Par exemple, les ondes mécaniques se déplacent dans la matière, alors que les ondes électromagnétiques peuvent se propager dans la matière et dans le vide. Quel que soit leur type, les ondes se caractérisent toutes par un ensemble de propriétés qualitatives et quantitatives.

Un modèle : l'onde mécanique transversale

Les ondes sont omniprésentes. Pourtant, personne ne peut se vanter d'avoir déjà observé une onde radio ou une micro-onde. C'est que la majorité des ondes sont invisibles à l'œil nu. Cependant, les ondes visibles, comme le mouvement d'un ressort et les ondulations de l'eau, se comportent sensiblement comme les ondes invisibles. Ce sont de bons modèles pour comprendre le fonctionnement des ondes invisibles.

Les **ondes mécaniques** se déplacent dans la matière, aussi bien dans l'air que dans le sol. Elles peuvent se déplacer dans tous les sens en formant des ondulations. Il est possible de créer une onde de ce type à l'aide d'une corde (voir la figure 19.1).

Les propriétés qualitatives d'une onde

Un ressort traversé par une onde ondule de façon répétée. C'est cette répétition du motif qui caractérise une onde. Un exemple bien connu est celui de la vague, le mouvement de foule exécuté pendant les événements sportifs. Il arrive souvent qu'une vague, à peine amorcée, s'interrompe après une seule ondulation. Il s'agit alors d'une **impulsion**. Lorsque la vague parvient à faire le tour du stade, on observe plusieurs ondulations répétées (voir la figure 19.2).

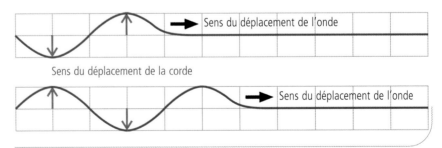

Figure 19.1 > La propagation d'une onde mécanique transversale
L'onde se propage d'une extrémité à l'autre de la corde.

Figure 19.2 > Une foule faisant la vague

La matière touchée par le passage de l'**onde transversale** se déplace perpendiculairement au sens de propagation de l'onde (voir la figure 19.1). Après le passage de l'onde, la matière reprend sa position initiale (voir la figure 19.4). L'énergie ayant servi à déplacer momentanément la matière est emportée avec l'onde.

L'onde s'éloigne de la source et se propage dans tous les sens accessibles. Par exemple, lorsqu'on agite le ressort, l'onde se propage de façon linéaire à travers la matière, c'est-à-dire le long du ressort. Par contre, si on lance un caillou dans l'eau, les ondes sont concentriques ; elles s'éloignent du point d'impact dans tous les sens (voir la figure 19.3).

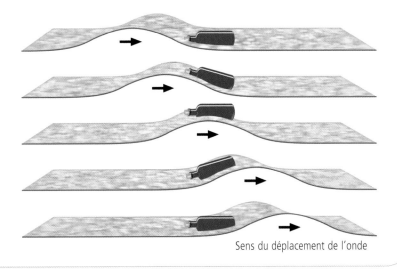
Sens du déplacement de l'onde

Figure 19.3 > Des ondes concentriques dans l'eau

Figure 19.4 > Une bouteille à la mer
L'onde transporte l'énergie avec elle, mais laisse la matière en place, un peu comme les vagues le font avec une bouteille lancée à la mer.

Les propriétés quantitatives d'une onde

Les ondes mécaniques transversales présentent plusieurs caractéristiques. Tout d'abord, chaque onde possède une crête et un creux. La **crête** est le point le plus élevé de l'onde, tandis que le **creux** en est le point le plus bas. Le **point d'équilibre** est le point d'origine de l'onde. Il se situe à égale distance entre le creux et la crête (voir la figure 19.5 **Ⓐ**). Lorsque l'onde commence à se répéter, on dit qu'elle a accompli un **cycle** (voir la figure 19.5 **Ⓑ**).

L'**amplitude** (*A*) est la distance qui sépare le point d'équilibre de la crête ou du creux (voir la figure 19.5 **Ⓒ**). Son unité de mesure est le mètre (m).

Ex.: $A = 0,06$ m

La **longueur d'onde** (λ) est la distance qui sépare deux cycles consécutifs. Son unité de mesure est le mètre (m). Elle se calcule facilement en effectuant une soustraction, à partir des positions de deux crêtes ou de deux creux consécutifs (voir la figure 19.5 **Ⓓ**).

Ex.: $\lambda = 0,60$ m $-$ $0,20$ m $= 0,40$ m

La **période** (*T*) est le temps qui sépare deux cycles consécutifs ou le temps mis par l'onde pour effectuer un cycle complet (voir la figure 19.5 **Ⓔ**). Son unité de mesure est la seconde (s). Elle se calcule facilement en effectuant une soustraction, à partir du temps de passage de deux cycles consécutifs.

Ex.: $T = 0,40$ s $-$ $0,20$ s $= 0,20$ s

La **fréquence** (*f*) est le nombre de cycles qui se produisent pendant une seconde (voir la figure 19.5 **Ⓕ**). Son unité de mesure est le hertz (Hz).

Ex.: Le cycle se répète cinq fois en une seconde
(à 0,20 s, 0,40 s, 0,60 s, 0,80 s et 1,00 s).
Donc, $f = 5,0$ Hz.

La fréquence se calcule facilement à partir de la période.

$$f = \frac{1}{T}$$

Ex.: $f = \dfrac{1}{0,20 \text{ s}} = 5,0$ Hz

La **vitesse de propagation de l'onde** (*v*) est la distance que l'onde parcourt par unité de temps (voir la figure 19.5 **Ⓖ**). Son unité de mesure est le mètre par seconde (m/s). La vitesse de propagation se calcule à l'aide de la longueur d'onde et de la période.

$$v = \frac{\lambda}{T}$$

Ex.: $v = \dfrac{0,40 \text{ m}}{0,20 \text{ s}} = 2,0$ m/s

La vitesse de propagation se calcule également à l'aide de la longueur d'onde et de la fréquence.

$$v = \lambda \times f$$

Ex.: $v = 0,40$ m $\times$ $5,0$ Hz $= 2,0$ m/s

La bande FM ou la modulation de fréquence

« Vous écoutez BIOS, votre station radio préférée, à 92,7 FM ! » Que signifie ce nombre décimal ? Il correspond à la fréquence d'émission de la station radio, c'est-à-dire 92,7 mégahertz (MHz) ou 92,7 millions de cycles par seconde. L'abréviation FM vient de l'expression anglaise *frequency modulation* et elle est depuis longtemps utilisée internationalement. Pour exploiter une station radio, il faut en faire la demande à Industrie Canada et obtenir une licence du Conseil de la radiodiffusion et des télécommunications canadiennes (CRTC).

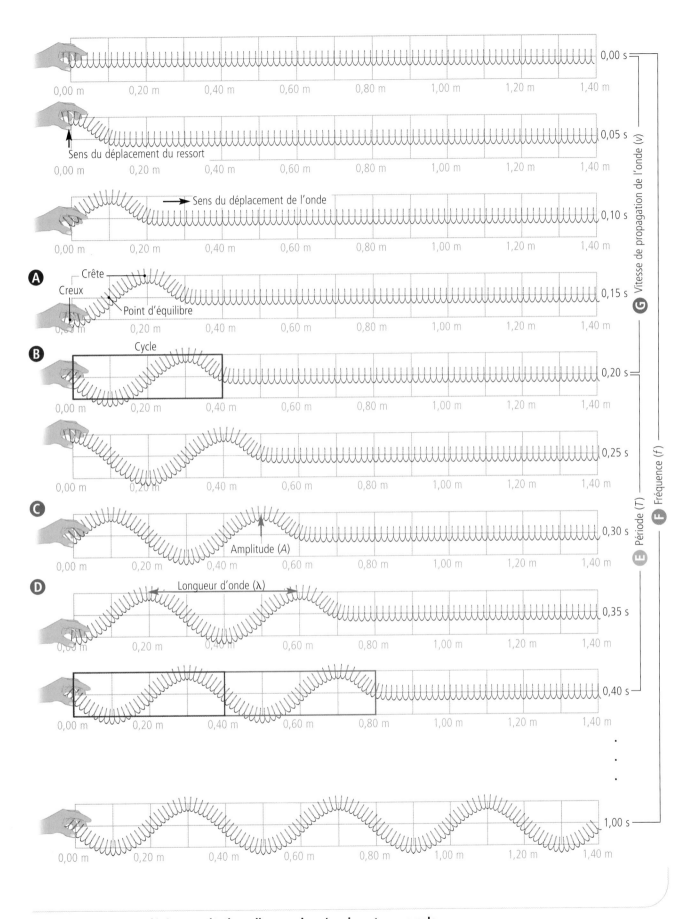

Figure 19.5 > Les propriétés quantitatives d'une onde mécanique transversale
Dans cette figure, 1 cm équivaut à 0,10 m.

Les ondes sonores

Avez-vous déjà observé de près un haut-parleur en pleine action ? Il bouge discrètement d'avant en arrière. Il suffit de poser délicatement la main sur le cône pour sentir le tremblement. Les vibrations qu'émet le haut-parleur font bouger l'air devant lui, de la même façon qu'un caillou lancé dans un lac fait bouger l'eau à la surface. Pourquoi le son qui traverse l'air ne fait-il pas de vagues ?

Le son : une onde mécanique longitudinale

Le son qui sort du haut-parleur, comme tous les autres sons d'ailleurs, est produit par un corps élastique en vibration. Le son voyage dans l'air sous la forme d'une onde mécanique longitudinale. Contrairement à l'onde transversale, l'**onde longitudinale** déplace la matière parallèlement à la direction de sa propagation (voir la figure 19.6). Au fur et à mesure qu'il se déplace, le son comprime et raréfie l'air. Si l'on pouvait « voir » le son émis par le haut-parleur, on apercevrait une alternance de zones d'air comprimé et de zones d'air raréfié, au lieu de l'alternance de creux et de crêtes observée dans la production de vagues (voir la figure 19.7).

On peut créer une onde mécanique longitudinale à l'aide d'un ressort (voir la figure 19.8). La longueur d'onde correspond alors à la distance qui sépare les centres de deux zones de compression successives. On mesure la fréquence, la période et la vitesse de propagation d'une onde longitudinale de la même façon qu'on le fait pour une onde transversale. Seule l'amplitude diffère ; au lieu d'être perpendiculaire, elle est parallèle.

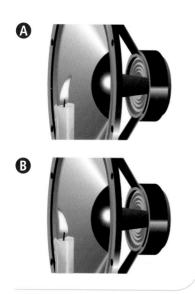

Figure 19.6 > Le déplacement de la matière par une onde mécanique longitudinale

Le mouvement répété de la flamme vers la doite **Ⓐ** et vers la gauche **Ⓑ** montre que le cône du haut-parleur déplace l'air dans un mouvement de va-et-vient longitudinal.

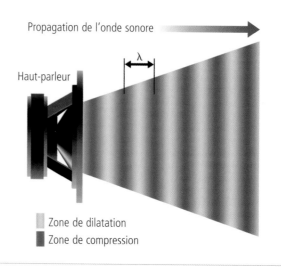

Propagation de l'onde sonore

Haut-parleur

λ

Zone de dilatation

Zone de compression

Figure 19.7 > L'onde sonore

L'onde sonore provenant du haut-parleur se propage en une succession de zones d'air comprimé et de zones d'air raréfié. La longueur d'onde correspond à la distance qui sépare les centres de deux zones de compression successives.

La foudre est une décharge électrique qui provoque un réchauffement très rapide de l'air sur son passage. Cet air se dilate brutalement, un peu comme l'air d'une marmite sous pression qui explose. Le phénomène entraîne une onde de choc, une onde mécanique longitudinale, capable d'abattre des arbres et les murs d'une maison, ou encore de projeter une personne sur plusieurs mètres.

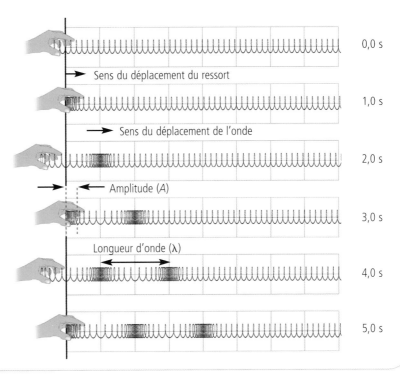

Figure 19.8 > La propagation d'une onde mécanique longitudinale

La vitesse du son dans la matière

Dans un aréna ou en montagne, il arrive que le son de notre voix soit répété quelques secondes plus tard. C'est l'*écho*. Grâce à ce phénomène, on peut facilement calculer la vitesse de propagation du son. On détermine d'abord la distance de l'objet (mur ou paroi rocheuse), puis on chronomètre le temps nécessaire au son pour revenir. La vitesse d'une onde longitudinale se calcule de la même façon que celle d'une onde transversale. La vitesse de propagation du son n'est pas constante.

---

info+

UNE ILLUSION SONORE

Avez-vous déjà remarqué le comportement du son émis par la sirène d'une ambulance qui passe rapidement devant vous ? Le son est aigu quand l'ambulance s'approche puis, quand l'ambulance s'éloigne, le son devient grave. Pourtant, on ne règle pas le son de la sirène en fonction de votre présence dans la rue. La fréquence de ce son est en effet constante.

L'explication de ce phénomène est assez simple. Au fur et à mesure que l'ambulance se rapproche de vous, la distance parcourue par les ondes sonores jusqu'à vos oreilles est de plus en plus courte et vous percevez les ondes à une fréquence plus élevée. Le son est donc aigu (voir la figure **Ⓐ**). À l'inverse, lorsque l'ambulance s'éloigne, vous percevez les ondes à une fréquence plus basse et le son est grave (voir la figure **Ⓑ**). C'est ce qu'on appelle l'*effet Doppler*.

Certains facteurs, comme la température (voir le tableau 19.1) ou la matière dans laquelle le son se déplace (voir le tableau 19.2), influent sur la vitesse de propagation de l'onde sonore. Par exemple, à 15 °C, le son se déplace dans l'air à environ 340 m/s, mais sa vitesse est environ quatre fois plus grande dans l'eau. Comme l'eau est plus dense que l'air, l'onde s'y déplace plus rapidement d'une molécule à l'autre. Dans une cloche à vide dont on a retiré tout l'air, il n'y a aucune propagation du son, car la densité de la matière y est nulle. Sans le support de la matière, le son ne peut pas se propager.

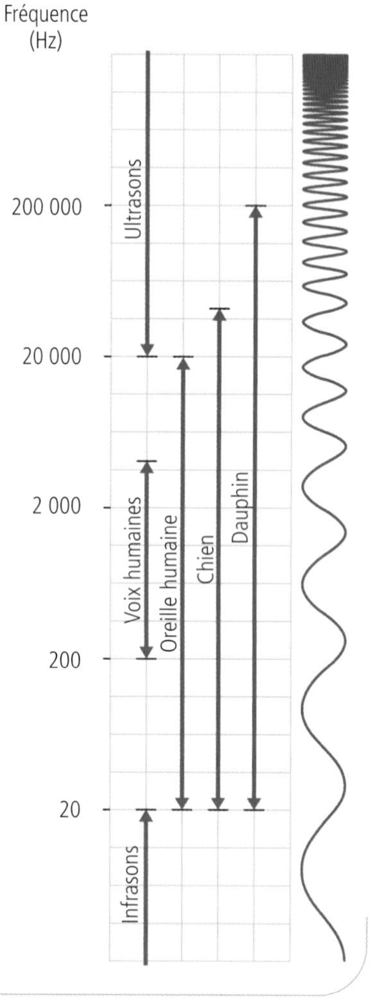

Les fréquences audibles

Pourquoi les personnes âgées ont-elles tendance à monter le volume de la télé ou de la radio ? Pourquoi font-elles répéter plus souvent que les personnes plus jeunes ? C'est que l'étendue des fréquences que l'oreille humaine perçoit diminue avec l'âge. Un individu d'âge moyen peut percevoir les sons dont la fréquence se situe entre 20 Hz et 20 000 Hz. Plus la fréquence est élevée, plus le son est aigu. Les fréquences de moins de 20 Hz sont des infrasons et celles au-dessus de 20 000 Hz sont des ultrasons. L'oreille humaine ne perçoit pas ces fréquences (voir la figure 19.9).

Figure 19.9 > **Les fréquences audibles, les ultrasons et les infrasons**

Tableau 19.1 > La vitesse de propagation du son dans l'air selon la température

TEMPÉRATURE (°C)	VITESSE DU SON (m/s)
–10	325,4
0	331,5
10	337,5
20	343,4
30	349,2

Tableau 19.2 > La vitesse de propagation du son selon la nature de la substance, à 15 °C

SUBSTANCE	VITESSE DU SON (m/s)
Air	340
Plomb	1 230
Eau	1 500
Plexiglas	1 840
Cuivre	3 750
Aluminium	5 100
Fer	5 130
Granite	6 000

L'échelle des décibels

Entre les haut-parleurs d'une salle d'attente et ceux utilisés dans un concert rock, il est assez facile de deviner lesquels déploient le plus d'énergie ! Plus la quantité d'énergie déployée est grande, plus l'amplitude de l'onde émise est grande, et plus le son sera fort. Il existe un outil qui permet de déterminer avec précision l'intensité des sons perçus par l'oreille humaine : c'est l'échelle des décibels. L'**échelle des décibels (dB)** est non linéaire. Ainsi, une augmentation de 10 dB d'un son décuple son intensité, c'est-à-dire que le son est 10 fois plus fort (voir le tableau 19.3). Par exemple, la voix humaine normale est de 60 dB, un son de 70 dB est 10 fois plus fort, un son de 80 dB est 100 fois plus puissant et un son de 90 dB, 1 000 fois plus.

>>> **Outil 7**, p. 248

Tableau 19.3 > L'intensité sonore exprimée en décibels

SON	INTENSITÉ SONORE (dB)
Seuil de l'audibilité	0
Respiration	10
Chuchotement	de 20 à 30
Musique d'ambiance	de 20 à 50
Conversation	de 50 à 70
Circulation automobile	de 70 à 80
Train	de 90 à 100
Concert rock	de 90 à plus de 120
Seuil de dangerosité (dommages temporaires)	de 100 à 120
Seuil de la douleur	120
Avion (au décollage)	150
Seuil de dangerosité (dommages permanents)	160

---

info +

LE REGISTRE DE LA VOIX HUMAINE

Le registre de la voix humaine s'étend généralement sur trois octaves, soit trois gammes consécutives. La voix de certaines chanteuses exceptionnelles peut s'étendre jusqu'à cinq octaves ! C'est en fonction des octaves possibles pour la voix qu'on classe les chanteurs et les chanteuses en six catégories : basse, baryton, ténor, alto, mezzo-soprano et soprano. La voix humaine est plus ou moins aiguë selon l'épaisseur des cordes vocales. Les cordes vocales des femmes sont beaucoup plus minces que celles des hommes, c'est pourquoi leur voix peut produire des notes beaucoup plus hautes que celle des hommes.

Les ondes électromagnétiques

Le téléphone sans fil et la télécommande à infrarouge font maintenant partie intégrante du quotidien, et il serait bien difficile de s'en passer! Les ondes émises par ces petits appareils nous facilitent l'existence. Grâce aux ondes qui transportent des informations de la télécommande au téléviseur, il est possible de changer de chaîne ou d'augmenter le volume tout en restant confortablement assis. D'autres appareils, comme le four à micro-ondes ou l'appareil de radiographie utilisé par un ou une dentiste, ne transmettent pas d'informations, mais fonctionnent aussi à l'aide des mêmes ondes. De quelles ondes s'agit-il?

La lumière : une onde électromagnétique

Par quel phénomène pouvons-nous voir les étoiles dans le ciel? Même très loin, les étoiles émettent une lumière qui voyage jusqu'à la Terre. La lumière, tout comme le son, est une onde perceptible par nos organes sensoriels. Contrairement aux ondes sonores, les ondes lumineuses voyagent dans le vide, donc dans l'espace. Ce sont des ondes électromagnétiques. Sans cette propriété particulière des ondes lumineuses, la lumière du Soleil et des étoiles ne pourrait pas voyager jusqu'à notre planète.

Les **ondes électromagnétiques** ne voyagent pas que dans le vide interstellaire. Elles peuvent aussi voyager dans la matière, comme l'air ou l'eau. Les ondes électromagnétiques sont toujours des ondes transversales. On mesure la longueur d'onde, la période, la fréquence et la vitesse de ces ondes de la même façon qu'on le fait pour les ondes mécaniques transversales.

La lumière visible n'est qu'un des nombreux types de rayonnements électromagnétiques. Les exemples d'utilisation de ces ondes dans le quotidien sont nombreux : radios, téléviseurs, dispositifs d'ouverture télécommandée de portes de garage, téléphones cellulaires, etc. (voir la figure 19.10). Ce qui fait la particularité de chacun de ces appareils, c'est la fréquence d'onde utilisée.

La foudre est une décharge électrique qui génère une onde électromagnétique dont l'intensité est suffisante pour perturber et griller les composantes électroniques dans un rayon d'une cinquantaine de mètres. Les limiteurs de surtension utilisés pour protéger les appareils électroniques ne sont pas efficaces contre cette onde parce qu'elle n'est pas transmise par les fils d'alimentation électrique.

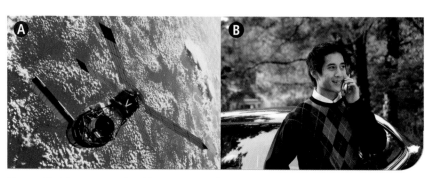

Figure 19.10 > Des ondes électromagnétiques
Les ondes électromagnétiques voyagent aussi bien dans le vide, comme l'espace Ⓐ, que dans la matière, comme l'air Ⓑ.

Le spectre électromagnétique

Le **spectre électromagnétique** comprend toutes les ondes électromagnétiques, classées selon leur fréquence ou leur longueur d'onde (voir la figure 19.11 de la page 177). C'est la fréquence d'une onde qui détermine son utilisation. Plus sa fréquence est élevée, plus l'onde transporte de l'énergie.

Dans le vide, les ondes électromagnétiques voyagent toutes à $3,00 \times 10^8$ m/s, soit la vitesse de la lumière. Les ondes électromagnétiques sont invisibles : on ne peut donc pas en mesurer la longueur d'une crête à l'autre avec un mètre. On calcule plutôt cette longueur à partir de la fréquence.

$$\lambda = \frac{v}{f}$$

$$\lambda = \frac{3,00 \times 10^8 \text{ m/s}}{f}$$

> Note : La vitesse de propagation des ondes électromagnétiques diminue légèrement dans l'air, mais la différence n'apparaît qu'à la troisième décimale.

Voici un exemple de calcul pour déterminer la longueur d'onde d'un téléphone cellulaire.

LE CALCUL D'UNE LONGUEUR D'ONDE

Un téléphone cellulaire transmet à la fréquence de 1,92 GHz, c'est-à-dire $1,92 \times 10^9$ Hz. Quelle est la longueur de l'onde émise ?

$$\lambda = \frac{3,00 \times 10^8 \text{ m/s}}{1,92 \times 10^9 \text{ Hz}}$$

$$\lambda = 0,156 \text{ m}$$

La longueur d'onde de ce téléphone est donc de 15,6 cm.

ZOOM sur la santé

LE SOLEIL : À CONSOMMER AVEC MODÉRATION

Prendre un bain de soleil est bon pour la santé. Entre autres avantages, on compte l'absorption de la vitamine D, un nutriment important. Avec l'amincissement de la couche d'ozone, nous sommes moins protégés contre les effets nocifs des rayons UVA et UVB. C'est pourquoi, hiver comme été, il faut se protéger la peau avec une crème solaire ayant au moins 15 comme facteur de protection solaire (FPS) et porter des lunettes de soleil dotées d'un filtre UV. Contrairement à la croyance populaire, un bronzage ne protège pas vraiment contre les effets nocifs des rayons UV.

A D O

Les effets d'un écran d'ordinateur sur la vision

L'œil humain est un instrument d'optique très performant. Pour cette raison, il faut prendre soin de ses yeux. Quand on lit ou qu'on travaille à l'ordinateur, il faut prendre une pause toutes les heures ou toutes les deux heures, selon l'intensité de l'activité. Dans le cas de la télévision et des jeux vidéo, les pauses devraient être plus fréquentes, sans compter qu'il faut se tenir assez loin de l'écran, c'est-à-dire à une distance cinq fois plus grande que la taille de l'écran.

Les **rayons gamma** ont une fréquence si élevée qu'ils peuvent traverser le métal. Leur puissance les rend dangereux pour l'être humain. Ils sont produits au cours de réactions nucléaires.

Les **rayons X** peuvent pénétrer profondément dans le corps humain. Leur puissance ne leur permet cependant pas de traverser les os. C'est cette propriété qui les rend utiles en radiographie.

Les **ultraviolets (UV)**, dont le nom signifie « au-delà du violet », ont une fréquence plus élevée que celle du violet. Ils sont invisibles, mais leurs effets sont très visibles. On subdivise les ultraviolets selon leur longueur d'onde :

- les UVA (95 % des ultraviolets qui atteignent le sol) provoquent le bronzage immédiat, accélèrent le vieillissement de la peau et les rides, et favorisent le développement des mélanomes ;
- les UVB, plus puissants que les UVA, causent le bronzage à long terme, les coups de soleil et le cancer de la peau ;
- les UVC sont encore plus puissants, mais ils sont absorbés dans les hautes strates de l'atmosphère et n'atteignent jamais la surface de la Terre.

Les **fréquences visibles** vont du rouge au violet. La lumière visible n'occupe qu'une infime partie du spectre électromagnétique.

La lumière blanche émise par le Soleil est composée de toutes les couleurs. Lorsque les rayons du soleil traversent les gouttes d'eau présentes dans l'air, ils dévient de leur trajectoire en fonction de leur fréquence. La lumière blanche est alors dispersée en plusieurs couleurs : c'est ce qu'on nomme *spectre de la lumière visible*.

L'œil humain a la capacité de voir le rayonnement lumineux dont la fréquence est comprise entre $4,0 \times 10^{14}$ Hz et $7,5 \times 10^{14}$ Hz. L'amplitude des ondes lumineuses influe sur notre vision. En effet, plus l'amplitude d'une onde est élevée, plus l'intensité de la lumière est forte.

Les **infrarouges (IR)** sont des ondes émises par les objets chauds. Leur nom signifie « en deçà » du rouge. Ce sont les ondes utilisées dans les dispositifs de vision nocturne. Cette technologie permet de convertir en lumière visible les rayons infrarouges selon la chaleur de la matière, même en pleine obscurité.

Les **micro-ondes** regroupent des ondes de longueurs plus courtes que celles des ondes radio. Ces ondes sont utilisées par les téléphones cellulaires ainsi que dans les communications entre un ordinateur et ses périphériques. Les micro-ondes d'un four réchauffent les aliments en faisant vibrer leurs molécules d'eau.

Les **ondes radio** sont les ondes qui transportent le moins d'énergie. Comme leur nom l'indique, elles sont utilisées par les récepteurs radio, mais elles font aussi fonctionner les téléviseurs. Ce sont la fréquence et la longueur des ondes utilisées qui distinguent ces appareils.

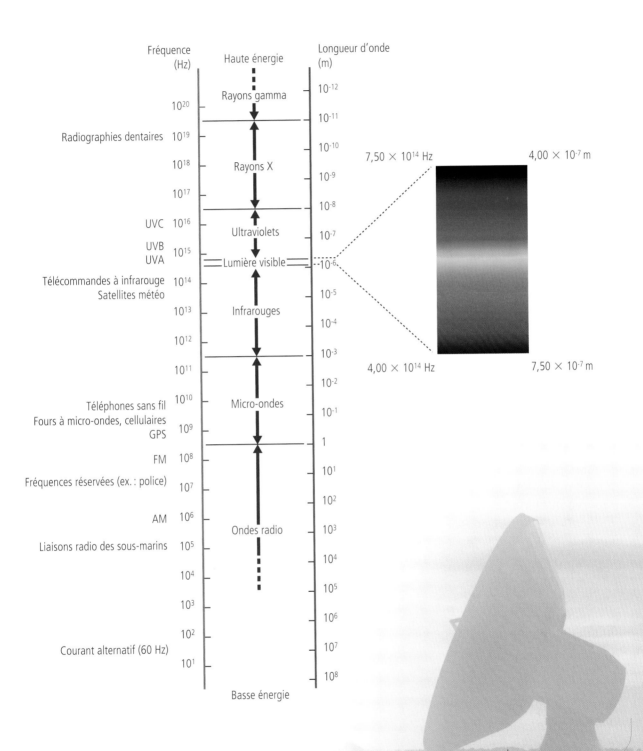

Figure 19.11 > Le spectre électromagnétique
Plus la fréquence d'une onde est élevée, plus la longueur de l'onde est courte.

L'interaction de la lumière avec la matière

Il est 22 h et vous êtes à la maison. Une panne de courant se produit. Quel est votre premier réflexe ? Chercher un éclairage d'appoint, comme une bougie, une lampe de poche, etc. Cet exemple illustre bien que la lumière est essentielle à la vision.

Lorsque la lumière entre en contact avec les objets autour de vous, une partie est redirigée vers vos yeux, ce qui vous permet de voir ces objets. Tous les jours, vous êtes témoin de deux types d'interactions de la lumière avec la matière : la réflexion et la réfraction.

La réflexion

Depuis fort longtemps, on associe la surface d'un plan d'eau par temps calme à un miroir. Cependant, le moindre petit souffle de vent brouillera l'image reflétée par l'eau. La capacité d'un objet à réfléchir une image dépend donc de la régularité de sa surface.

Lorsque la lumière « rebondit » à la surface d'un objet, le phénomène se nomme **réflexion**. Les rayons lumineux qui touchent une surface irrégulière sont redirigés dans plusieurs directions (voir la figure 19.12). C'est ce qu'on appelle la *réflexion diffuse*. C'est grâce à cette réflexion que nous percevons la très grande majorité des objets. La peau, les vêtements, les plantes, voilà quelques exemples de corps qui réfléchissent la lumière de façon diffuse. **La réflexion diffuse est désordonnée et n'obéit à aucune loi.**

Quand un rayon lumineux atteint une surface lisse, il est renvoyé dans une direction unique (voir la figure 19.13). C'est ce qu'on appelle la *réflexion spéculaire*. Ce type de réflexion permet de voir des images. Le miroir est probablement l'exemple de réflexion spéculaire le mieux connu et le plus courant. La régularité du comportement des rayons réfléchis sur de telles surfaces montre que **la réflexion spéculaire obéit à des lois** et que **les miroirs ont des propriétés.**

LES LOIS DE LA RÉFLEXION SPÉCULAIRE

S'il est possible de voir notre reflet dans un miroir, c'est parce que les rayons lumineux reflétés obéissent à deux lois bien précises (voir le tableau 19.4). Pour comprendre les lois de la réflexion spéculaire, il faut d'abord se familiariser avec le langage scientifique.

- La droite perpendiculaire à la surface réfléchissante est la **normale (N)**.
- Le rayon lumineux qui atteint la surface réfléchissante est le **rayon incident**.
- Le rayon lumineux renvoyé par la surface réfléchissante est le **rayon réfléchi**.

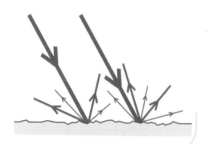

Figure 19.12 > La réflexion diffuse

Grossie au microscope, une surface mate, c'est-à-dire non brillante, paraît rugueuse. Le rayon lumineux qui la touche est réfléchi dans une multitude de directions, ce qui lui fait perdre de l'intensité.

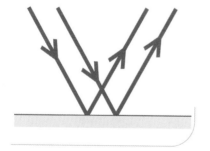

Figure 19.13 > La réflexion spéculaire

Grossie au microscope, une surface luisante paraît lisse. Le rayon lumineux qui la touche est réfléchi dans une seule direction et conserve ainsi son intensité.

Tableau 19.4 > Les lois de la réflexion spéculaire

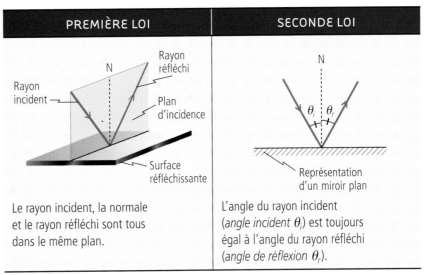

PREMIÈRE LOI	SECONDE LOI
Le rayon incident, la normale et le rayon réfléchi sont tous dans le même plan.	L'angle du rayon incident (*angle incident* θ_i) est toujours égal à l'angle du rayon réfléchi (*angle de réflexion* θ_r).

Note : L'angle d'un rayon lumineux se mesure toujours par rapport à la normale et non par rapport à la surface réfléchissante.

LES PROPRIÉTÉS DES MIROIRS PLANS

Lorsqu'on regarde dans un miroir plan, c'est-à-dire un miroir dont la surface réfléchissante est plate, les yeux s'ajustent à l'image réfléchie. À quelle distance de l'observateur ou de l'observatrice cette image est-elle située ? Quelle est sa taille par rapport à la réalité ?

L'objet et son image sont situés à égale distance de la surface réfléchissante du miroir (voir la figure 19.14). C'est la **première propriété des miroirs plans**.

L'image de l'objet est de la même taille que l'objet lui-même (voir la figure 19.15). Il s'agit de la **seconde propriété des miroirs plans**.

Figure 19.14 > La première propriété des miroirs plans
Le pion est placé à 3,0 cm du miroir. L'image du pion apparaît à 3,0 cm « derrière » le miroir.

Figure 19.15 > La seconde propriété des miroirs plans
Un pion noir de la même taille que le pion rouge se trouve à côté du miroir, à la même distance que le reflet du pion rouge. On peut observer que l'image réfléchie du pion rouge est de la même taille que le pion noir.

Tableau 19.5 > La perception d'un objet réel et de son image

	TRAJECTOIRE DES RAYONS LUMINEUX	
Objet réel		L'œil capte un cône de lumière provenant de chaque point de l'objet réel et forme une image sur la rétine.
Image réfléchie d'un objet		Les rayons qui partent des différents points de l'objet obéissent à la seconde loi de la réflexion spéculaire. Une fois réfléchis, ils créent l'illusion de provenir de l'image elle-même.

Les propriétés des miroirs plans sont utiles pour comparer la trajectoire des rayons lumineux issus de l'objet et de son image (voir le tableau 19.5).

Les yeux perçoivent une image réfléchie grâce aux rayons lumineux renvoyés par le miroir. À l'aide d'un rapporteur d'angle, on peut vérifier, pour chaque rayon, que l'angle d'incidence a la même mesure que celle de l'angle de réflexion (seconde loi de la réflexion spéculaire).

Les rayons réfléchis par le miroir plan sont identiques à ceux qui proviennent de l'objet réel. Si le miroir était parfait, l'œil et le cerveau ne pourraient pas faire la distinction entre un objet réel et son image réfléchie.

À l'aide d'une règle, on peut vérifier que l'image réfléchie est située à la même distance que l'objet réel, mais « derrière » le miroir (première propriété des miroirs plans). On peut également vérifier que la taille de l'image réfléchie est identique à celle de l'objet (seconde propriété des miroirs plans).

Bref, en se basant sur les deux lois de la réflexion spéculaire et les deux propriétés des miroirs plans, on peut affirmer que l'objet et son image forment une symétrie par rapport au plan du miroir.

La réfraction

Quand on observe une personne qui nettoie une piscine à l'aide d'une épuisette, on a l'impression que le manche est plié à partir de la surface de l'eau. On peut faire la même constatation en plongeant un crayon dans un verre d'eau (voir la figure 19.16).

Figure 19.16 > Le crayon est-il vraiment plié ?

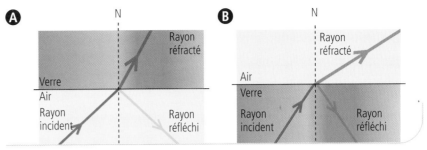

Figure 19.17 > La réfraction ou la déviation des rayons lumineux
Lorsqu'un rayon lumineux passe de l'air au verre, sa trajectoire est déviée en se rapprochant de la normale **A**. Quand il passe du verre à l'air, sa trajectoire est déviée en s'éloignant de la normale **B**. Dans les deux cas, une faible proportion du rayon est réfléchie.

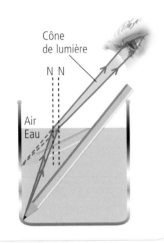

Figure 19.18 > L'explication du crayon plié
Lorsque le cône de lumière venant du bas du crayon passe de l'eau à l'air, il tend à s'éloigner de la normale. L'œil capte ce cône de lumière comme s'il venait de l'image du crayon (en pointillé).

La déformation apparente d'un objet est due à la réfraction. La **réfraction** est le changement de direction des rayons lumineux au moment où ils passent d'une substance transparente à une autre, par exemple de l'air au verre (voir la figure 19.17).

Les rayons lumineux qui passent de l'eau à l'air se comportent comme ceux qui passent du verre à l'air. C'est ce qui nous permet de comprendre pourquoi le crayon semble plié (voir la figure 19.18).

LA RÉFRACTION À TRAVERS UNE LENTILLE

À l'aide d'une loupe, on peut concentrer les rayons du soleil sur une feuille de papier et l'enflammer. Cela est possible parce que la loupe est une lentille convergente. Cet objet représente l'application la plus courante du phénomène de la réfraction.

Une **lentille** est un objet transparent, souvent en verre, dont les faces traversées par la lumière sont courbes. Une première réfraction se produit lorsque le rayon pénètre dans la lentille, passant ainsi de l'air au verre (voir la figure 19.19 **A**). Une seconde réfraction se produit lorsque le rayon sort de la lentille, passant ainsi du verre à l'air (voir la figure 19.19 **B**).

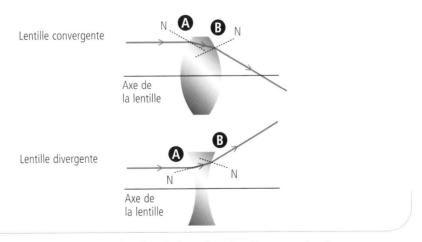

Figure 19.19 > La modification de la trajectoire d'un rayon lumineux dans une lentille
Un rayon lumineux qui passe de l'air au verre se rapproche de la normale **A**, alors qu'un rayon lumineux qui passe du verre à l'air s'éloigne de la normale **B**.

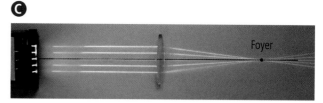

Les rayons parallèles qui traversent une lentille convergente se croisent au point appelé foyer.

Lorsque la lentille est peu bombée, son foyer est éloigné.

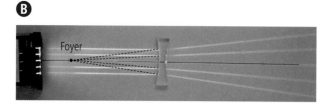

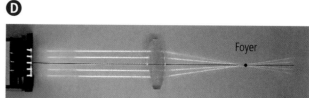

Les rayons parallèles qui traversent une lentille divergente s'éloignent les uns des autres, comme s'ils provenaient d'un foyer placé à l'avant de la lentille.

Plus une lentille est bombée, plus son foyer est rapproché.

Figure 19.20 > Le foyer selon le type de lentille

On classe les lentilles en deux catégories, convergentes ou divergentes, selon la façon dont elles dévient les rayons (voir la figure 19.20). Le point de rencontre des rayons parallèles à l'axe de la lentille est le **foyer**. La distance entre la lentille et son foyer se nomme **longueur focale**.

La formation d'une image à travers une lentille

La plus importante propriété des lentilles convergentes est de permettre la formation d'une image sur un écran (voir la figure 19.21). C'est la compréhension de cette propriété qui a permis l'invention de l'appareil photo.

Tout objet se comporte comme une série de points lumineux. La formation de l'image se fait donc point par point derrière la lentille.

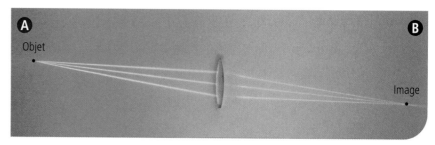

Figure 19.21 > La formation d'une image à travers une lentille convergente
Les rayons lumineux qui partent d'un point **A** convergent vers un point **B** après avoir traversé la lentille.

Note : Le point **B** ne constitue pas un foyer, car les rayons incidents ne sont pas parallèles à l'axe de la lentille.

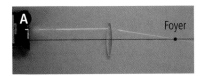

Le rayon incident parallèle à l'axe de
la lentille est toujours dévié en direction
du foyer situé de l'autre côté de la lentille.

Le rayon incident qui traverse le foyer
à l'avant de la lentille est toujours dévié
parallèlement à l'axe.

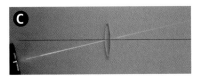

Le rayon incident dirigé vers le centre
de la lentille poursuit sa trajectoire sans
être dévié.

**Figure 19.22 > Les trois rayons
principaux**

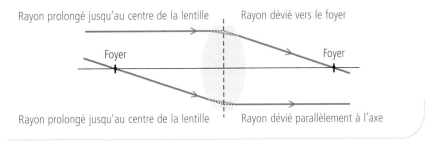

Figure 19.23 > Le modèle simplifié de la lentille convergente
Dans ce modèle, chaque rayon lumineux se comporte comme s'il ne déviait
qu'une seule fois au centre de la lentille plutôt qu'à son entrée et à sa sortie.

Pour déterminer à l'avance la position de l'image formée par cette multitude
de points, il suffit de connaître le comportement de quelques rayons
incidents, simples à tracer : les trois rayons principaux (voir la figure 19.22).

En prolongeant les rayons principaux jusqu'à la moitié de la lentille, et en
traçant la déviation selon le comportement prévisible de ces rayons, on arrive
à peu près au même résultat que si l'on applique les lois de la réfraction,
et c'est beaucoup plus simple (voir la figure 19.23).

Pour que l'image formée par la lentille convergente soit nette, l'écran
doit être placé exactement au point de rencontre des rayons réfractés (voir
la figure 19.24).

En photographie, *faire la mise au point* consiste justement à régler cette
distance entre l'objectif de l'appareil photo et l'« écran », c'est-à-dire
le capteur d'image de l'appareil.

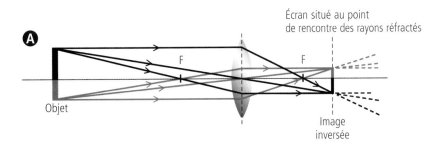

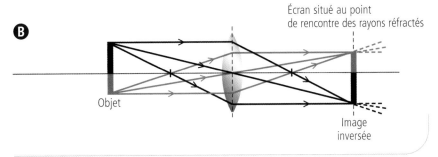

**Figure 19.24 > L'effet de la distance de l'objet sur la grandeur et la position
de l'image**
En rapprochant l'objet de la lentille, on constate deux choses : l'image s'en trouve agrandie
et elle se forme à une distance plus grande de la lentille.

LA CHIRURGIE OCULAIRE AU LASER OU COMMENT SCULPTER L'ŒIL

Il y a déjà quelques années, on a mis au point une intervention chirurgicale pour corriger la vue et éliminer la nécessité de porter des lunettes ou des lentilles cornéennes. La chirurgie au laser consiste à changer la longueur focale de l'œil en sculptant la cornée. Après avoir anesthésié l'œil, on procède à une kératectomie, c'est-à-dire qu'on soulève la première couche de la cornée. On travaille ensuite la cornée sous-jacente avec le laser, afin de lui donner la forme voulue. Enfin, on remet en place la première couche de la cornée. Après quelques jours de convalescence, le patient ou la patiente a une vision parfaite !

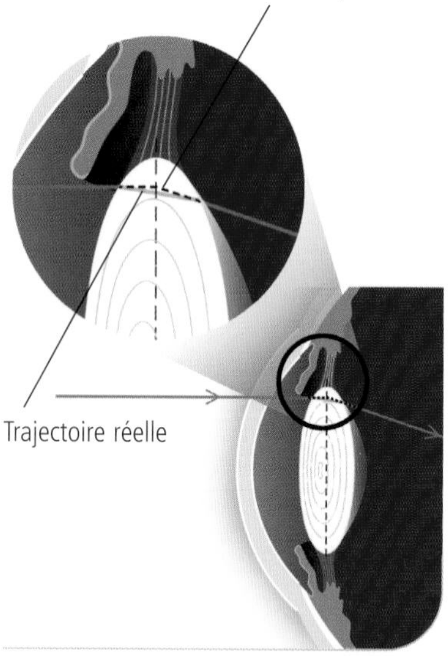

LE FONCTIONNEMENT DE L'ŒIL HUMAIN

Le cristallin de l'œil est un milieu transparent qui joue un rôle comparable à celui de l'objectif d'un appareil photo. Il sert à former l'image sur la rétine. En tout, quatre milieux transparents sont nécessaires au phénomène de la réfraction dans l'œil : la cornée, l'humeur aqueuse, le cristallin et l'humeur vitrée.

En passant d'un milieu à un autre, les rayons lumineux prennent une trajectoire courbe. Comme nous l'avons fait pour la lentille convergente, nous pouvons recourir à un modèle simplifié pour mieux comprendre le phénomène. Il suffit de suivre la trajectoire du rayon incident jusqu'au milieu du cristallin pour ensuite le rediriger selon sa trajectoire finale (voir la figure 19.25).

La comparaison de l'œil humain avec un appareil photo n'est pas parfaite. Nous n'avons aucun mécanisme permettant de faire avancer et reculer la rétine pour faire la mise au point de l'image. C'est le changement de forme du cristallin qui permet cette mise au point en modifiant sa longueur focale. Cette modification automatique s'appelle *accommodation* (voir la figure 19.26).

Trajectoire selon le modèle simplifié

Trajectoire réelle

Figure 19.25 > La trajectoire d'un rayon incident dans le cristallin

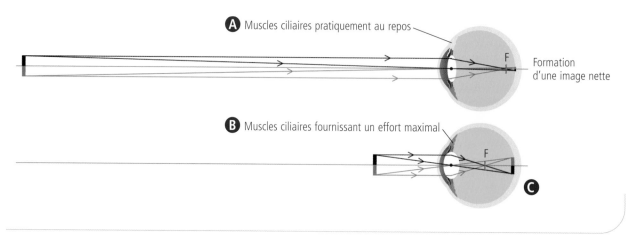

Ⓐ Muscles ciliaires pratiquement au repos

F

Formation d'une image nette

Ⓑ Muscles ciliaires fournissant un effort maximal

F

Ⓒ

Figure 19.26 > L'accommodation de l'œil humain
Quand l'objet se trouve très loin, les muscles ciliaires sont au repos et le foyer du cristallin se trouve très près de la rétine Ⓐ. Lorsque l'objet est près de l'œil, les muscles ciliaires courbent le cristallin et rapprochent son foyer Ⓑ. Plus un objet est proche, plus sa taille semble grande Ⓒ.

Concepts clés

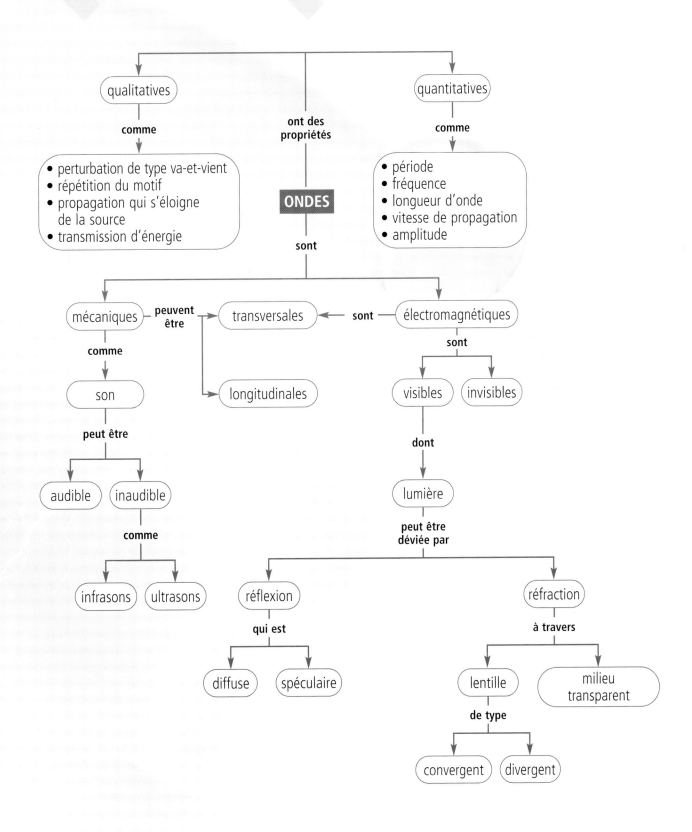

.exe >>>

1 Qui suis-je ?

a) Je suis une suite d'impulsions répétées.

b) Je suis une vibration qui voyage uniquement à travers la matière.

c) Je suis une perturbation qui peut se propager dans le vide.

d) Je suis le point le plus élevé d'une onde.

e) Je suis une onde invisible qu'on peut entendre.

f) J'entraîne la matière à se déplacer perpendiculairement à l'onde.

g) Je corresponds au temps que met une onde pour effectuer un cycle complet.

2 Dans chaque cas, indiquez si l'énoncé est vrai ou faux. Corrigez les énoncés que vous jugez faux.

a) Le point d'équilibre d'une onde se situe à égale distance du creux et de la crête.

b) La longueur d'une onde s'exprime en cycles par seconde.

c) Les ondes radio sont invisibles.

d) La matière suit la trajectoire de l'onde.

e) L'onde se propage dans une seule direction.

f) Lorsque l'onde commence à se répéter, c'est qu'elle a effectué un cycle.

3 L'onde illustrée ci-dessous met 20 s pour effectuer un cycle. Donnez :

a) sa période. **c)** son amplitude.

b) sa fréquence. **d)** sa longueur d'onde.

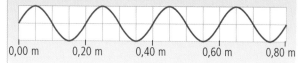

0,00 m   0,20 m   0,40 m   0,60 m   0,80 m

4 L'illustration suivante montre la façon dont le son se propage dans l'air.

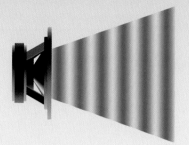

a) À quoi correspondent les zones sombres ?

b) Pourquoi dit-on que l'onde sonore est longitudinale ?

5 Combien de temps mettrait l'écho pour parvenir à vos oreilles si vous lanciez un cri vers une paroi rocheuse distante de 3,5 km en plein été (à environ 30 °C) ?

6 Afin de capter efficacement la fréquence FM d'une station radio, les antennes du récepteur devraient avoir les dimensions proposées dans l'illustration suivante. Les antennes sont télescopiques pour pouvoir s'ajuster aux longueurs d'onde propres à chaque fréquence comprise entre 88 MHz et 108 MHz.

a) Calculez la longueur que devrait avoir chaque antenne pour capter la fréquence 88,0 MHz. Notez tous vos calculs sans oublier d'inscrire les unités des nombres utilisés.

b) Pour capter les fréquences supérieures à 88 MHz, faut-il allonger ou raccourcir l'antenne ? Répondez à cette question par un raisonnement plutôt que par un calcul.

7 Sous quelle forme le son voyage-t-il dans l'air?

8 Quel outil utilise-t-on pour évaluer l'intensité des sons?

9 Parmi les couleurs de la lumière visible, laquelle possède le plus d'énergie? le moins d'énergie?

10 Voici la photographie d'un paysage qui se reflète dans l'eau.

a) Repérez un élément du paysage qui devrait se refléter dans l'eau mais qui ne s'y trouve pas.

b) Trouvez un élément qui est réellement dans l'eau, donc qui n'est pas un reflet.

11 La photographie suivante n'est pas un trucage.

a) Illustrez par un schéma (vue de côté) la position des pions et celle du miroir sur la feuille millimétrique.

b) Montrez la position de l'appareil qui a pris la photo et la trajectoire des rayons lumineux (rouges pour le pied et noirs pour la tête) qui correspondent à cette photo.

12 Présentez dans un tableau deux différences entre la réflexion spéculaire et la réfraction.

13 Présentez dans un tableau deux différences entre les lentilles convergentes et les lentilles divergentes.

14 Décrivez la trajectoire des trois rayons principaux qui traversent une lentille convergente.

15 Pourquoi ressent-on de la fatigue aux yeux lorsqu'on regarde longtemps quelque chose de près?

> Reginald Fessenden : un inventeur québécois méconnu

« Un, deux, trois, quatre, est-ce qu'il neige là où vous êtes monsieur Thiessen ? » En prononçant ces mots en 1900, Reginald Fessenden passe à l'histoire en réussissant la première radiotransmission de la voix humaine. Cela se passe sur une île de la rivière Potomac, dans l'État du Maryland. Même si la qualité de la transmission est mauvaise, cet événement laisse entrevoir un grand avenir pour la radio.

Reginald Fessenden (1866-1932)

Fessenden est originaire de l'Estrie. Enfant, il adore les mathématiques et les expériences. Il étudie les mathématiques au collège et poursuit une carrière d'inventeur. Fessenden est engagé successivement par plusieurs sociétés américaines et deux universités. On lui doit plus de 500 inventions. En 1901, il fait breveter l'invention qui lui a permis d'effectuer la première radiotransmission de l'histoire : un alternateur qui émet des ondes radio de façon continue.

Malgré ce premier succès, peu de chercheurs croient en lui. À cette époque, c'est Guglielmo Marconi, un inventeur italien, qui a la faveur des milieux scientifiques. Comme la plupart des scientifiques de l'époque, Marconi est persuadé que les ondes radio sont toujours discontinues. C'est ainsi qu'il réussit à produire des ondes discontinues à partir d'étincelles et qu'il transmet des messages à l'aide d'un système télégraphique qui utilise le code Morse.

Malgré les doutes de ses confrères et consœurs, Fessenden persiste dans ses travaux et perfectionne son dispositif. En 1906, son labeur est récompensé : à Boston, à la veille de Noël, il réalise, à l'aide d'ondes continues, la première émission radiophonique de l'histoire. Des marins la captent même au milieu de l'Atlantique. La radio est née !

> La magie du cinéma

Vous êtes dans une salle sombre, au creux d'un fauteuil, maïs soufflé et boisson gazeuse dans les mains. Vous attendez impatiemment le début de la projection. Soudain, l'écran prend vie et les images commencent à défiler devant vos yeux. Vous entrez dans l'action. C'est la magie du cinéma ! Comment cette « magie » opère-t-elle ?

En observant une pellicule cinématographique, on se rend compte qu'elle est constituée d'une très longue suite d'images. En réalité, une caméra qui filme prend des photos au rythme de 24 images par seconde. Lorsqu'on projette ces photos, elles défilent au même rythme, ce qui trompe nos yeux et notre cerveau.

En effet, au lieu de la succession saccadée d'images à laquelle on pourrait s'attendre, nos yeux voient des personnages et des lieux de façon plutôt réaliste. La suite d'images nous donne une impression parfaite de mouvement, sans que nous ayons conscience du déroulement de la pellicule.

Lorsque nos yeux perçoivent une image, l'information visuelle est traitée par le cerveau. La succession d'images fixes pousse notre cerveau à interpréter ce que nous voyons comme un mouvement. Ce phénomène est aussi à la base du dessin animé. Le défilement des images doit être assez rapide. À moins de 20 images par seconde, le cerveau perçoit un mouvement saccadé.

ZOOM sur l'avenir

Le travail d'un ingénieur ou d'une ingénieure du son consiste à déterminer les méthodes d'enregistrement du son et à prévoir les besoins en matériel dans le but d'assurer la qualité sonore d'émissions télévisuelles. Les directives à suivre proviennent d'un réalisateur ou d'une réalisatrice, ou encore d'un directeur ou d'une directrice technique. À partir de consignes précises, il faut faire des choix et intégrer des éléments sonores adéquats.

Didier travaille dans une maison de production télévisuelle. Il doit enregistrer des situations et des événements de toutes sortes. Il doit choisir le matériel sonore selon le déroulement de la production. C'est lui qui est responsable de l'installation du matériel audio, comme les micros fixes ou mobiles. Il doit superviser le travail des techniciens et techniciennes au cours des enregistrements. Grâce à sa connaissance des diverses techniques acoustiques et des logiciels de traitement du son, il peut optimiser la qualité du son des productions en modifiant les ondes sonores. Par exemple, il peut enrichir une bande sonore avec des effets variés, atténuer les sons trop forts, réduire ou augmenter certaines fréquences, éliminer les sons sifflants et corriger certains problèmes, comme les bruits indésirables ou l'écho. Didier s'occupe aussi du mixage, c'est-à-dire l'intégration de tous les éléments sonores dans le produit final.

Très jeune, Didier était passionné par le matériel multimédia. C'est aussi à cette époque qu'il a acquis des connaissances musicales de base, ce qui a facilité sa carrière dans le domaine du son. C'est en effet cet atout qui lui permet de se démarquer. Une des choses qui plaît bien à Didier, c'est la variété des tâches au quotidien. Le travail est exigeant, en particulier à cause des délais serrés de production, mais Didier supporte bien la pression. Il aime le travail en équipe et l'ambiance qui règne sur un plateau de tournage.

Sa formation collégiale en techniques de production et de postproduction télévisuelle, avec spécialisation en génie du son, lui permet d'exercer une profession qu'il adore.

DOMAINES CONNEXES

Formation secondaire professionnelle

- Techniques de projection
- Techniques de sonothèque

Formation collégiale

- Diverses spécialisations en techniques de production et de postproduction télévisuelle : bruitage, prise de son, opération de caméra et éclairage

Formation universitaire

- Génie électronique
- Direction de production
- Montage de film

L'être humain et la technologie

D epuis toujours, l'Univers se transforme sans l'intervention des vivants : les vagues grugent les falaises, faisant reculer les côtes ; le Soleil fusionne l'hydrogène dont il est constitué pour le transformer en hélium ; les roches se métamorphosent sous l'effet de la pression et de la chaleur.

Mais les vivants, eux, semblent dotés d'un besoin insatiable d'utiliser et de transformer leur environnement. Depuis l'apparition de l'être humain, le rythme de transformation s'accélère constamment. Nos ancêtres ont créé un éventail de matériaux et ont sans cesse inventé de nouveaux objets : des systèmes de leviers qui aident à soulever de lourdes charges ; le micro-ondes et le lave-vaisselle, qui permettent de s'acquitter plus aisément de plusieurs tâches domestiques ; la voiture qui permet de parcourir rapidement de grandes distances. Toutes ces inventions rendent la vie plus agréable, plus confortable, mais elles ne sont pas sans incidences sur l'environnement. L'être humain agit sur son environnement. Il fait preuve de génie artistique autant que de génie scientifique et technologique. C'est ce dernier que vous explorerez dans les pages suivantes.

DOSSIERS DE L'UNIVERS TECHNOLOGIQUE

Dossier 20 > Le dessin technique

Observez autour de vous, et vous constaterez bien vite l'abondance d'objets de toutes sortes. Au départ, ces objets n'étaient qu'une idée. Pour les concevoir, il a fallu coucher sur papier leur forme dans les moindres détails. Le dessin technique est le moyen d'expression idéal pour y arriver. Il permet de décrire très précisément un objet à réaliser, de façon à en faciliter la fabrication. Et le sens artistique n'est pas une compétence obligatoire pour faire du dessin technique. Connaissez-vous les types de représentations du dessin technique ? Savez-vous qu'il existe des normes et des conventions dans ce domaine ?

{ Depuis sa création, Internet n'a pas cessé d'évoluer. On compte aujourd'hui plusieurs milliards de liens sur la Toile ! On estime que deux ménages canadiens sur trois l'utilisent comme source d'information. Mais cette information est-elle toujours de bonne qualité ? Est-elle toujours fiable ? Comment peut-on s'assurer de l'exactitude de l'information trouvée dans Internet ? }

Dans ce dossier

Les types de représentations

La représentation des trois dimensions

La vue intérieure

Les normes et les conventions

On estime à 22 kg la quantité de papier consommée annuellement par chaque individu au Canada. Seulement au pays, il s'agit de 700 000 t de papier qu'on jette chaque année !

Quel impact cette consommation excessive de papier peut-elle avoir sur l'environnement ?

L'être humain

Liens >

... vu de l'intérieur

Dossier 15 > Le système nerveux

Un dessin en coupe permet d'illustrer les composantes d'un objet qui ne sont pas visibles de l'extérieur. On utilise aussi la coupe pour illustrer l'intérieur des organes du corps humain. Qu'y a-t-il à l'intérieur du cerveau ?

p. 86

... et la matière

Dossier 19 > Les ondes

Dans de nombreux domaines scientifiques, on s'est inspiré des règles de présentation du dessin technique pour noter des mesures, comme la longueur d'une onde et son amplitude. À quoi correspondent ces mesures ?

p. 164

... et la technologie

Dossier 21 > Les mouvements mécaniques

On recourt au dessin technique pour représenter le plus fidèlement possible les objets techniques. La schématisation d'un mécanisme, par exemple, facilite la compréhension de son principe de fonctionnement. Comment schématise-t-on une roue dentée et une chaîne ?

p. 212

Les types de représentations

Vous essayez d'expliquer à une personne comment assembler un meuble, et celle-ci ne comprend pas. Vous lui faites un dessin, et tout devient clair ! Diverses techniques d'illustration facilitent la représentation et l'analyse des objets. Selon le degré de précision désiré, vous pouvez utiliser le croquis, le dessin aux instruments ou le dessin assisté par ordinateur.

Le croquis

Le **croquis** est un dessin rapide d'une situation ou d'un objet. On peut l'exécuter au crayon ou sur ordinateur. À première vue, le croquis peut ressembler à un gribouillis (voir la figure 20.1). Il faut cependant chercher à représenter son idée le mieux possible. On annote le croquis en langage courant.

Le croquis est très utile dans la recherche de solutions à un problème. Au cours d'un remue-méninges, il permet d'illustrer rapidement certains aspects d'un problème sans tenir compte d'une échelle. Le croquis est donc un dessin imprécis, qui ne permet pas de construire l'objet représenté. Il peut illustrer de manière simplifiée le fonctionnement d'un objet technique ou une situation plus ou moins complexe.

On utilise souvent un croquis dans la mise en pages. Il permet de prévoir la disposition des éléments, l'espace nécessaire à l'illustration finale et les informations à y inclure.

Le dessin aux instruments

Comme son nom l'indique, le **dessin aux instruments** s'effectue à l'aide d'instruments conçus à cette fin (voir la figure 20.2).

Quelle que soit la complexité d'un objet, on peut toujours le représenter à l'aide de figures géométriques simples. Jetez un coup d'œil sur une boîte de papiers-mouchoirs, et vous remarquerez tout de suite le prisme rectangulaire. Mais qu'en est-il d'un objet plus complexe, comme une brosse à dents ? Un tel objet peut être décomposé en plusieurs figures. Ainsi, les poils de la brosse sont des cylindres, alors qu'on peut décomposer un manche incurvé en sections successives de cercle ou d'ellipse (voir la figure 20.3). Que ce soit pour faire un croquis ou pour tracer un dessin très précis à l'aide d'instruments, il est essentiel de connaître les figures géométriques et de maîtriser la façon de les dessiner.

Le dessin fait à l'aide d'instruments doit être assez précis pour constituer le plan final qui servira à la conception de l'objet. On y indique les mesures des sections et des angles ainsi que les parties cachées.

Marchepied conçu pour aider des personnes à mobilité réduite à atteindre un objet

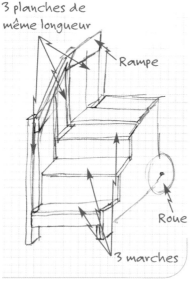

3 planches de même longueur

Rampe

Roue

3 marches

Figure 20.1 > Le croquis d'un marchepied

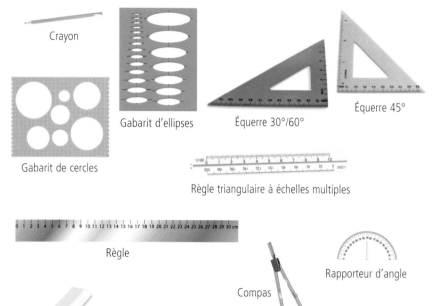

Crayon

Gabarit d'ellipses

Équerre 30°/60°

Équerre 45°

Gabarit de cercles

Règle triangulaire à échelles multiples

Règle

Rapporteur d'angle

Compas

Té

Pistolet à dessin

Figure 20.2 > Des instruments de dessin

Le dessin assisté par ordinateur

L'ordinateur tend à remplacer de plus en plus les instruments de dessin technique. Les logiciels de **dessin assisté par ordinateur (DAO)** sont nombreux et souvent simples à utiliser (voir la figure 20.4). Ils permettent de réaliser des dessins précis. En plus de faciliter la manipulation des formes géométriques, ils intègrent des fonctions qui permettent de déterminer des mesures très précises de longueur et d'angle.

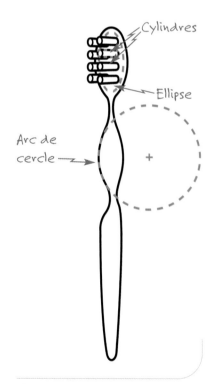

Cylindres

Ellipse

Arc de cercle

Figure 20.3 > Un dessin complexe formé de figures géométriques

On peut représenter n'importe quel objet à l'aide de formes géométriques.

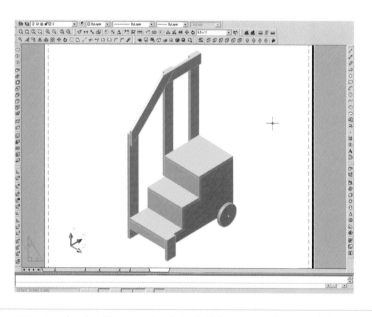

Figure 20.4 > Le dessin d'un marchepied réalisé à l'aide d'un logiciel de dessin assisté par ordinateur

La représentation des trois dimensions

La partie utilisable d'une feuille de papier ne comporte que deux dimensions : la hauteur et la largeur. Or, nous vivons dans un monde en trois dimensions. Dans la réalité, les objets ont une hauteur, une largeur et une profondeur. Quelles techniques peut-on utiliser pour représenter en deux dimensions un objet tridimensionnel ? Quelles sont les façons de rendre sur papier la profondeur d'un objet ?

La perspective

La **perspective** est l'art de représenter les objets de la façon la plus réaliste possible. Elle vise à faire coïncider une représentation avec ce que l'œil humain verrait dans la réalité. Dans une représentation en perspective, les dimensions d'un objet situé près de l'observateur ou de l'observatrice sont plus grandes que celles d'un objet situé plus loin. Donc, **on ne représente pas les trois dimensions de l'objet à l'échelle**, ce qui est un inconvénient en technologie.

La représentation en perspective est une technique difficile à maîtriser ; elle exige un certain sens artistique. Elle fait appel au concept de **point de fuite**, un point où convergent des lignes normalement parallèles. Les représentations les plus courantes sont la perspective à un point de fuite et la perspective à deux points de fuite.

LA PERSPECTIVE À UN POINT DE FUITE

Le point de fuite dans une perspective à un point de fuite se trouve à l'horizon (voir la figure 20.5). Tous les rayons visuels y convergent. Les dessins réalisés selon cette perspective sont assez réalistes, car la taille des objets diminue en fonction de leur distance par rapport à l'observateur ou l'observatrice. Cependant, la représentation de la profondeur dépend du talent de l'artiste. Le devant de l'objet paraîtra moins naturel selon la position du point de fuite.

LA PERSPECTIVE À DEUX POINTS DE FUITE

Les points de fuite dans une perspective à deux points de fuite se trouvent à l'horizon, de part et d'autre de l'objet (voir la figure 20.6). Les dessins utilisant la perspective à deux points de fuite sont encore plus réalistes que ceux à un seul point de fuite. Cependant, leur réalisme dépend grandement du talent de l'artiste et il est difficile de représenter des objets circulaires, car ils prennent une forme ellipsoïdale.

Les expositions universelles

Le concept d'exposition universelle est né au milieu du XIXe siècle. On a conçu ces expositions pour présenter les réalisations industrielles des différentes nations. Depuis, elles sont devenues, au rythme d'environ une tous les cinq ans, de grandes manifestations culturelles. Chaque pays participant y construit un pavillon pour le représenter.

D'importantes réalisations architecturales ont lieu à l'occasion des expositions universelles. La tour Eiffel à Paris et la Biosphère à Montréal en sont deux exemples. Les projets d'urbanisme sont aussi à l'honneur : le métro de Montréal a été construit à l'occasion d'Expo 67 – le nom donné à l'exposition universelle tenue à Montréal en 1967.

Avant de réaliser une exposition universelle, on en construit une maquette, c'est-à-dire une représentation à l'échelle de l'aménagement du site, des pavillons, etc. Grâce aux progrès de l'informatique, les maquettes font de plus en plus place aux modélisations 3D.

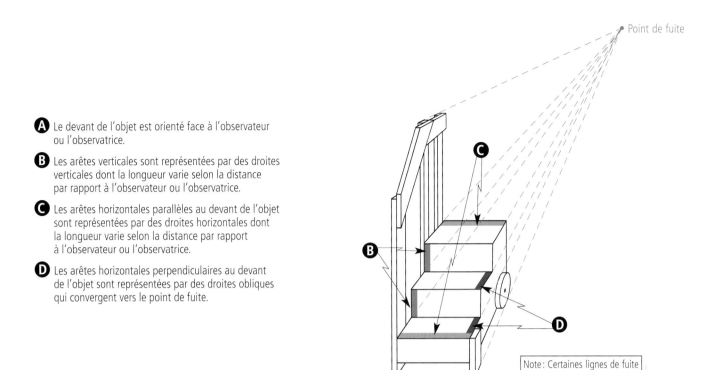

A Le devant de l'objet est orienté face à l'observateur ou l'observatrice.

B Les arêtes verticales sont représentées par des droites verticales dont la longueur varie selon la distance par rapport à l'observateur ou l'observatrice.

C Les arêtes horizontales parallèles au devant de l'objet sont représentées par des droites horizontales dont la longueur varie selon la distance par rapport à l'observateur ou l'observatrice.

D Les arêtes horizontales perpendiculaires au devant de l'objet sont représentées par des droites obliques qui convergent vers le point de fuite.

Point de fuite

Note : Certaines lignes de fuite ont été omises.

Figure 20.5 > La représentation d'un marchepied en perspective à un point de fuite

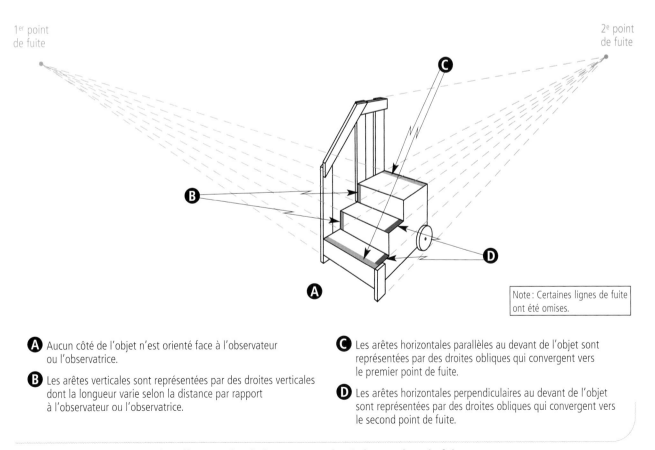

1er point de fuite

2e point de fuite

Note : Certaines lignes de fuite ont été omises.

A Aucun côté de l'objet n'est orienté face à l'observateur ou l'observatrice.

B Les arêtes verticales sont représentées par des droites verticales dont la longueur varie selon la distance par rapport à l'observateur ou l'observatrice.

C Les arêtes horizontales parallèles au devant de l'objet sont représentées par des droites obliques qui convergent vers le premier point de fuite.

D Les arêtes horizontales perpendiculaires au devant de l'objet sont représentées par des droites obliques qui convergent vers le second point de fuite.

Figure 20.6 > La représentation d'un marchepied en perspective à deux points de fuite
La perspective à deux points de fuite vise à améliorer la représentation de l'objet.

Les projections

Les **projections** sont des représentations techniques d'un objet qui permettent de conserver une grande partie de ses dimensions. Les côtés parallèles d'un objet illustré sont proportionnels à ceux de l'objet réel, quelle que soit la profondeur à laquelle ils sont situés. Ainsi, **on peut mesurer les différentes parties de l'objet** sur l'illustration.

Lorsque les trois dimensions de l'objet sont assez semblables, le dessin exécuté par projection demeure assez réaliste. Pour illustrer les trois dimensions sur papier, on utilise du papier quadrillé ou du papier à grille isométrique. Les projections les plus courantes sont la projection oblique, la projection isométrique et la projection orthogonale à vues multiples.

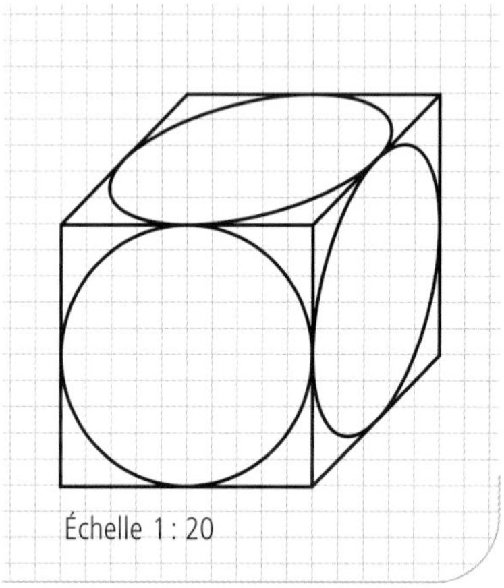

LA PROJECTION OBLIQUE

La **projection oblique** est semblable à la perspective à un point de fuite, sauf que le point de fuite est à l'infini. Les lignes qui délimitent la profondeur de l'objet sont donc parallèles. En utilisant ce type de projection, on ne cherche pas à donner une impression de réalité, comme avec la perspective à un point de fuite : sur le côté et sur le dessus, les angles sont déformés et les cercles ont l'apparence d'ellipses (voir la figure 20.7). La projection oblique permet cependant de bien mesurer la profondeur d'un objet (voir la figure 20.9).

LA PROJECTION ISOMÉTRIQUE

La **projection isométrique** est semblable à la perspective à deux points de fuite, sauf que les points de fuite sont à l'infini. Les lignes horizontales dans le sens de la largeur forment un groupe de lignes parallèles. C'est le cas aussi des lignes horizontales dans le sens de la profondeur.

Pour illustrer un cube en projection isométrique, il faut se placer face à un coin supérieur et regarder en direction du coin inférieur opposé (voir la figure 20.8 Ⓐ). On observe alors que les trois axes (hauteur, largeur et profondeur) sont séparés par le même angle. Par contre, les angles sont déformés et les cercles ont l'apparence d'ellipses sur tous les côtés (voir la figure 20.8 Ⓑ). Cette façon d'illustrer un objet permet de rendre facilement les trois dimensions, car elles sont à la même échelle (voir la figure 20.10).

Échelle 1 : 20

Figure 20.7 > La déformation des cercles et des angles dans une projection oblique

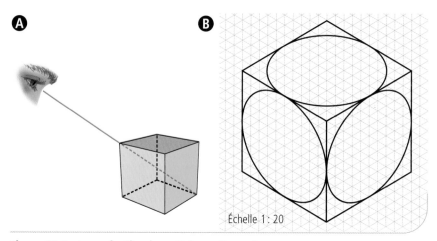

Échelle 1 : 20

Figure 20.8 > La projection isométrique d'un cube

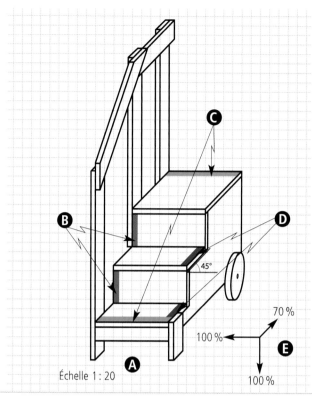

A Le devant de l'objet est orienté face à l'observateur ou l'observatrice.

B Les arêtes verticales sont représentées par des droites verticales dont la longueur reste constante, quelle que soit la distance par rapport à l'observateur ou l'observatrice.

C Les arêtes horizontales parallèles au devant de l'objet sont représentées par des droites horizontales dont la longueur reste constante, quelle que soit la distance par rapport à l'observateur ou l'observatrice.

D Les arêtes horizontales qui s'éloignent sont représentées par des droites obliques à 45° de l'horizontale.

E Pour donner plus de réalisme au dessin, on réduit les mesures de profondeur à 70 % de leur valeur réelle.

Figure 20.9 > La projection oblique d'un marchepied

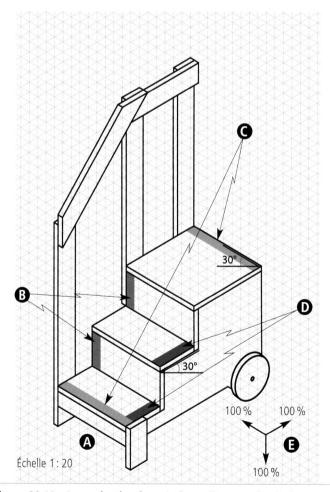

A Aucun côté de l'objet n'est orienté face à l'observateur ou l'observatrice.

B Les arêtes verticales sont représentées par des droites verticales dont la longueur reste constante, quelle que soit la distance par rapport à l'observateur ou l'observatrice.

C Les arêtes horizontales parallèles au devant de l'objet sont représentées par des droites obliques à 30° de l'horizontale.

D Les arêtes horizontales perpendiculaires au devant de l'objet sont représentées par des droites obliques à 30° de l'horizontale.

E Toutes les mesures de largeur, de hauteur et de profondeur sont représentées à la même échelle (elles sont isométriques).

Figure 20.10 > La projection isométrique d'un marchepied

Les représentations 3D et les jeux vidéo

Observez bien quelques jeux vidéo, et vous constaterez que les perspectives et les projections y sont passablement exploitées. Ainsi, on utilise la projection isométrique dans la création de nombreux jeux de stratégie. Grâce à cette technique, les constructions semblent plus réelles que nature. Dans les jeux de course de voitures, la perspective à un point de fuite est très efficace. On a vraiment l'impression de se trouver devant une vraie route.

Toutes les deux secondes, on élimine une surface de forêt équivalant à un terrain de soccer pour fabriquer du papier. En plus de contribuer à l'érosion, cette destruction des forêts met en péril la survie de plusieurs espèces animales et végétales.

LA PROJECTION ORTHOGONALE À VUES MULTIPLES

La **projection orthogonale à vues multiples** présente les six côtés d'un objet. Chaque côté correspond à ce que verrait l'observateur ou l'observatrice en se plaçant perpendiculairement à l'objet : face, dessus, dessous, arrière, côté gauche et côté droit.

En regardant successivement à travers chaque côté d'une boîte transparente, on peut observer l'objet de six façons différentes (voir la figure 20.11).

Cette projection permet de représenter à l'échelle toutes les mesures de l'objet. De plus, les cercles et les angles ne sont pas déformés. Cependant, elle ne représente pas simultanément les trois dimensions de l'objet. On dessine dans le même plan toutes les parties que l'observateur ou l'observatrice voit, quelle qu'en soit la position réelle par rapport à la profondeur (voir la figure 20.12).

Figure 20.11 > La projection orthogonale

ZOOM sur la **santé**

LA TENDINITE

Le suffixe *-ite* sert à former des noms de maladies de nature inflammatoire. Par exemple, la tendinite est l'inflammation d'un tendon. Elle est causée par des mouvements répétitifs des articulations. Le traitement d'une tendinite nécessite le changement des mouvements à l'origine du problème. Si la tendinite n'est pas traitée adéquatement, le tendon finira par guérir, mais il perdra de sa souplesse.

La « tendinite de la souris » est l'inflammation des tendons du poignet chez les personnes qui passent beaucoup de temps à l'ordinateur, comme les graphistes. Pour traiter ce type de tendinite, on peut modifier l'angle de prise de la souris, s'en servir de l'autre main ou la remplacer par une souris plus ergonomique.

LA BIOMÉTRIE

La biométrie est l'analyse mathématique des caractéristiques biologiques d'une personne, destinée à déterminer son identité de manière irréfutable. Elle repose sur le principe de la reconnaissance de ces caractéristiques, qui varient d'un individu à l'autre. Les empreintes digitales, comme l'empreinte de la paume, sont propres à chaque être humain. L'iris, la rétine et l'ADN sont autant de caractéristiques qui concourent à identifier un individu donné. À elle seule, la biométrie du visage ne permet pas l'identification à coup sûr d'une personne, mais on l'utilise dans certains lieux publics, par exemple les aéroports, comme mesure de sécurité.

Note :
- Les six côtés de l'objet sont représentés séparément face à l'observateur ou l'observatrice.
- Les arêtes de chaque vue sont représentées par des droites dont la longueur est constante, quelle que soit leur distance par rapport à l'observateur ou l'observatrice.
- Les arêtes perpendiculaires à la vue illustrée ne sont pas apparentes.
- Toutes les mesures de largeur, de hauteur et de profondeur sont à la même échelle.

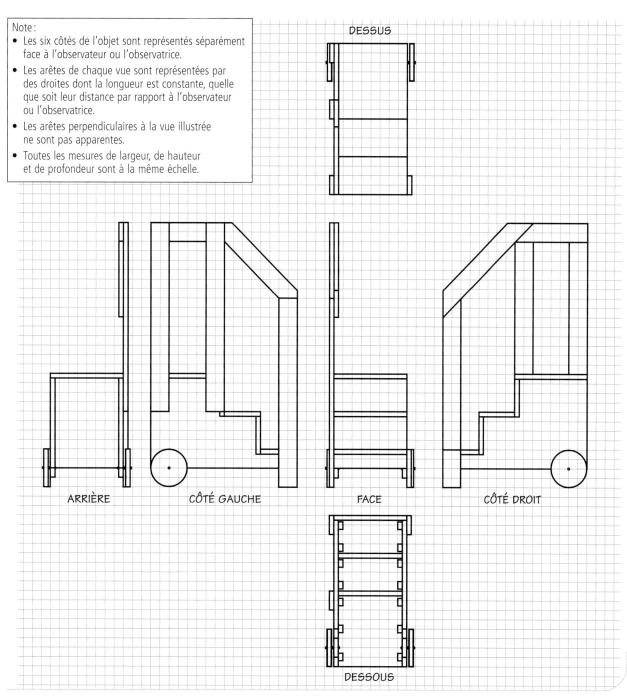

Figure 20.12 > La projection orthogonale à vues multiples d'un marchepied

La vue intérieure

Le dessin technique d'un objet doit fournir toutes les informations nécessaires à sa fabrication, tant sur l'extérieur que sur l'intérieur. Savez-vous comment montrer les parties d'un objet technique qui ne se voient pas de l'extérieur ? Savez-vous comment exécuter la coupe d'un objet pour en montrer les parties cachées ?

Les détails cachés

Certaines pièces d'un objet technique peuvent être moins apparentes que d'autres ou même être entièrement cachées par d'autres. Il est alors souhaitable d'illustrer le contour de ces pièces, comme si on les voyait par transparence. Pour le faire, on utilise des lignes discontinues (voir la figure 20.13).

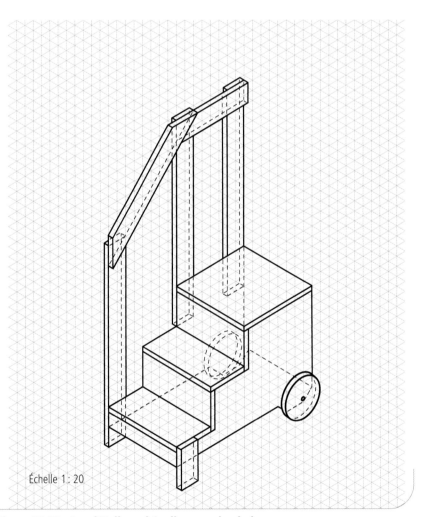

Échelle 1 : 20

Figure 20.13 > Les détails cachés d'un marchepied
Des lignes discontinues, formées par des traits moyens de même longueur, permettent d'illustrer le mode de fixation des roues, un détail qui, autrement, resterait caché.

L'imagerie médicale dans les travaux de Brenda Milner

Née en 1918, la neuropsychologue Brenda Milner s'est fait connaître comme l'une des plus grandes scientifiques au Québec. Ses travaux, effectués à l'aide de techniques d'imagerie médicale sophistiquées, ont permis de mieux comprendre la mémoire humaine. C'est l'étude de H. M., un patient opéré pour épilepsie, qui a fait sa notoriété. Après son opération, H. M. souffrait d'amnésie antérograde, c'est-à-dire qu'il était incapable de se souvenir de nouvelles informations. Chaque fois qu'il travaillait avec la docteure Milner, il ne se souvenait pas de l'avoir déjà rencontrée. Il était pourtant en mesure d'apprendre de nouvelles tâches motrices, comme dessiner. Grâce à ce patient, Brenda Milner a découvert l'existence de deux types de mémoires : la mémoire procédurale et la mémoire épisodique.

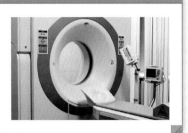
La coupe

Pour effectuer des coupes adéquates et utiles en dessin technique, il faut apprendre à visualiser les détails cachés. On commence par déterminer le **plan de coupe**, c'est-à-dire l'endroit où couper l'objet, et l'axe dans lequel on le coupera. On peut indiquer le plan de coupe à l'aide d'une ligne d'axe de coupe. La partie de l'objet à conserver est indiquée par les flèches (voir la figure 20.14).

On effectue ensuite la coupe fictive selon le plan de coupe, ce qui permet de dessiner l'objet tronqué. En dessin technique, l'illustration d'une **coupe** comprend la partie de l'objet située derrière l'axe de coupe et la surface de coupe, qu'il faut hachurer (voir la figure 20.15). On peut alors illustrer l'objet coupé à l'aide de la projection la plus appropriée.

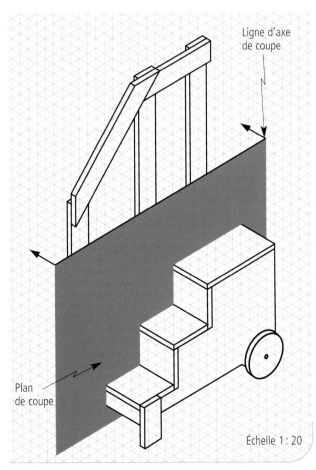

Figure 20.14 > **Le plan de coupe**

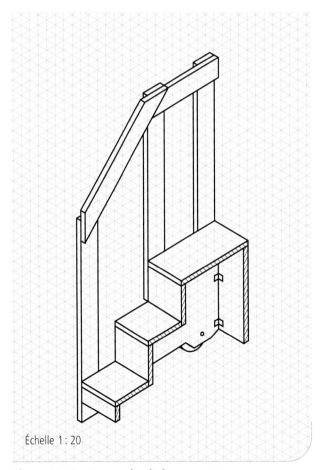

Figure 20.15 > **Un marchepied vu en coupe**

Les normes et les conventions

Une designer allemande de Berlin envoie par courriel à un ingénieur chinois travaillant à Beijing les plans de l'une de ses inventions. L'une et l'autre ne parlent que leur langue maternelle. Pourtant, l'ingénieur pourra interpréter les plans de l'architecte grâce aux normes et aux conventions du dessin technique. Comment doit-on tracer les traits ? Comment les mesures sont-elles indiquées ? Qu'est-ce qu'un dessin à l'échelle ? Quelle est l'utilité du cartouche ?

Les lignes conventionnelles de base

Les **lignes conventionnelles de base** servent à construire un objet et à en illustrer le contour (voir le tableau 20.1). On attribue une signification particulière aux éléments suivants :

- épaisseur du trait ;
- discontinuité de la ligne ;
- longueur des traits qui forment une ligne discontinue ;
- regroupement de lignes.

Tableau 20.1 > Les lignes conventionnelles de base

APPELLATION	DESCRIPTION	UTILISATION
Ligne de construction	Trait fin et continu.	Sert dans l'ébauche du dessin ; doit être effacée dans le tracé final.
Ligne de contour visible	Trait fort et continu.	Marque les contours visibles d'un objet.
Ligne de contour caché	Ligne discontinue, formée par des traits moyens de même longueur.	Marque les contours de parties qui sont à l'intérieur d'un objet ou qu'on ne voit pas.
Ligne d'axe	Ligne discontinue, formée par l'alternance de traits fins longs et courts.	Indique le centre d'un objet ou d'une composante circulaire d'un objet.
Ligne d'axe de coupe	Trait fort et continu dont chaque extrémité se termine par une flèche indiquant le sens de la coupe.	Indique l'endroit où un objet doit être coupé (trait fort) et la partie de l'objet à conserver (flèches).
Hachures	Ensemble de traits fins, parallèles et obliques.	Indiquent la surface où un objet est coupé.

Les cotes

Les **cotes** sont les mesures des différentes parties de l'objet. Elles comprennent aussi bien les longueurs des sections que les angles qui les terminent. Elles servent également à préciser le diamètre des cercles ou le rayon des parties arrondies. On les exprime à l'aide de lignes de cotes (voir le tableau 20.2).

La **cotation** est le report de ces mesures sur le dessin. Elle est toujours effectuée sur un dessin à deux dimensions provenant d'une des six vues de la projection orthogonale à vues multiples.

Les cotes correspondent aux dimensions réelles de l'objet. On exprime les mesures de longueur en millimètres et on les inscrit sans symbole d'unité. Les mesures d'angle sont exprimées en degrés, accompagnées du symbole approprié.

Tableau 20.2 > Les principales lignes utilisées pour la cotation

APPELLATION	DESCRIPTION	UTILISATION
Ligne d'attache	Trait fin et continu qui ne touche pas l'objet.	Délimite les extrémités d'une ligne de cote.
Ligne de cote (longueur)	Ligne formée de deux traits fins et discontinus, et terminés par une flèche qui touche une ligne d'attache. Le nombre correspondant à la mesure se trouve entre les deux traits ou tout près.	Indique la longueur délimitée par deux lignes d'attache.
Ligne de cote (angle)	Ligne formée de deux traits fins, arrondis ou inclinés, et terminés par une flèche qui touche une ligne d'attache. Le nombre correspondant à la mesure se trouve entre les deux traits ou tout près.	Indique l'ouverture de l'angle formé par deux lignes d'attache.
Ligne de cote (courbe)	Ligne formée par un trait fin et terminé par une flèche qui touche une courbe. Le nombre correspondant à la mesure se trouve tout près et le centre de la courbe est marqué d'une croix.	Indique un rayon (nombre précédé du symbole « R ») ou un diamètre (nombre précédé du symbole « ∅ »).
Ligne de renvoi	Ligne formée par un trait fin et terminée par une flèche.	Relie une information textuelle ou une cote à une partie du dessin.

L'échelle

Certains objets sont trop gros ou trop petits pour qu'on puisse les dessiner en grandeur réelle. Pour respecter les dimensions de l'objet, on utilise une échelle. L'**échelle** est le rapport entre les dimensions du dessin et celles de l'objet réel. L'objet dessiné à l'échelle conserve donc les proportions de l'objet réel.

Les échelles sont très utiles pour les cartes géographiques et les cartes routières. Sur la carte de la figure 20.17, l'échelle est de 1 : 5 000 000. Pour mieux voir les routes principales, on a réduit 5 000 000 de fois les distances réelles. Dans une échelle de réduction, le premier nombre est toujours 1 et le nombre qui suit le deux-points correspond au nombre de fois que les dimensions de l'objet ont été réduites.

Pour faire ressortir les détails d'un objet très petit, on peut le dessiner plus gros. Dans une échelle d'agrandissement, le premier nombre indique le nombre de fois que les dimensions de l'objet ont été agrandies et le nombre qui suit le deux-points est toujours 1 (voir la figure 20.16).

Afin de faciliter les calculs et l'interprétation d'une échelle, on utilise généralement les facteurs d'échelle suivants : 1, 2, 5, 10, 20, 50, 100, 200, 500, etc.

Figure 20.16 > Un nanorobot à l'échelle de 1000 : 1
Grâce aux progrès de la technologie, on pourra vraisemblablement injecter dans les vaisseaux sanguins d'un individu des nanorobots capables d'effectuer des chirurgies. La taille d'un tel nanorobot équivaut à celle d'une dizaine de globules rouges !

1 : 5 000 000

0   100   200 km

Figure 20.17 > Une carte routière à l'échelle de 1 : 5 000 000
Sur la carte, la distance entre Montréal et Québec est de 5,0 cm. Cette mesure équivaut, dans la réalité, à 25 000 000 cm ou 250 km.

Le cartouche

Le **cartouche** est un cadre, généralement divisé en cases et situé dans le coin inférieur droit d'un dessin technique (voir la figure 20.18). Il fait partie intégrante du dessin et rassemble, de façon claire et concise, diverses informations, par exemple :

- le nom de l'objet ;
- le numéro du dessin ;
- le titre du dessin ;
- le type de projection utilisé ;
- l'échelle ;
- le nom de la personne qui a réalisé le dessin ;
- la date de réalisation du dessin.

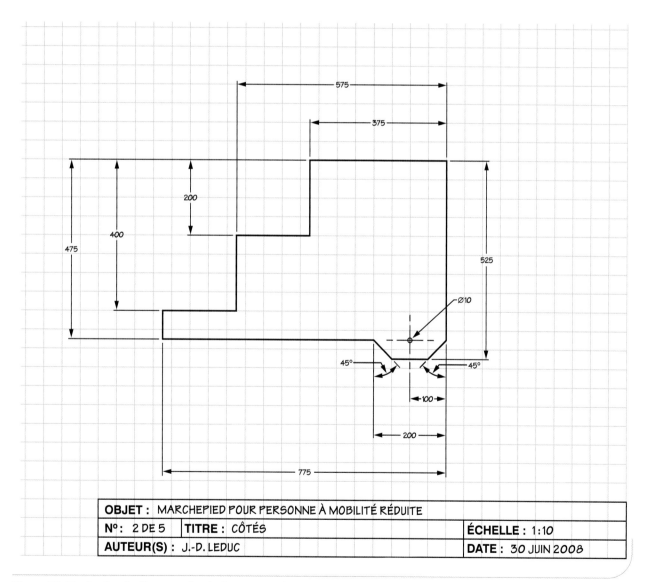

OBJET : MARCHEPIED POUR PERSONNE À MOBILITÉ RÉDUITE		
N° : 2 DE 5 TITRE : CÔTÉS	ÉCHELLE : 1:10	
AUTEUR(S) : J.-D. LEDUC	DATE : 30 JUIN 2008	

Figure 20.18 > Le dessin d'un marchepied avec cotation et cartouche
Tous les éléments d'un dessin technique (lignes, cartouche, cotation, texte) doivent être exécutés avec soin.

Concepts clés

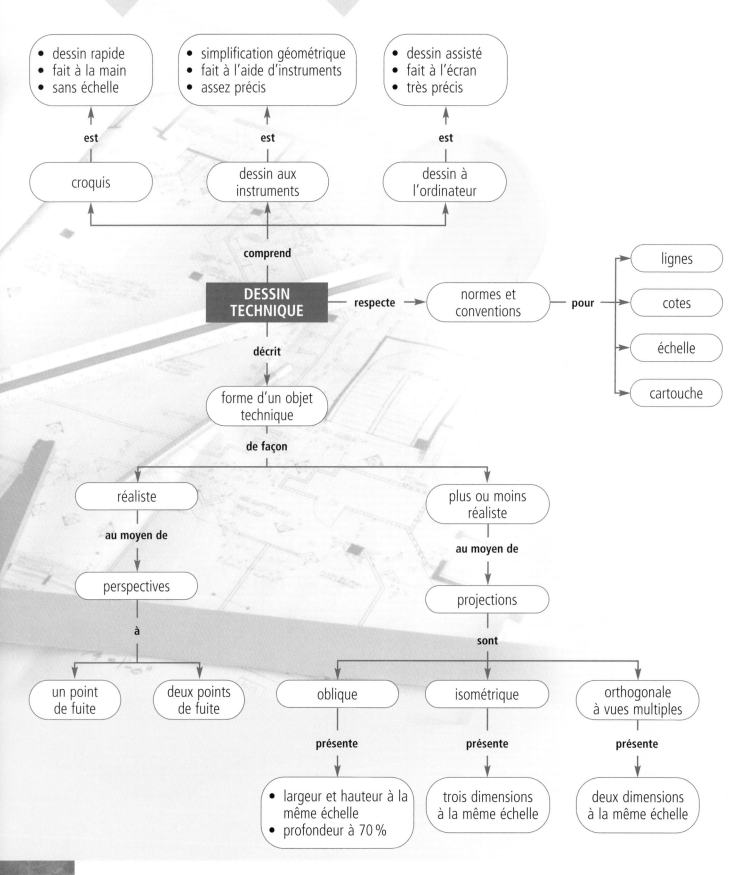

- dessin rapide
- fait à la main
- sans échelle

est

- simplification géométrique
- fait à l'aide d'instruments
- assez précis

est

- dessin assisté
- fait à l'écran
- très précis

est

croquis

dessin aux instruments

dessin à l'ordinateur

comprend

DESSIN TECHNIQUE

respecte

normes et conventions

pour

lignes

cotes

échelle

cartouche

décrit

forme d'un objet technique

de façon

réaliste

plus ou moins réaliste

au moyen de

au moyen de

perspectives

projections

à

sont

un point de fuite

deux points de fuite

oblique

isométrique

orthogonale à vues multiples

présente

présente

présente

- largeur et hauteur à la même échelle
- profondeur à 70 %

trois dimensions à la même échelle

deux dimensions à la même échelle

1 Qui suis-je ?

a) Je suis un dessin rapide et peu précis.

b) Dans une projection oblique, on réduit mes mesures à 70 %.

c) Je suis une représentation réaliste d'un objet dans laquelle seules les hauteurs sont tracées parallèlement.

d) Je suis un trait fin qui sert à délimiter une mesure dans un dessin technique.

e) Je suis une ligne utilisée pour indiquer les contours non apparents d'un objet dans un dessin technique.

f) Dans un dessin technique, ma mesure est toujours précédée d'un cercle traversé par une ligne oblique.

g) Je rassemble les informations qui accompagnent un dessin technique.

h) Dans un dessin technique, je précise le rapport entre les dimensions du dessin et celles de l'objet réel.

2 Dans chaque cas, faites ressortir trois ressemblances entre les types de représentations.

a) La perspective à un point de fuite et la perspective à deux points de fuite.

b) La perspective à un point de fuite et la projection oblique.

3 Quelles techniques de dessin permettent de montrer des parties non apparentes d'un objet ?

4 Nommez les six vues d'une projection orthogonale à vues multiples.

5 À l'aide de la projection orthogonale à vues multiples, représentez sur un papier quadrillé le dessus et le côté droit de cette boîte vide. La boîte a une ouverture carrée et deux ouvertures circulaires. Utilisez les couleurs appropriées.

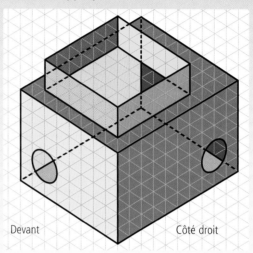

Devant   Côté droit

6 Observez bien les trois représentations suivantes.

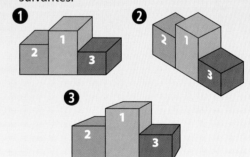

a) Identifiez précisément chacune de ces représentations à l'aide de leurs caractéristiques.

b) Sur quelle(s) représentations(s) est-il possible de déterminer la profondeur du podium ?

c) Quelle information permettrait de déterminer la mesure de la profondeur du podium en se basant sur les représentations ?

hist₂

> LA DÉCOUVERTE DES RAYONS X

À la fin du XIXᵉ siècle, le physicien allemand Wilhelm Röntgen étudie l'effet de l'électricité sur les gaz. Entre autres expériences, il fait passer un courant électrique dans un tube rempli de gaz. En 1895, dans l'obscurité complète de son laboratoire, il met le dispositif en marche et se rend compte que des sels de platinocyanure de baryum qui se trouvent tout près deviennent fluorescents.

Wilhelm Röntgen (1845-1923)

Intrigué, Röntgen poursuit ses expériences sur le sujet. Il constate que les objets placés dans le rayonnement de son dispositif deviennent plus ou moins transparents selon leur épaisseur. Il demande à sa femme de placer sa main sur une plaque photographique. Il actionne son dispositif et obtient la première radiographie de l'histoire. Il publie ses résultats et nomme *rayons X* le mystérieux rayonnement, dont il ignore la vraie nature. Aujourd'hui, on sait qu'il s'agit d'ondes électromagnétiques.

En 1901, Röntgen reçoit le prix Nobel de physique. Aujourd'hui, on utilise sa découverte dans de nombreuses branches de la médecine pour établir des diagnostics. Par exemple, en dentisterie, on peut détecter précocement les caries grâce aux radiographies des mâchoires.

techno₂

> L'ÉCHOGRAPHIE 3D

L'imagerie en trois dimensions fascine bien des gens. Les films d'animation et les jeux vidéo en regorgent. Depuis peu, la technologie 3D déborde largement le cadre du loisir. En effet, il est possible d'observer les mouvements d'un fœtus dans le ventre de sa mère grâce à l'échographie 3D.

Pour les parents, l'échographie utérine, c'est la toute première photo de leur enfant. L'échographie est une technique d'imagerie qui utilise des ultrasons. Elle permet aux médecins de détecter certaines malformations ou maladies chez le fœtus.

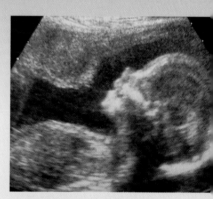

La représentation 2D d'un fœtus

La combinaison des deux technologies, l'imagerie 3D et l'échographie, rend désormais possible la modélisation tridimensionnelle du fœtus. Les ultrasons permettent de « photographier » des plans successifs et rapprochés de coupes transversales. Grâce à l'informatique, on reconstitue les images 3D et on en fait le montage.

Bien que spectaculaires, ces films 3D ne font pas partie du suivi médical ordinaire. Personne n'a encore prouvé que l'échographie 3D constitue un risque pour la vie ou la santé du fœtus ; cependant, la chaleur des ondes peut, théoriquement, lui nuire.

La représentation 3D d'un fœtus

L'architecte conçoit la construction ou la modification de bâtiments résidentiels, commerciaux ou institutionnels. Le travail comprend l'établissement de plans et devis, la réalisation d'esquisses et de maquettes, les contacts avec la clientèle et la supervision du travail sur le chantier. De la sécurité à l'esthétisme d'un édifice, en passant par son caractère fonctionnel, l'architecture est un domaine lié autant aux sciences qu'à l'art. L'architecte peut travailler à son compte, pour une firme spécialisée ou pour le gouvernement.

Elena travaille comme architecte depuis deux ans dans un bureau d'architectes. Avant de se lancer dans les esquisses, elle rencontre le client ou la cliente afin de bien déterminer ses besoins et son budget. Cette étape est basée sur l'échange d'informations : matériaux, style architectural, dimensions, etc. Par la suite, Elena estime le coût des travaux et établit un calendrier d'exécution. Elle prépare aussi des esquisses, des maquettes, etc., pour bien présenter son projet. Elle s'assure que chaque détail respecte les normes de construction en vigueur. Une fois le projet approuvé, Elena commence à dessiner les plans. Au besoin, elle demande conseil à ses collègues et aux autres spécialistes qui participent au projet. Quand les plans sont terminés et approuvés par le client ou la cliente, la construction peut commencer. Sur le chantier, Elena s'assure que le travail est conforme aux plans.

Elena doit faire preuve de rigueur dans son travail. L'approximation ne fait pas bon ménage avec l'architecture. Une simple erreur de calcul dans la résistance des matériaux peut en effet être catastrophique. C'est pourquoi Elena a le souci du détail et du travail bien fait. Elle a beaucoup d'entregent et adore le travail en équipe, deux qualités essentielles dans son domaine. Dotée d'une curiosité intellectuelle pour les sciences et passionnée par l'art en général, elle est tout à fait heureuse dans son travail.

Pour devenir architecte, Elena a d'abord obtenu un baccalauréat spécialisé en design architectural, puis une maîtrise professionnelle en architecture. Par la suite, elle a fait un stage et a passé les examens d'admission de l'Ordre des architectes du Québec.

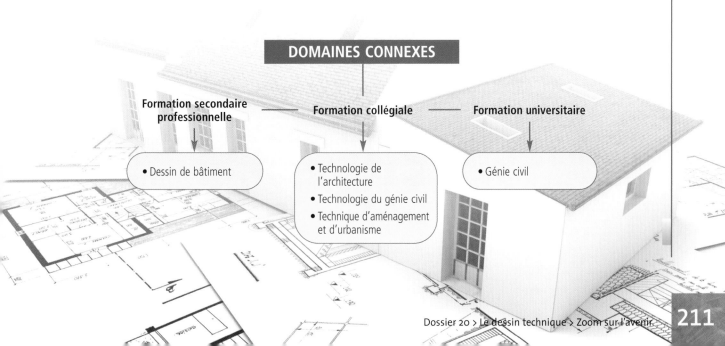

DOMAINES CONNEXES

Formation secondaire professionnelle
- Dessin de bâtiment

Formation collégiale
- Technologie de l'architecture
- Technologie du génie civil
- Technique d'aménagement et d'urbanisme

Formation universitaire
- Génie civil

Dossier 21 > Les mouvements mécaniques

Il y a tellement de machines autour de nous que nous les remarquons à peine. Leur invention a pourtant marqué un tournant décisif dans l'histoire de l'humanité. La révolution industrielle a commencé avec l'invention de la machine à vapeur. Les machines inventées depuis font appel à plusieurs fonctions mécaniques de base. Ces machines ont entraîné des progrès technologiques dans toutes les sphères de la société: agriculture, économie, transport, sciences, médecine, etc.

{ La propriété intellectuelle est un sujet brûlant d'actualité. On cherche, entre autres, à réglementer le téléchargement de films et de chansons, de manière à rendre justice aux créateurs et créatrices. Dans le cas des inventions, on protège les aspects techniques d'un nouveau produit ou processus par un brevet. En tant qu'individus, comment pouvons-nous respecter la propriété intellectuelle, quel que soit le domaine visé? }

SOS

La formation d'une population et la vie en société sont des moyens naturels d'assurer la survie de toute espèce vivante, y compris celle de l'être humain. Pour prospérer, les populations humaines font aussi du commerce.

Comment la pratique du commerce peut-elle mettre en péril la survie de l'espèce humaine ?

L'être humain

Liens

... vu de l'intérieur

Dossier 16 > Le système musculosquelettique

Un organe de liaison sert à relier les pièces d'un mécanisme qu'on veut immobiliser ou dont on veut limiter le mouvement. On trouve également des organes de liaison dans le corps humain. Comment les os sont-ils reliés ?

p. 104

... et la matière

Dossier 18 > Le comportement des fluides

La transmission du mouvement peut être assurée par des organes mécaniques de type roue dentée et chaîne ou poulies et courroie. On peut aussi utiliser des fluides à cette fin. Quels types d'appareils utilisent des fluides pour transmettre le mouvement ?

p. 146

... et la technologie

Dossier 20 > Le dessin technique

Pour représenter les forces exercées sur un organe mécanique et les mouvements qui en résultent, on utilise des flèches de formes diverses. Comment les distingue-t-on des lignes de renvoi utilisées en dessin technique ?

p. 192

Les fonctions mécaniques élémentaires

>>> **OUTIL 11**, p. 253

Qu'est-ce qu'un mécanisme et le corps humain ont en commun ? Ils sont tous les deux formés de pièces multiples. Les objets techniques, tout comme le corps humain, fonctionnent grâce à l'action concertée de leurs différents organes.

Dans un objet technique, les **organes** sont des composantes solides, liquides et parfois gazeuses qui remplissent un rôle précis. On désigne par **fonction mécanique élémentaire** chacun des rôles que peut jouer un organe. Les principales fonctions mécaniques élémentaires sont la liaison, le guidage, la lubrification, l'étanchéité et le support.

La liaison

Une pièce qui en relie une ou plusieurs autres a une **fonction de liaison**. Les pièces peuvent être maintenues ensemble à l'aide d'une soudure, d'une vis, d'un clou ou d'un matériau liant tel que la colle. C'est ce qu'on appelle des **organes de liaison**. Les pièces peuvent aussi être réunies grâce à leur complémentarité. Par exemple, un couvercle s'adapte à un plat parce que leurs formes sont complémentaires. On classe les liaisons selon quatre caractéristiques (voir la figure 21.1).

LES TYPES DE LIAISONS

- Une **liaison directe** unit deux parties sans l'aide d'aucun autre objet (voir la figure 21.1 **A**). Une **liaison indirecte** relie les parties grâce à un organe de liaison, tel qu'une vis ou une couture (voir la figure 21.1 **B**).

- Si l'on peut démonter et assembler un objet de nouveau sans endommager les pièces ni l'organe de liaison, il s'agit d'une **liaison démontable** (voir la figure 21.1 **C**). Dans le cas contraire, il s'agit d'une **liaison indémontable** (voir la figure 21.1 **D**).

- Quand une pièce se déforme au contact d'une autre, c'est une **liaison élastique** (voir la figure 21.1 **E**). À l'opposé, une **liaison rigide** comporte des pièces qui ne se déforment pas (voir la figure 21.1 **F**).

- Quand les pièces liées permettent un mouvement de rotation ou de translation, on a affaire à une **liaison partielle** (voir la figure 21.1 **G**). Dans une **liaison complète**, les pièces assemblées sont fixes, elles ne peuvent pas bouger (voir la figure 21.1 **H**).

L'invention au Québec

La mise en marché d'un nouveau produit peut s'avérer compliquée pour les personnes qui n'y connaissent rien. Il existe toutefois des organismes qui peuvent les aider dans leur démarche. Ces organismes épaulent les individus ou les entreprises en les aidant à breveter une invention ou en vérifiant avec eux si un produit similaire a déjà été breveté. Ils peuvent également faire des études de marché, afin de vérifier s'il y a bel et bien une demande pour le produit qu'on veut commercialiser.

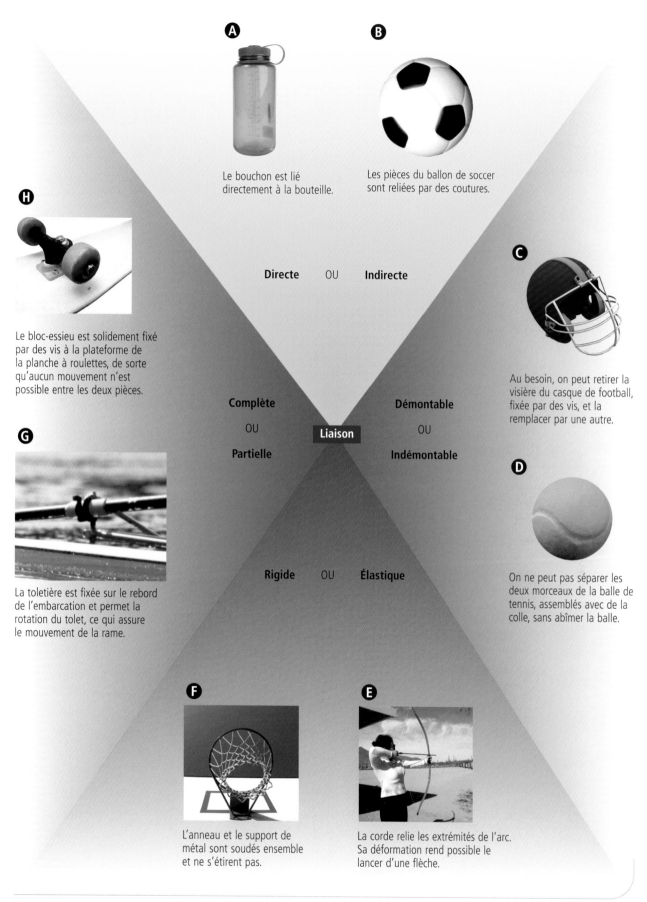

A

Le bouchon est lié directement à la bouteille.

B

Les pièces du ballon de soccer sont reliées par des coutures.

Directe OU **Indirecte**

H

Le bloc-essieu est solidement fixé par des vis à la plateforme de la planche à roulettes, de sorte qu'aucun mouvement n'est possible entre les deux pièces.

C

Au besoin, on peut retirer la visière du casque de football, fixée par des vis, et la remplacer par une autre.

Complète OU **Démontable**

Liaison

Partielle OU **Indémontable**

G

La toletière est fixée sur le rebord de l'embarcation et permet la rotation du tolet, ce qui assure le mouvement de la rame.

D

On ne peut pas séparer les deux morceaux de la balle de tennis, assemblés avec de la colle, sans abîmer la balle.

Rigide OU **Élastique**

F

L'anneau et le support de métal sont soudés ensemble et ne s'étirent pas.

E

La corde relie les extrémités de l'arc. Sa déformation rend possible le lancer d'une flèche.

Figure 21.1 > Les liaisons possibles
Une liaison présente toujours quatre caractéristiques.

Le guidage

Dans un objet technique, certaines pièces ont pour fonction de diriger ou de restreindre le mouvement d'une autre pièce. Elles remplissent alors une **fonction de guidage**.

La fonction de guidage comporte généralement plus d'une condition parmi les suivantes :

- une liaison partielle entre les pièces ;
- un jeu dans la liaison, pour faciliter le mouvement d'une pièce ;
- une course, c'est-à-dire une amplitude au mouvement.

Le mouvement de la pièce guidée entraîne nécessairement un frottement entre les pièces, donc une usure. Ce mouvement peut être rectiligne, circulaire ou une combinaison des deux (voir le tableau 21.1).

LE GUIDAGE EN TRANSLATION

Le **guidage en translation** permet à des pièces de se déplacer en ligne droite. Le mouvement peut s'effectuer dans une seule direction, mais dans les deux sens. On obtient habituellement ce type de guidage à l'aide d'une glissière ou d'un rail. Pour un guidage en translation dans plusieurs directions, on utilise plutôt un appuie-plan, c'est-à-dire une surface plane.

LE GUIDAGE EN ROTATION

Le **guidage en rotation** permet à des pièces de se déplacer en tournant sur elles-mêmes. Le mouvement peut être limité à un seul axe de rotation et s'effectuer dans les deux sens. On obtient habituellement ce type de guidage en rotation à l'aide d'un pivot ou d'un essieu. Pour un guidage en rotation à plusieurs axes, on utilise plutôt une rotule, c'est-à-dire un dispositif formé d'une pièce sphérique pouvant tourner dans un logement creux.

LE GUIDAGE MIXTE

Le **guidage mixte** permet à des pièces de se déplacer en translation et en rotation. Le mouvement est limité à un seul axe de translation et à un seul axe de rotation. La rotation s'effectue autour de l'axe de translation. On obtient habituellement ce type de guidage à l'aide d'un pivot glissant ou d'une vis.

La lubrification

Tout organe qui permet de protéger contre l'usure les pièces qui subissent un frottement assure une **fonction de lubrification**. On lubrifie surtout les organes de guidage. La lubrification maintient la durabilité des objets techniques. L'huile, la graisse, le graphite, la cire, le silicone et le téflon sont des lubrifiants couramment utilisés.

LE SURF DES NEIGES

Les adeptes de surf des neiges aiment bien avoir une planche personnalisée. Certaines sont de véritables œuvres d'art. Cependant, il n'y a pas que la beauté qui compte. Par exemple, le dessous d'une planche à neige doit être rugueux, de façon à augmenter le frottement avec la neige et la faire fondre. La planche glisse beaucoup plus facilement sur l'eau ainsi produite.

Tableau 21.1 > Quelques exemples de la fonction de guidage

TYPE DE GUIDAGE	APPLICATION TECHNOLOGIQUE	APPLICATION AU CORPS HUMAIN
Glissière	Les rails assurent le guidage en translation.	
Appuie-plan	Le tapis assure le guidage en translation dans le plan.	Articulation du pied
Pivot	Essieu L'essieu du patin assure le guidage en rotation.	Articulation du cou
Penture	La penture est une variante de la liaison pivot.	Articulation du coude
Rotule	La boule d'accouplement assure le guidage en rotation dans toutes les directions.	Articulation de l'épaule
Pivot glissant	La tige cylindrique assure le guidage en translation et en rotation de la perceuse.	

DEUX OBJETS TECHNIQUES COMPLÉMENTAIRES

On ne cesse d'améliorer les objets techniques existants. Le vélo ne fait pas exception à la règle, si bien qu'il est possible de rouler de plus en plus vite sur deux roues. Le risque d'un accident s'en trouve accru d'autant. Au Québec, plus de 60 % des personnes mortes à la suite d'un accident de vélo ne portaient pas de casque protecteur. En tombant d'un vélo qui roule à une grande vitesse, on peut se frapper durement la tête contre la chaussée, ce qui peut provoquer une commotion cérébrale. Le crâne est alors violemment secoué et le cerveau se déplace à l'intérieur de la boîte crânienne. La personne accidentée perd connaissance, mais aucune lésion n'est visible. Toutefois, des pertes de mémoire et des maux de tête peuvent survenir. Ces malaises disparaissent habituellement avec la guérison.

Figure 21.2 > **L'étanchéité d'un contenant**

Un joint d'étanchéité, soit une simple rondelle de caoutchouc, empêche les fuites hors du contenant.

L'étanchéité

Tout organe qui sert à empêcher des solides ou des fluides d'entrer ou de sortir d'un objet technique a une **fonction d'étanchéité**. On évite le vieillissement prématuré d'un objet technique en protégeant les pièces contre les infiltrations d'eau ou de poussière. Le simple ajustage de deux pièces procure une excellente étanchéité. Au besoin, on peut insérer un joint d'étanchéité entre les pièces (voir la figure 21.2). Pour fabriquer les organes d'étanchéité, on utilise le plus souvent un matériau compressible, comme le caoutchouc, le liège ou le nylon.

Le support

Une pièce qui en soutient une autre a une **fonction de support**. Elle sert à maintenir la pièce supportée dans une position donnée (voir la figure 21.3).

La fonction de support comporte généralement plus d'une condition parmi les suivantes :

Figure 21.3 > **Des supports à tablette**

Les pièces de bois latérales soutiennent la tablette en position horizontale.

- une liaison complète entre les pièces ;
- une liaison rigide entre les pièces ;
- un organe de support suffisamment résistant.

Les fonctions mécaniques complexes

Avez-vous déjà observé l'aiguille des secondes tourner sur le cadran d'une horloge ou d'une montre ? Le déplacement de la trotteuse, comme on l'appelle, semble fluide et facile. Pourtant, un mécanisme complexe formé de roues dentées, de vis, de ressorts, etc., se trouve derrière le cadran.

Un **mécanisme complexe** est composé de plusieurs pièces dont l'une actionne le mouvement des autres. La pièce qui amorce le mouvement sous l'effet d'une force est l'**organe moteur (o.m.)**. La pièce qui transfère le mouvement d'un organe à un autre est un **organe intermédiaire (o.i.)**. La dernière pièce, mise en mouvement grâce aux autres, est l'**organe récepteur (o.r.)**. S'il n'y a aucun organe intermédiaire, c'est l'organe moteur qui actionne directement l'organe récepteur.

On classe les mécanismes complexes en deux catégories : ceux qui transmettent le mouvement et ceux qui le transforment.

La transmission du mouvement

La fonction d'un **système de transmission du mouvement** est de communiquer le mouvement sans en changer la nature (voir le tableau 21.2 de la page 221). Si le mouvement de départ est rotatif, une pièce soumise à l'action d'un tel système se mettra en rotation. Au cours de la transmission du mouvement, la vitesse ou le sens de la rotation peuvent changer. Les axes de rotation peuvent également former un angle.

Les principaux systèmes de transmission du mouvement sont le mécanisme à roues d'engrenage, le mécanisme à roues de friction, le mécanisme à roues dentées et chaîne, le mécanisme à poulies et courroie, et le mécanisme à vis sans fin et roue dentée.

info+

STRESS OU CONTRAINTE ?

Le mot *stress* n'a pas toujours eu la même signification qu'aujourd'hui. Lorsqu'il est apparu dans les années 1940, ce mot désignait une contrainte, soit une force qui, appliquée sur un corps, tend à le déformer. En génie mécanique, ce mot a été remplacé par *contrainte*. L'emploi du mot *stress*, dans le sens qu'on lui connaît aujourd'hui, soit celui de tension nerveuse éprouvée par un individu, a été popularisé par Hans Selye. Cet emploi a longtemps été critiqué, mais il est maintenant couramment utilisé.

LE MÉCANISME À ROUES D'ENGRENAGE

Le **mécanisme à roues d'engrenage** est composé de deux ou plusieurs roues dentées. Les dents d'une roue, en s'engrenant dans les espaces d'une autre roue dentée, lui transmettent un mouvement de rotation. N'importe quelle roue du système peut amorcer la transmission du mouvement. Ce mouvement est réversible.

LE MÉCANISME À ROUES DE FRICTION

Le **mécanisme à roues de friction** est composé de roues dont la surface est rugueuse. Il est analogue au mécanisme à roues d'engrenage, mais le mouvement est transmis d'une roue à l'autre par simple frottement de leur surface. Ce système offre cependant une moins bonne adhérence que les roues dentées. Le mouvement des roues est réversible.

LE MÉCANISME À ROUES DENTÉES ET CHAÎNE

Le **mécanisme à roues dentées et chaîne** comporte deux roues dentées dont les dents s'emboîtent dans les maillons d'une chaîne. La rotation de la première roue est transmise à la seconde par la chaîne, qui est l'organe intermédiaire. Le mouvement des roues est réversible.

LE MÉCANISME À POULIES ET COURROIE

Le **mécanisme à poulies et courroie** est composé de deux poulies à gorge et d'une courroie. Il est analogue au mécanisme à roues dentées et chaîne, mais le mouvement est transmis par le frottement de la courroie sur les poulies. La courroie, souvent faite de caoutchouc renforcé, est taillée pour épouser le plus parfaitement possible la forme de la gorge de la poulie. Le mouvement des poulies est réversible.

LE MÉCANISME À VIS SANS FIN ET ROUE DENTÉE

Le **mécanisme à vis sans fin et roue dentée** comporte une tige filetée dont le filet s'emboîte dans les dents d'une roue dentée. On ne peut amorcer le mouvement qu'à partir de la vis ; si on essaie de faire tourner la roue dentée, la vis refuse de tourner et se bloque.

Tableau 21.2 > Les mécanismes de transmission du mouvement

MÉCANISMES	PROPRIÉTÉS	EXEMPLES
Roues d'engrenage Nombre de roues pair	Le sens de rotation est inversé. La vitesse de rotation dépend du nombre de dents. • Avantages : aucun glissement, rapport de vitesse constant. • Inconvénients : source de bruit et de vibrations, besoin de lubrification.	
Nombre de roues impair	Le sens de rotation est conservé. La vitesse de rotation dépend du nombre de dents. • Avantages : aucun glissement, rapport de vitesse constant. • Inconvénients: source de bruit et de vibrations, besoin de lubrification.	
Pignons coniques	L'axe de rotation est modifié. La vitesse de rotation dépend du nombre de dents. • Avantages : aucun glissement, rapport de vitesse constant. • Inconvénients : source de bruit et de vibrations, besoin de lubrification.	
Roues de friction	Le sens de rotation est inversé. La vitesse de rotation dépend du diamètre des roues. • Avantage : source de bruit négligeable. • Inconvénients : glissement, intolérance aux corps gras, usure.	
Roues dentées et chaîne	Le sens de rotation est conservé. La vitesse de rotation dépend du nombre de dents. • Avantages : transmission du mouvement à distance, aucun glissement, rapport de vitesse constant, grande force. • Inconvénients : source de bruit et de vibrations, besoin de lubrification, ajustement de la tension de la chaîne.	
Poulies et courroie	Le sens de rotation est conservé. La vitesse de rotation dépend du diamètre des roues. • Avantages : transmission du mouvement à distance, source de bruit négligeable. • Inconvénients : glissement, intolérance aux corps gras, usure de la courroie.	
Vis sans fin et roue dentée	L'axe de rotation est modifié. Le mouvement ne peut pas être amorcé par la roue dentée. La vitesse de rotation dépend du pas de vis et du nombre de dents. • Avantages : aucun glissement, rapport de vitesse constant, réduction considérable de la vitesse. • Inconvénients : besoin de lubrification, ajustement précis des dents de la roue avec le pas de vis.	

La transformation du mouvement

La fonction d'un **système de transformation du mouvement** est de communiquer le mouvement en changeant sa nature (voir le tableau 21.3). Si le mouvement de départ est rotatif, une pièce soumise à l'action d'un tel système se déplacera en translation.

Les principaux systèmes de transformation du mouvement sont le mécanisme à bielle et manivelle, le mécanisme à pignon et crémaillère, le mécanisme à vis et crémaillère, le mécanisme à vis et écrou, et le mécanisme à came et tige-poussoir.

LE MÉCANISME À BIELLE ET MANIVELLE

Le **mécanisme à bielle et manivelle** est composé d'une manivelle reliée à une tige, appelée *bielle*, par un organe de liaison partielle, un pivot. La manivelle amorce un mouvement de rotation, ce qui transmet à la bielle un mouvement de va-et-vient rectiligne. La bielle constitue habituellement un organe intermédiaire.

LE MÉCANISME À PIGNON ET CRÉMAILLÈRE

Le **mécanisme à pignon et crémaillère** est composé d'une roue dentée, appelée *pignon,* dont les dents s'engrènent dans une tige dentée, appelée *crémaillère.* En tournant, le pignon déplace la crémaillère en translation. À l'inverse, en se déplaçant en translation, la crémaillère fait tourner le pignon.

LE MÉCANISME À VIS ET CRÉMAILLÈRE

Le **mécanisme à vis et crémaillère** est composé d'une tige filetée, appelée *vis,* dont les filets s'emboîtent dans une tige dentée, appelée crémaillère. En tournant sur elle-même, la vis déplace la crémaillère en translation. Si l'on essaie de pousser la crémaillère, le mécanisme se bloque.

LE MÉCANISME À VIS ET ÉCROU

Le **mécanisme à vis et écrou** est composé d'une tige filetée, appelée *vis,* insérée dans une pièce percée d'un trou appelé *écrou.* Selon le modèle utilisé, c'est la vis ou l'écrou qui amorce le mouvement. En tournant sur lui-même, un des organes déplace l'autre en translation. Si l'on essaie de pousser la vis ou l'écrou, le mécanisme se bloque.

LE MÉCANISME À CAME ET TIGE-POUSSOIR

Le **mécanisme à came et tige-poussoir** est composé d'une roue de forme ovoïde, appelée *came,* mise en contact avec une tige généralement retenue par un ressort, appelée *tige-poussoir.* En tournant sur elle-même, la came entraîne la tige-poussoir dans un mouvement de va-et-vient. La tige-poussoir ne peut pas entraîner la came parce qu'elle n'y est pas reliée.

Tableau 21.3 > Les mécanismes de transformation du mouvement

MÉCANISMES	PROPRIÉTÉS	EXEMPLES
Bielle et manivelle	Transforme une rotation en translation bidirectionnelle et vice versa. • Avantage : grande vitesse. • Inconvénient : frottement important.	
Pignon et crémaillère	Transforme une rotation en translation et vice versa. • Avantage : force relativement grande. • Inconvénients : usure, besoin de lubrification	
Vis et crémaillère	Transforme une rotation en translation. Le mouvement ne peut pas être amorcé par la crémaillère. • Avantages : grande force, précision de l'ajustement. • Inconvénients : lenteur de la translation, usure, jeu entre les organes.	
Vis et écrou Vis en rotation et écrou en translation	Transforme une rotation en translation. Le mouvement ne peut pas être amorcé par l'écrou. • Avantages : grande force, précision de l'ajustement. • Inconvénients : lenteur de la translation, usure, besoin de lubrification.	
Écrou en rotation et vis en translation	Transforme une rotation en translation. Le mouvement ne peut pas être amorcé par la vis. • Avantages : grande force, précision de l'ajustement. • Inconvénients : lenteur de la translation, usure, besoin de lubrification.	
Came et tige-poussoir	Transforme une rotation en translation bidirectionnelle de faible amplitude. Le mouvement ne peut pas être amorcé par la tige-poussoir. • Avantage : petite taille. • Inconvénients : frottement important, usure.	

La schématisation en mécanique

Pour éviter d'avoir à décrire la fonction mécanique de chacun des organes d'un objet technique, on a généralement recours à la schématisation. Connaissez-vous les symboles normalisés, c'est-à-dire uniformisés, du dessin technique ?

La représentation des liaisons

On représente le type de liaison entre les différents organes d'un objet au moyen de symboles associés aux fonctions mécaniques élémentaires (voir le tableau 21.4).

Tableau 21.4 > Les principaux symboles de liaison

FONCTION MÉCANIQUE	SYMBOLES
Liaison complète (entre deux pièces)	
(entre deux surfaces)	
(par montage serré)	
Liaison partielle (guidage en translation)	
(guidage en rotation)	
(guidage mixte)	
(rotule)	

La représentation des mécanismes

On représente l'agencement des différentes pièces mobiles au moyen de symboles associés aux fonctions mécaniques complexes (voir le tableau 21.5).

Tableau 21.5 > Les principaux symboles des mécanismes

MÉCANISMES	SYMBOLES
Roues d'engrenage	
Roues de friction	
Roues dentées et chaîne	
Poulies et courroie	
Vis sans fin et roue dentée	
Bielle et manivelle	
Pignon et crémaillère	
Vis sans fin et crémaillère	
Vis et écrou	
Came et tige-poussoir	

La représentation des forces et des mouvements

On représente les principes de fonctionnement d'un objet technique au moyen de symboles associés à la force et au mouvement (voir le tableau 21.6).

Tableau 21.6 > Les principaux symboles de force et de mouvement

FORCES ET MOUVEMENTS	SYMBOLES
Force de translation	
Force de compression	
Force de traction	
Force de rotation	
Force de torsion	
Mouvement de translation unidirectionnel	
Mouvement de translation bidirectionnel	
Mouvement de rotation unidirectionnel	
Mouvement de rotation bidirectionnel	
Mouvement hélicoïdal unidirectionnel	
Mouvement hélicoïdal bidirectionnel	

Concepts clés

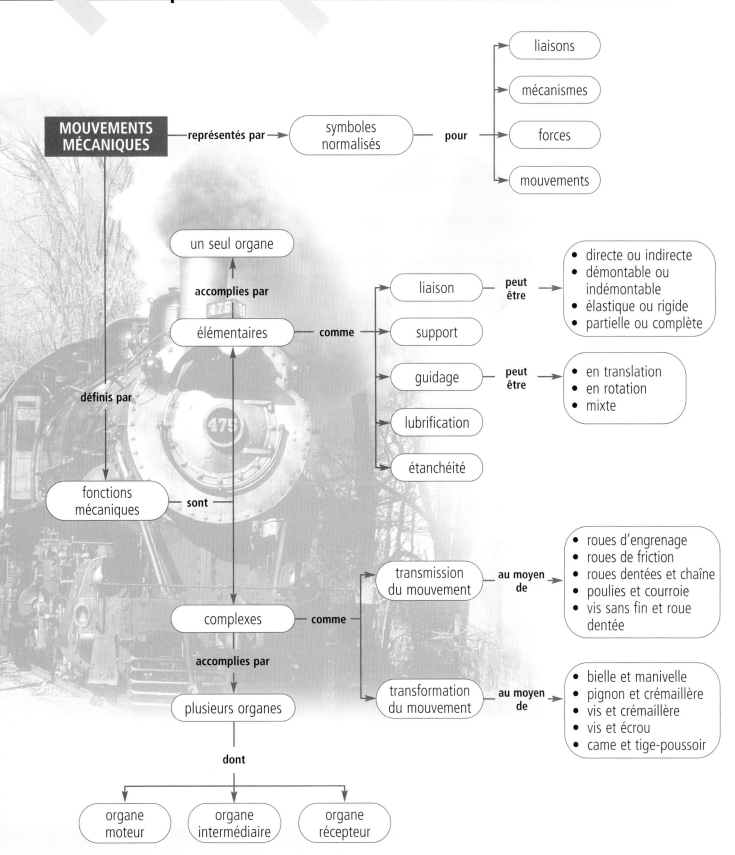

MOUVEMENTS MÉCANIQUES — représentés par → symboles normalisés — **pour** →
- liaisons
- mécanismes
- forces
- mouvements

MOUVEMENTS MÉCANIQUES — définis par → fonctions mécaniques

un seul organe — **accomplies par** — élémentaires

élémentaires — **comme** →
- liaison — **peut être** →
  - directe ou indirecte
  - démontable ou indémontable
  - élastique ou rigide
  - partielle ou complète
- support
- guidage — **peut être** →
  - en translation
  - en rotation
  - mixte
- lubrification
- étanchéité

fonctions mécaniques — **sont** —

complexes — **comme** →
- transmission du mouvement — **au moyen de** →
  - roues d'engrenage
  - roues de friction
  - roues dentées et chaîne
  - poulies et courroie
  - vis sans fin et roue dentée
- transformation du mouvement — **au moyen de** →
  - bielle et manivelle
  - pignon et crémaillère
  - vis et crémaillère
  - vis et écrou
  - came et tige-poussoir

complexes — **accomplies par** — plusieurs organes

plusieurs organes — **dont** →
- organe moteur
- organe intermédiaire
- organe récepteur

1 Dans cette photographie, on utilise un pistolet graisseur pour entretenir les organes d'une direction de vélo.

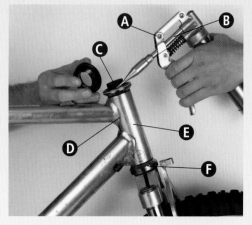

a) Quelles sont les quatre caractéristiques de la liaison assurée par le rivet **A** ?

b) Quelle sont les fonctions de la tige **B** du pistolet graisseur ?

c) Quelle est la fonction assurée par ce qui est appliqué au point **C** ?

d) Quelles sont les quatre caractéristiques de la liaison assurée par la soudure **D** ?

e) Quelle est la fonction assurée par l'élément **E** ?

f) Quelles sont les quatre caractéristiques de la liaison assurée par les éléments vissés aux points **C** et **F** ?

2 Dans chaque cas, expliquez la signification du symbole illustré.

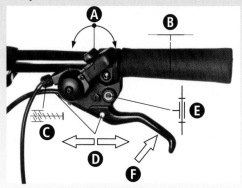

3 Cette photographie montre certains organes d'une lunette astronomique.

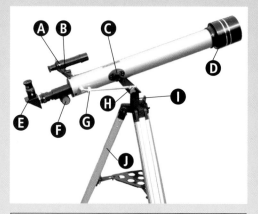

Légende
A Vis de fixation du chercheur
B Support du chercheur
C Vis d'axe d'inclinaison de la lunette
D Parasoleil fileté
E Vis de fixation de l'oculaire
F Molette de mise au point de l'oculaire
G Vis d'ajustement fin de l'inclinaison
H Vis d'ajustement approximatif de l'inclinaison
I Pivot
J Trépied

Dans chaque cas, indiquez par une lettre l'organe ou la partie de la lunette astronomique dont il est question. Justifiez chacune de vos réponses.

a) Quels organes ont une fonction de guidage en translation ?

b) Quels organes ont une fonction de guidage en rotation ?

c) Quels organes ont une fonction de liaison démontable ?

d) Quels organes ont une fonction de liaison partielle ?

e) Quel organe est fixé par une liaison directe ?

f) Quelle partie comprend un mécanisme à vis et écrou ?

g) Quelle partie comprend un mécanisme à pignon et crémaillère ?

h) Quel organe assure la fonction de support ?

> L'HISTOIRE DU VÉLO

Les premiers appareils de locomotion à deux roues apparaissent vers la fin du XVIIIᵉ siècle. Ils sont dépourvus de pédales : c'est la poussée des pieds sur le sol qui permet d'avancer. Les noms qu'on donne à ces appareils sont plutôt évocateurs : bicycle, vélocipède, célérifère, etc.

En 1818, le baron allemand Karl Friedrich Drais von Sauerbronn (1785-1851) se fait remarquer en créant

une « bicyclette » munie d'une direction à pivot : la draisienne, du nom de son inventeur. Ce vélo n'a toujours pas de pédales.

Une draisienne

En 1839, un forgeron écossais, Kirkpatrick MacMillan (1812-1878), conçoit un mécanisme à pédales qu'un forgeron français, Pierre Michaux (1813-1883), perfectionne en 1861. C'est à cette époque que le vélo commence à être commercialisé et devient populaire.

Les bicyclettes ne sont pas encore très rapides, car une révolution complète des pédales n'entraîne qu'une seule révolution des roues. Au cours du dernier quart du XIXᵉ siècle, d'autres inventeurs, comme les Britanniques James K. Starley (1830-1881) et Harry John Lawson (1852-1925), perfectionnent l'appareil. Le système de grand plateau et petit pignon ainsi que la transmission par chaîne font désormais partie du vélo.

Grâce à sa popularité, le vélo profite de nombreuses améliorations au fil des ans : pneus en caoutchouc, chambre à air, frein à disque, suspension, etc.

> LE VÉLO ÉLECTRIQUE

La plupart des vélos électriques fonctionnent à la fois à l'électricité et à l'énergie mécanique. Sur certains modèles, il faut pédaler pour rouler, autrement le vélo n'avance pas.

Les vélos électriques sont munis d'un moteur alimenté par une batterie qu'on peut recharger en la branchant sur une prise électrique pendant trois à six heures. Au Québec comme ailleurs au Canada, l'assistance moteur des vélos électriques est limitée à 32 km/h.

La Société de l'assurance automobile du Québec (SAAQ) permet de circuler en vélo électrique sur la voie publique. Elle impose cependant certaines mesures de sécurité, puisque ce type de vélo peut atteindre une plus grande vitesse qu'une bicyclette ordinaire. Il faut être âgé d'au moins 14 ans et porter un casque. De 14 ans à 18 ans, il faut être titulaire d'un permis de conduire (cyclomoteur, motocyclette ou véhicule de promenade). À partir de 18 ans, aucun permis de conduire n'est nécessaire.

L'équipement du vélo doit respecter les exigences de la Loi sur la sécurité automobile et du Code de la sécurité routière, notamment en ce qui concerne les réflecteurs.

Le montage mécanique en aérospatiale est un travail de minutie. D'abord, il faut interpréter des normes, des méthodes de travail et des manuels. Ensuite, il faut appliquer des techniques de montage, d'installation et de dépannage relatives à diverses composantes des aéronefs. Le travail comporte aussi des travaux d'usinage.

Robert travaille pour un constructeur aérospatial depuis quelques années. Il monte et installe diverses composantes mécaniques sur des avions et des hélicoptères. Ce travail commence par la lecture des schémas d'assemblage et l'examen du matériel nécessaire. Au montage, il doit veiller à bien ajuster chaque pièce. Les dispositifs sur lesquels il travaille sont variés : commandes de pilotage, transmissions, moteurs, systèmes de contrôle de vol, trains d'atterrissage, revêtements extérieurs, systèmes hydrauliques ou mécaniques, etc. Robert doit toujours être à l'affût de la moindre erreur : en vol, un petit problème peut être catastrophique. La sécurité doit l'emporter sur toute autre considération. C'est pourquoi le travail en équipe est important dans ce domaine. Monteurs et monteuses, techniciens et techniciennes, ingénieurs et ingénieures : tous et toutes visent la plus grande efficacité possible.

Robert est conscient des responsabilités liées à son travail et il en tire une grande satisfaction personnelle. Il a toujours été habile de ses mains et l'on dit de lui qu'il est minutieux et qu'il a à cœur le travail bien fait. Son pouvoir de concentration, son esprit analytique, son sens des responsabilités et son goût marqué pour le travail en équipe font de lui un excellent mécanicien-monteur en aérospatiale.

Pour devenir mécanicien-monteur, Robert a suivi le programme de montage mécanique en aérospatiale et reçu son diplôme d'études professionnelles.

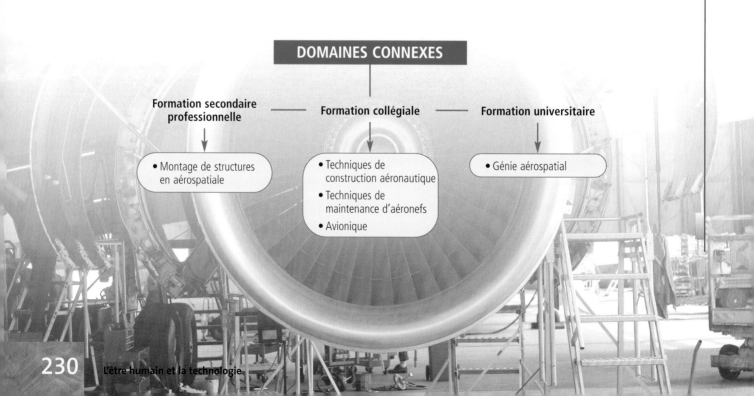

DOMAINES CONNEXES

Formation secondaire professionnelle

- Montage de structures en aérospatiale

Formation collégiale

- Techniques de construction aéronautique
- Techniques de maintenance d'aéronefs
- Avionique

Formation universitaire

- Génie aérospatial

outils

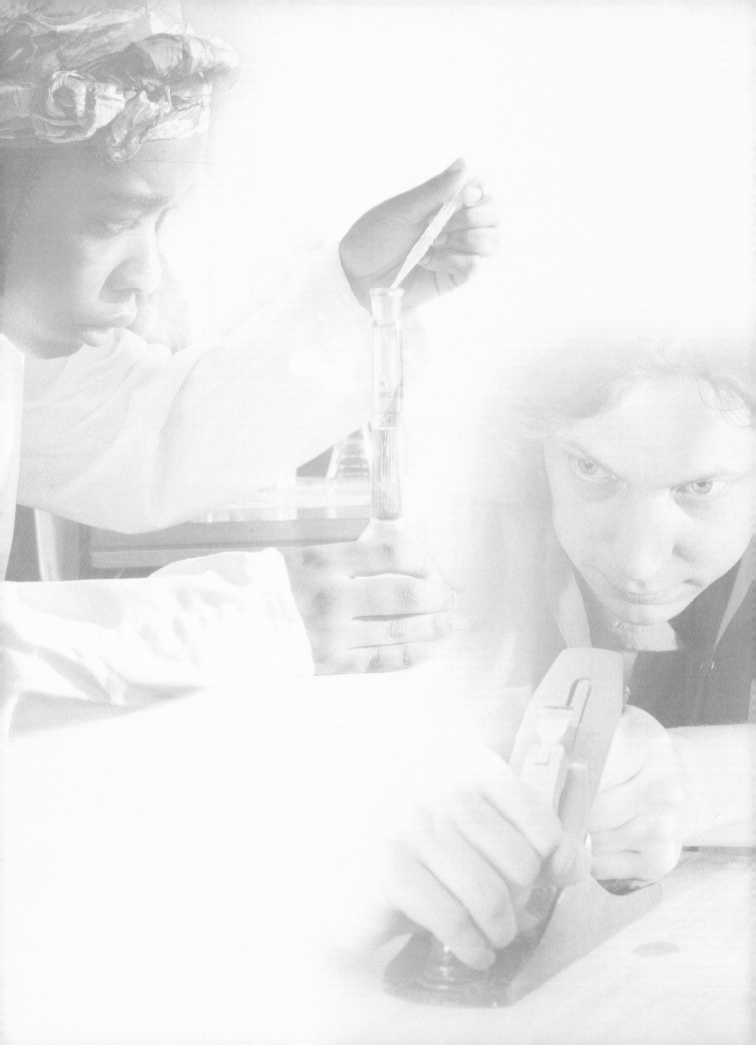

Pour résoudre un problème ou pour répondre à un questionnement, on fait appel à des démarches. Les démarches permettent de travailler de façon ordonnée et cohérente. Bien qu'on puisse modifier certains aspects d'une démarche, on s'entend généralement sur cinq étapes :

- cerner le problème ;
- élaborer un plan d'action ;
- concrétiser le plan d'action ;
- analyser les résultats ;
- communiquer les résultats ainsi que la démarche utilisée.

Toute démarche utilisée en science et en technologie mène à de nouvelles connaissances et à des progrès dans le domaine. Les questions sur les phénomènes naturels font progresser la science. Les questions visant à améliorer notre qualité de vie font progresser la technologie. Mais en quoi consiste la résolution d'un problème ? Y a-t-il plusieurs façons de résoudre des problèmes ou de trouver des réponses à des questions ?

Les principales démarches utilisées sont :

- la démarche d'observation ;
- la démarche empirique ;
- la démarche expérimentale ;
- la démarche de modélisation ;
- la démarche de construction d'opinion ;
- la démarche technologique d'analyse ;
- la démarche technologique de conception.

Ces démarches ne sont pas mutuellement exclusives : il arrive qu'on fasse appel à plusieurs démarches pour résoudre un problème ou pour répondre à un questionnement. Les démarches utilisées en science et en technologie ne sont pas linéaires. On peut revenir à l'une ou l'autre des étapes à tout moment de la démarche, quelle qu'elle soit. Certaines démarches partagent d'ailleurs des caractéristiques ou des étapes semblables, comme le montre le schéma suivant.

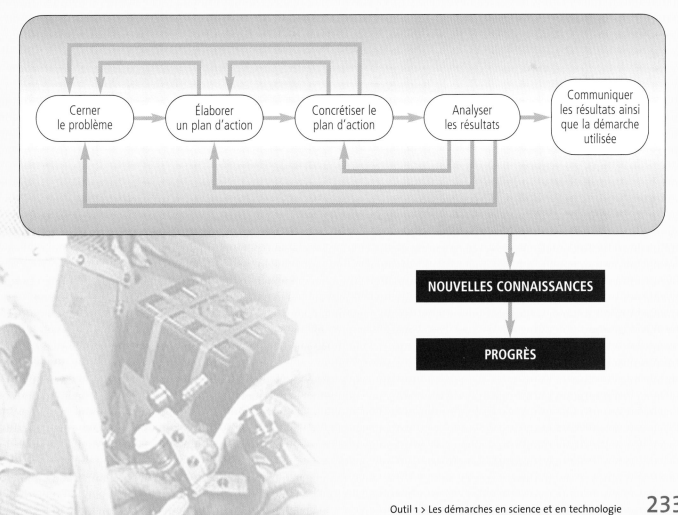

Le tableau synthèse des démarches utilisées en science et en technologie

DÉMARCHE	DÉFINITION	CONTEXTE D'UTILISATION ET EXEMPLE	PRINCIPAUX OUTILS DE COMMUNICATION
Démarche d'observation	La démarche d'observation permet de recueillir des informations et des données afin d'interpréter des phénomènes. Elle requiert une préparation minutieuse, afin d'éviter d'influencer les résultats de l'observation.	Contexte d'utilisation On l'utilise pour observer un phénomène afin de mieux le comprendre, de découvrir de nouveaux comportements, de nouveaux faits. L'observation joue un rôle important en science. Elle permet de prendre conscience de la réalité. C'est une étape préalable à l'explication souvent plus abstraite des faits. Exemple Observer la structure des fibres du bois de résineux et de feuillus.	• Schéma d'observation • Rapport de recherche
Démarche empirique	La démarche empirique consiste à recueillir un ensemble d'observations qualitatives ou quantitatives sur le terrain, dans l'environnement naturel. Contrairement à la démarche expérimentale, elle n'implique aucune manipulation de variable.	Contexte d'utilisation On l'utilise en phase exploratoire d'une recherche, lorsqu'on souhaite examiner et se représenter différentes facettes d'un phénomène. Cette démarche ouvre fréquemment la voie à de nouvelles avenues de recherche ou à de nouvelles hypothèses. Exemple Mesurer la taille des filles et des garçons, et classer les mesures par groupe d'âge.	• Tableau des résultats • Diagramme • Rapport de recherche
Démarche expérimentale	La démarche expérimentale se fait généralement en laboratoire, dans un environnement artificiel. Elle suppose la détermination et la manipulation d'une ou de plusieurs variables en fonction d'une hypothèse qu'on veut vérifier.	Contexte d'utilisation On l'utilise pour comprendre un aspect pointu d'un phénomène complexe en reliant un effet à une cause. Exemple Déterminer la relation entre la quantité maximale de sel qu'il est possible de dissoudre dans 100 ml d'eau et la température de l'eau.	• Rapport de laboratoire
Démarche de modélisation	La démarche de modélisation vise à faciliter la compréhension de la réalité, à expliquer certaines propriétés d'un phénomène et à prédire d'autres phénomènes.	Contexte d'utilisation On l'utilise pour concrétiser ce qui est abstrait, difficilement accessible ou invisible. Comme il s'agit d'une représentation, le modèle peut évoluer et se complexifier. Il peut même être rejeté. Exemple Représenter, en version agrandie, les différentes structures d'une cellule de l'épiderme et d'une cellule nerveuse.	• Maquette • Schéma • Programme informatique • Rapport de recherche

Le tableau synthèse des démarches utilisées en science et en technologie (suite)

DÉMARCHE	DÉFINITION	CONTEXTE D'UTILISATION ET EXEMPLE	PRINCIPAUX OUTILS DE COMMUNI-CATION
Démarche de construction d'opinion	La démarche de construc-tion d'opinion consiste à comprendre et interpréter des faits de façon à pouvoir prendre position à l'égard d'une problé-matique. Les conclusions doivent être justifiées et être fondées sur une argumentation solide. Elle demande de prendre conscience de l'influence de nos valeurs, croyances, idées préconçues et présupposés dans l'interprétation de faits qui semblent parfois contradictoires.	Contexte d'utilisation On l'utilise pour proposer une solution à un problème scientifique complexe qui nécessite la compréhension de connaissances scientifiques et de certains aspects qui y sont reliés sur le plan social, environnemental, économique ou personnel (valeurs, croyances, idées préconçues). Exemple Se renseigner sur les aspects positifs et négatifs des OGM, et élaborer sa position sur leur utilisation.	• Texte d'opinion • Débat • Rapport de recherche
Démarche technologique d'analyse	La démarche techno-logique d'analyse vise à analyser la fonction globale d'un objet ainsi que la fonction de ses sous-systèmes et composantes (aussi appelées *organes*).	Contexte d'utilisation On l'utilise pour déterminer l'utilité d'un objet, son fonctionnement, ses conditions de fonction-nement et le résultat produit ainsi que pour l'évaluer en tant qu'objet de consommation. Exemple Analyser le fonctionnement d'un sphygmomanomètre.	• Schéma d'analyse de la fonction globale • Schéma d'analyse de la fonction des sous-systèmes • Rapport d'analyse
Démarche technologique de conception	La démarche techno-logique de conception est associée à l'ingénierie. La conception d'un objet technique est liée à un projet de construction. Elle vise à répondre à un besoin en respectant certaines contraintes, telles que les conditions de réalisation, le choix des matériaux et du matériel ainsi que le budget.	Contexte d'utilisation On l'utilise pour concevoir et fabriquer un objet qui répond à certaines exigences. Exemple Concevoir un ophtalmoscope peux coûteux qui permet d'observer la rétine de l'œil.	• Objet technologique conçu • Cahier de conception

La sécurité au laboratoire ou en atelier, comme partout d'ailleurs, repose sur un comportement responsable et le respect de certaines règles. En voici quelques-unes qui permettront d'éviter les accidents en classe de science et technologie.

Comportement général

- Prendre connaissance des manipulations à faire avant de commencer une expérience.
- Rester calme et travailler sans précipitation.
- Ne pas encombrer les surfaces de travail avec des objets personnels.
- Au besoin, ne pas hésiter à demander de l'aide.
- Ne pas crier ni bavarder, de façon à maintenir un climat propice à la concentration et au travail.
- Ne pas déranger les autres.
- Éviter de se déplacer inutilement ; ne pas courir ni se bousculer.
- Signaler tout accident et faire soigner immédiatement toute blessure.
- Se laver soigneusement les mains avant et après les manipulations.

Code vestimentaire

- Selon l'expérience menée, porter un équipement de protection adéquat : tablier, blouse de laboratoire, lunettes de sécurité, gants de protection, masque protecteur, etc.
- Éviter les vêtements amples, les manches larges et traînantes, les pantalons dont le bord traîne sur le sol, les souliers instables, etc.
- Attacher ses cheveux s'il y a lieu.
- Avant d'entrer dans le laboratoire ou dans l'atelier, retirer colliers, bracelets, bagues et grandes boucles d'oreilles.

Outils, instruments, matériaux et substances

- Utiliser les instruments et les outils appropriés à chaque tâche ; ne pas les utiliser pour un usage auquel ils ne sont pas destinés.
- Transporter les outils en orientant le côté tranchant ou la pointe vers le sol.
- S'assurer du bon état de chaque instrument ou outil avant de l'utiliser.

- S'il y a lieu, vérifier la solidité du manche d'un outil ou d'un instrument.
- Vérifier l'affûtage des outils de coupe avant de les utiliser.
- Manipuler les matériaux et les substances avec prudence.
- Bien fixer une pièce avant de l'usiner.
- Diriger la lame d'un outil ou d'un instrument dans la direction de la coupe.
- Ne jamais couper une pièce en plaçant la main devant la lame.
- Ranger les matériaux et les substances après usage.

Lieu de travail

- N'apporter aucune nourriture ni boisson dans le local.
- S'assurer d'une aération et d'un éclairage adéquats.
- Jeter les déchets aux endroits appropriés.
- Repérer l'avertisseur d'incendie et l'extincteur.
- Repérer la trousse de premiers soins.

Avant d'entreprendre une démarche, il est important d'évaluer les risques associés à chaque technique utilisée. On doit prendre l'habitude d'analyser le risque de blessure selon les cinq situations potentiellement dangereuses au laboratoire ou en atelier : les transformations chimiques, les mouvements mécaniques, les dégagements de chaleur, les réactions biologiques et les courants électriques. Le tableau de la page suivante précise les mesures de prévention à observer dans cinq situations potentiellement dangereuses au laboratoire et en atelier.

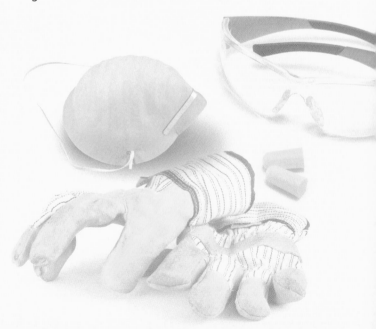

La prévention des accidents au laboratoire ou en atelier (quelques exemples)

SITUATIONS POTENTIELLEMENT DANGEREUSES	TECHNIQUES	SOURCES DE DANGER	ACCIDENTS À ÉVITER	MESURES PRÉVENTIVES
Transformations chimiques	Manipuler une poudre.	Substances chimiques	Empoisonnement	Se laver les mains après la manipulation. N'apporter aucune nourriture ni boisson dans le local.
	Coller.	Résidus de colle sur les doigts	Doigts ou paupières collés	Porter des gants et des lunettes de sécurité.
Mouvements mécaniques	Refroidir une solution.	Contenant en verre	Coupures, notamment au visage, causées par l'explosion du contenant	Ne pas plonger un contenant chaud dans une solution froide.
	Couper à l'aide d'une pince.	Pince	Bouts de fil projetés vers les yeux	Manipuler la pince en dirigeant toujours la pointe vers le bas, jamais à la hauteur des yeux.
Dégagements de chaleur	Chauffer une éprouvette.	Liquide dans l'éprouvette	Brûlures, notamment au visage, causées par le débordement ou le renversement de l'éprouvette	Porter des lunettes de sécurité. Pencher l'éprouvette en ne dirigeant jamais l'ouverture vers soi.
	Couper et percer.	Pointe d'un instrument de coupe ou de perçage (foret)	Brûlures causées par le contact d'une partie du corps avec la pointe de l'instrument	Ne jamais toucher la pointe d'un instrument de coupe ou de perçage qui vient d'être utilisé.
Réactions biologiques	Porter des gants.	Latex	Réaction allergique	Porter des gants en caoutchouc nitrile.
	Sabler une pièce de bois.	Sciure de bois et poussière	Difficultés respiratoires ou crise d'asthme	S'assurer que la ventilation est adéquate. Porter un masque.
Courants électriques	Brancher un appareil électrique.	Évier ou récipient rempli d'eau	Électrocution	Ne pas approcher un appareil électrique d'une masse d'eau.
	Démonter un appareil électrique.	Pièces conductrices	Décharge électrique	Débrancher l'appareil et attendre que les condensateurs se déchargent.

Le microscope fournit une image agrandie d'un échantillon, ce qui facilite l'observation et l'analyse de ses composantes.

Le grossissement d'un échantillon

La plupart des microscopes sont munis de trois objectifs dont chacun a un grossissement propre : 4×, 10× et 40×. La valeur du grossissement total du microscope se calcule en multipliant la valeur gravée sur l'objectif utilisé par la valeur du grossissement de l'oculaire.

$$\text{Grossissement total} = \text{grossissement de l'objectif} \times \text{grossissement de l'oculaire}$$

Les composantes du microscope

- Oculaire
- Tube optique
- Revolver porte-objectifs
- Potence
- Objectifs
- Platine
- Valets
- Condenseur et diaphragme
- Vis macrométrique
- Source lumineuse
- Vis micrométrique
- Pied

La préparation de l'échantillon

1. Manipuler la lame et la lamelle en les tenant par les bords, pour qu'elles restent propres.

2. Étaler l'échantillon à plat sur la lame à l'aide d'une pince ou d'un compte-gouttes.

3. Laisser tomber une goutte d'eau ou de solution colorante sur l'échantillon.

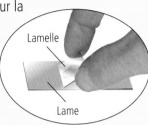

4. Placer la lamelle au-dessus de la lame à un angle de 45°, puis la laisser tomber délicatement.

5. S'il y a lieu, absorber l'excédent de liquide à l'aide d'un papier buvard ou éliminer les bulles d'air emprisonnées en exerçant une légère pression sur la lamelle avec le bout non taillé d'un crayon.

La mise au point de l'objectif

1. Éloigner la platine de l'objectif.

2. Placer l'objectif de plus faible grossissement en position.

3. Déposer la préparation sur la platine, la centrer, puis la coincer entre les valets.

4. À l'aide de la vis macrométrique, rapprocher l'objectif le plus possible de la préparation.

5. Regarder dans l'oculaire et manipuler délicatement cette vis pour éloigner l'objectif de la platine et obtenir l'image la plus nette possible.

6. Parfaire la mise au point à l'aide de la vis micrométrique.

7. Régler la luminosité à l'aide du diaphragme.

La schématisation d'une observation au microscope

Un schéma est une représentation simplifiée des caractéristiques observables d'un être (organisme) ou d'un objet.

1. À l'aide d'un compas, tracer un cercle ayant un rayon de 25 mm à 50 mm.

2. Faire une ébauche fine à l'aide d'un crayon à mine bien taillé ; tracer les lignes droites à l'aide d'une règle.

3. Ne reproduire que ce qui est visible dans l'oculaire ; ne rien ajouter ; par ailleurs, il n'est pas nécessaire d'inclure tous les détails de l'observation dans le schéma.

4. Prendre soin de respecter les proportions des différents éléments de l'observation.

5. Indiquer le nom de chaque élément du schéma.

6. Dans le coin supérieur gauche du schéma, écrire le nom de l'échantillon (habituellement, c'est le nom de l'être ou de l'objet observé).

7. Dans le coin supérieur droit, indiquer le grossissement utilisé pour l'observation.

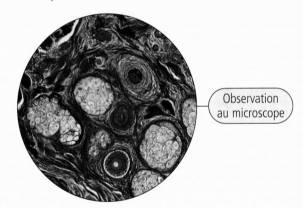

Observation au microscope

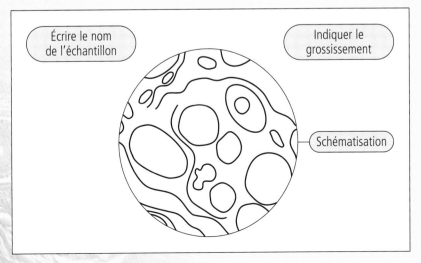

Écrire le nom de l'échantillon

Indiquer le grossissement

Schématisation

Test indicateur de sucre simple

Matériel

- Échantillon
- Eau
- Solution de Benedict
- Bécher de 250 ml
- Compte-gouttes gradué
- Éprouvette
- Plaque chauffante

Manipulation

1. Mettre de l'eau dans le bécher et l'amener à ébullition sur la plaque chauffante.

2. À l'aide du compte-gouttes gradué, verser 3 ml de l'échantillon dans l'éprouvette.

3. Ajouter 1 ml de solution de Benedict.

4. Placer l'éprouvette dans l'eau bouillante et attendre 2 min.

Observations et interprétations

Si un précipité orangé ou brun apparaît, l'échantillon contient un sucre simple (glucose).

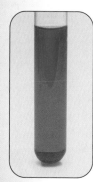

Si le mélange reste bleu, l'échantillon ne contient pas de sucre simple (glucose).

Test indicateur de lipide

Matériel

- Échantillon
- Solution Sudan IV
- Compte-gouttes gradué
- Éprouvette

Manipulation

1. À l'aide du compte-gouttes gradué, verser 3 ml de l'échantillon dans l'éprouvette.

2. Ajouter 5 gouttes de solution Sudan IV.

Observations et interprétations

Si le mélange se colore, l'échantillon contient un lipide.

Si le mélange ne se colore pas, l'échantillon ne contient pas de lipide.

Test indicateur d'amidon

Matériel

- Échantillon
- Solution d'iode
- Compte-gouttes
- Plaque à godets

Manipulation

1. À l'aide du compte-gouttes, verser 3 gouttes de l'échantillon dans un des godets de la plaque.

2. Ajouter 1 goutte de solution d'iode à l'échantillon.

Observations et interprétations

Si le mélange devient noir, l'échantillon contient de l'amidon.

Si le mélange reste orangé, l'échantillon ne contient pas d'amidon.

Test indicateur de protéine

Matériel

- Échantillon d'un liquide
- Réactif de biuret
- Éprouvette
- Compte-gouttes gradué

Manipulation

1. À l'aide du compte-gouttes gradué, verser 3 ml de l'échantillon dans l'éprouvette.
2. Ajouter 5 gouttes de réactif de biuret.

Observations et interprétations

Si le mélange devient violacé, l'échantillon contient une protéine.

Si le mélange devient bleu, l'échantillon ne contient pas de protéine.

Test indicateur d'acide ou de base

Matériel

- Échantillon d'un liquide
- Papier tournesol neutre

Manipulation

Tremper le tiers de la bandelette de papier tournesol neutre dans la solution à tester.

Observations et interprétations

Si la bandelette devient rouge, la solution est acide.

Si la bandelette reste violacée, la solution est considérée comme neutre.

Si la bandelette devient bleue, la solution est basique.

Test indicateur de dioxyde de carbone

Matériel

- Eau de chaux
- Échantillon
- Bouchon
- Cylindre gradué
- Éprouvette

Manipulation

1. Déboucher l'éprouvette contenant le gaz.
2. À l'aide du cylindre gradué, verser 5 ml d'eau de chaux dans l'éprouvette.
3. Reboucher rapidement l'éprouvette.
4. Agiter délicatement.

Observations et interprétations

Si l'eau de chaux se brouille, l'échantillon contient une grande concentration de dioxyde de carbone.

Si l'eau de chaux reste claire, l'échantillon contient peu ou pas de dioxyde de carbone.

Test indicateur d'eau

Matériel

- Échantillon d'un liquide
- Papier au dichlorure de cobalt

Manipulation

Tremper le tiers de la bandelette de papier au dichlorure de cobalt dans le liquide.

Observations et interprétations

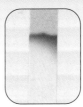

Si la bandelette de papier devient beige, la solution contient de l'eau.

Si la bandelette de papier reste bleue, la solution ne contient pas d'eau.

Mesurer, c'est évaluer avec une précision donnée une grandeur par rapport à une grandeur de référence. Une mesure présente toujours un certain degré d'imprécision.

La mesure de masses

Le concept de masse renvoie à la quantité de matière d'un corps. Dans le système international (SI), l'unité de base utilisée pour mesurer la masse est le kilogramme (kg), qui correspond à 1 000 g. Voici les opérations de base à effectuer pour obtenir de bonnes mesures ainsi que quelques méthodes pour mesurer la masse d'un solide ou d'un liquide.

Pour ajuster la balance

1. S'assurer que le plateau de la balance est propre et sec.
2. Veiller à ce que tous les curseurs soient à la position de départ et que l'extrémité du bras indique zéro.
3. Vérifier que la balance oscille librement et s'arrête à la position d'équilibre.
4. Au besoin, utiliser la vis d'ajustement.

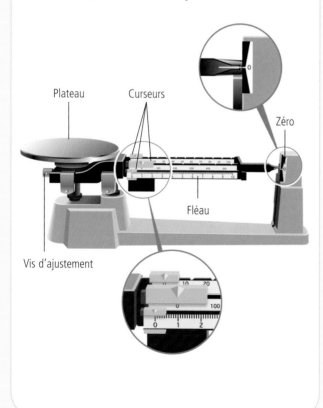

Plateau — Curseurs — Zéro — Fléau — Vis d'ajustement

Pour mesurer la masse

1. Déposer délicatement l'objet sur le plateau de la balance.
2. Déplacer les curseurs en commençant par le plus gros et en passant d'une entaille à la suivante, sans dépasser l'équilibre.
3. Glisser doucement le curseur le plus petit jusqu'à l'équilibre.
4. Vérifier que la balance oscille librement avant de s'arrêter à l'équilibre.
5. Au besoin, refaire les étapes 3 et 4.

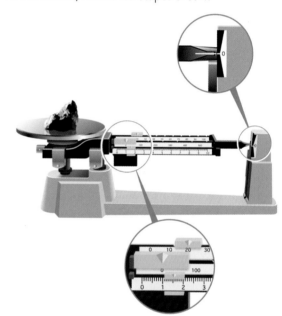

Pour faire la lecture

1. Additionner les valeurs de l'ensemble des curseurs et noter le résultat.
2. Au besoin, estimer la décimale représentant la fraction où s'est arrêté le curseur entre les divisions les plus fines. Si le curseur s'arrête exactement sur une ligne, la décimale suivante est un zéro.

Une lecture de **21,53 g**

Chiffres certains ⌐ ⌐ Estimation

Note : La position du curseur entre les divisions permet d'affirmer que la masse est d'au moins 21,5 g et d'estimer la valeur de 21,53 g.

La méthode précédente convient pour la plupart des objets. Voici quelques techniques couramment utilisées pour les solides et les liquides granuleux.

La mesure d'une masse donnée d'un solide granuleux à l'aide d'une balance à fléau

Certains mélanges exigent d'ajouter une masse donnée d'un solide granuleux. Il faut alors en mesurer la masse dans un contenant léger comme la nacelle de pesée. Voici la procédure à suivre.

1. S'assurer que la nacelle de pesée est propre et sèche.

2. Déposer la nacelle de pesée sur le plateau et en mesurer la masse.

2,50 g

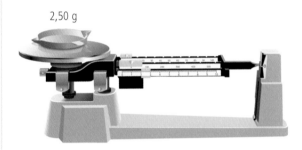

3. Calculer la masse qui sera indiquée par les curseurs en fonction de la masse voulue de substance.

> **Masse de la nacelle vide**
> **+ Masse donnée de la substance**
> —————————————————
> **Masse qui sera indiquée par les curseurs**

> **2,50 g + 1,70 g = 4,20 g de solide**

4. Déplacer les curseurs le long du fléau pour obtenir la masse totale calculée précédemment. Bien ancrer les curseurs dans les entailles de graduation.

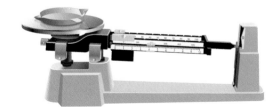

5. À l'aide d'une spatule, ajouter grain à grain la substance granuleuse dans la nacelle de pesée jusqu'à l'équilibre du fléau.

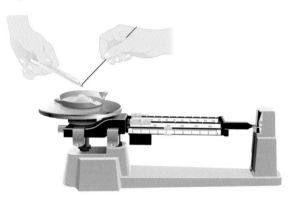

4,20 g

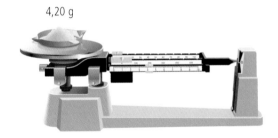

Note : Pour mesurer une masse donnée de liquide, on utilise la même méthode avec un contenant et un compte-gouttes plutôt qu'avec une nacelle de pesée et une spatule.

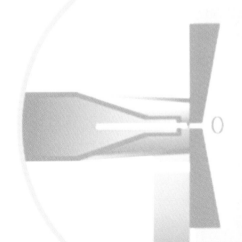

La mesure de la masse d'un liquide à l'aide d'une balance à fléau

1. S'assurer que le contenant est propre et sec.

2. Mesurer la masse du contenant vide.

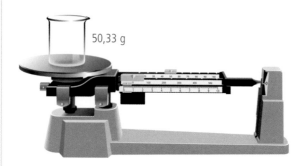

50,33 g

3. Mesurer la masse du contenant avec le liquide.

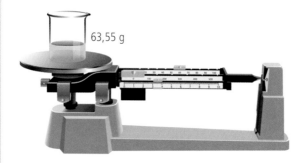

63,55 g

4. Calculer la masse du liquide.

> **Masse du contenant avec le liquide**
> **– Masse du contenant vide**
> **Masse du liquide**

> **63,55 g – 50,33 g = 13,22 g de liquide**

> Note : La même technique peut servir pour mesurer la masse d'un solide informe ou difficile à maintenir en place.

La mesure de volumes

Le concept de volume renvoie à l'espace occupé par un corps ou à la capacité d'un contenant. Dans le système international (SI), l'unité de base utilisée pour mesurer le volume d'un solide est le mètre cube (m^3), qui correspond à 1 000 000 cm^3 (1×10^6 cm^3). Pour la mesure du volume d'un liquide, l'unité usuelle est le litre (L) ; on utilise aussi le millilitre (ml).

> **1 cm^3** est équivalent à **1 ml**
>
> **1 dm^3** est équivalent à **1 L**
>
> **1 m^3** est équivalent à **1 000 L**

Voici trois méthodes pour mesurer le volume d'un solide ou d'un liquide.

La mesure du volume d'un liquide

Le bécher permet de mesurer grossièrement un volume lorsque la valeur précise importe peu. Pour mesurer plus précisément le volume d'un liquide, on utilise un cylindre gradué ou un compte-gouttes gradué. Par convention, il faut lire la mesure au bas du ménisque.

Ménisque

15

10

Une lecture de **16,7 ml**

Chiffres certains ⌐ Estimation

> Note : La position du ménisque entre les graduations du cylindre permet d'affirmer que le volume est d'au moins 16 ml et d'estimer la valeur de 16,7 ml.

La mesure du volume d'un solide de forme complexe

Pour déterminer le volume d'un solide de forme complexe, les méthodes les plus courantes sont la différence de volume et le déplacement d'eau.

Méthode 1 › La différence de volume

1. Verser suffisamment d'eau dans le cylindre gradué pour pouvoir y immerger l'échantillon.

2. Noter la valeur du volume d'eau (volume initial).

3. Incliner légèrement le cylindre gradué, puis faire glisser l'échantillon dans l'eau.

4. Noter la valeur du volume d'eau avec l'échantillon (volume final).

5. Calculer le volume de l'échantillon.

Méthode 2 › Le déplacement d'eau

1. Boucher avec un doigt le tuyau d'évacuation du vase à trop-plein.

2. Verser de l'eau dans le vase jusqu'à ce que le niveau dépasse l'ouverture du tuyau.

3. Retirer le doigt et laisser le trop-plein d'eau s'écouler dans un bécher.

4. Remplacer le bécher par un cylindre gradué vide, puis laisser glisser délicatement le solide dans l'eau.

5. Lire la mesure du volume de l'eau qui a coulé dans le cylindre gradué. Cette mesure est celle du volume de l'objet.

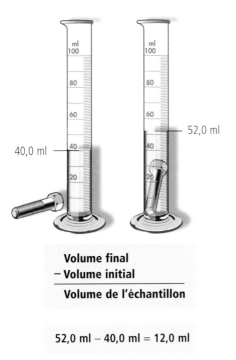

40,0 ml

52,0 ml

Volume final
− Volume initial
_____
Volume de l'échantillon

52,0 ml − 40,0 ml = 12,0 ml

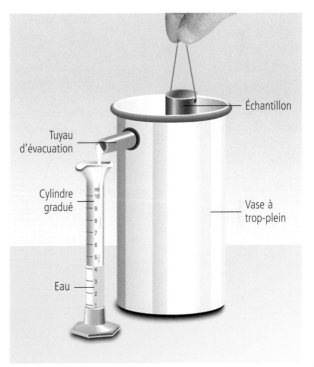

Échantillon

Tuyau
d'évacuation

Cylindre
gradué

Vase à
trop-plein

Eau

Le rapport de laboratoire

Le rapport de laboratoire est l'outil de communication d'une démarche expérimentale. Il présente de façon succincte l'ensemble de la démarche expérimentale, du début à la fin.

Un rapport de laboratoire doit comprendre les sections présentées ci-dessous.

❶ Le titre de l'expérience

- Formuler un titre explicite qui rend simplement compte de l'expérimentation.

❷ Le but

- Déterminer le sujet de l'expérience (préciser les objectifs).
- Exprimer le problème sous forme de question ou d'énoncé.
- Utiliser des termes propres à la science et s'assurer de comprendre tous les mots du problème à résoudre ou de l'énoncé à vérifier.

❸ L'hypothèse

- Proposer une réponse qui sera confirmée ou infirmée par les résultats.
- Mentionner la propriété d'un fait d'observation ou d'expérience qu'on prévoit être la cause d'un changement (variable indépendante).
- Préciser la propriété qui devrait varier (variable dépendante).
- Appuyer l'hypothèse sur des connaissances personnelles ou des faits documentés.

❹ Le matériel

- Dresser la liste des instruments, des objets et des substances nécessaires.
- Préciser les quantités (masse, volume, nombre) et les concentrations, s'il y a lieu.
- Faire un schéma du montage.

❺ La manipulation >>> OUTIL 2

- Déterminer s'il y a des situations potentiellement dangereuses et en dresser la liste.
- Proposer des étapes de manipulation qui pourraient être suivies par une autre personne et qui décrivent:
  - la situation initiale;
  - la manière de causer un changement;
  - la façon de mesurer un changement;
  - la manière de garder certaines propriétés constantes;
  - le nombre d'observations et de mesures.
- Numéroter les principales étapes de la manipulation.
- Utiliser des verbes à l'infinitif (comme on le fait sur cette page).

❻ Les résultats >>> OUTILS 3, 4, 5 ET 7

- Présenter les observations et les mesures sous forme de tableau.
- Garder des traces des calculs.
- Présenter les mesures du tableau sous forme de diagramme.
- Utiliser les symboles des unités de mesure du système international (SI) et respecter les conventions dans les représentations graphiques.

❼ L'analyse

- Rechercher les tendances et les relations significatives entre les résultats obtenus et le problème posé au départ.
- Évaluer la justesse des résultats.
- Proposer des liens entre les résultats et les savoirs théoriques.
- Proposer des explications pertinentes en utilisant des termes propres à la science.

❽ La conclusion

- Confirmer l'hypothèse (elle est vraie) ou l'infirmer (elle est fausse).
- Accepter ou rejeter le fait que le changement décrit est dû seulement à la propriété modifiée.
- Proposer des situations semblables où les résultats pourraient s'appliquer.
- Proposer d'autres sujets qui pourraient s'inscrire dans le prolongement de l'expérience.

Le rapport type

En règle générale, un rapport de laboratoire comprend au moins cinq pages :

- une page titre où l'on précise le nom de l'élève, la classe ou le groupe, le nom de l'enseignant ou de l'enseignante, le titre du rapport, la date de remise, etc. ;

- une page où l'on énonce le but et les informations connues ainsi que l'hypothèse ;

- une page ou plus ou l'on précise le matériel, le schéma du montage, les mesures à prendre pour prévenir les accidents et les manipulations.

- une page ou plus où l'on décrit les résultats (observations, calculs, tableaux, diagrammes) ;

- une page où l'on présente son analyse et sa conclusion.

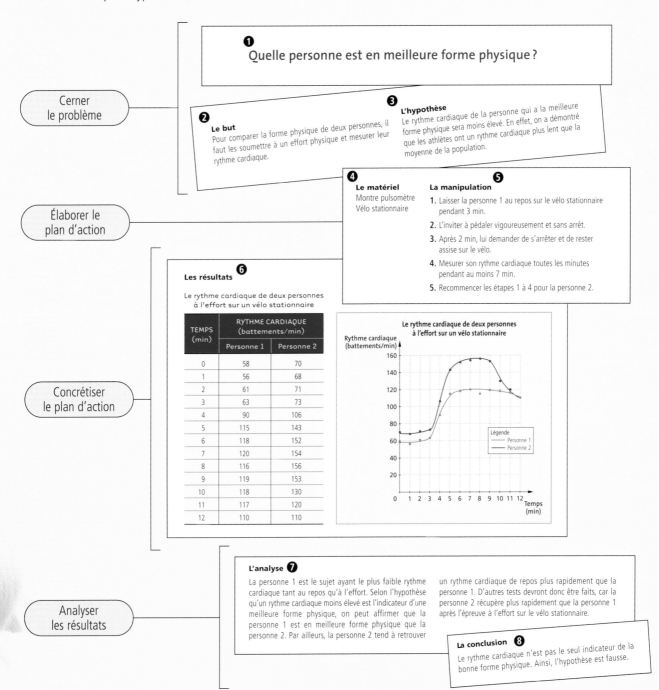

Cerner le problème

❶ **Quelle personne est en meilleure forme physique ?**

❷ **Le but**
Pour comparer la forme physique de deux personnes, il faut les soumettre à un effort physique et mesurer leur rythme cardiaque.

❸ **L'hypothèse**
Le rythme cardiaque de la personne qui a la meilleure forme physique sera moins élevé. En effet, on a démontré que les athlètes ont un rythme cardiaque plus lent que la moyenne de la population.

Élaborer le plan d'action

❹ **Le matériel**
Montre pulsomètre
Vélo stationnaire

❺ **La manipulation**
1. Laisser la personne 1 au repos sur le vélo stationnaire pendant 3 min.
2. L'inviter à pédaler vigoureusement et sans arrêt.
3. Après 2 min, lui demander de s'arrêter et de rester assise sur le vélo.
4. Mesurer son rythme cardiaque toutes les minutes pendant au moins 7 min.
5. Recommencer les étapes 1 à 4 pour la personne 2.

Concrétiser le plan d'action

❻ **Les résultats**

Le rythme cardiaque de deux personnes à l'effort sur un vélo stationnaire

TEMPS (min)	RYTHME CARDIAQUE (battements/min)	
	Personne 1	Personne 2
0	58	70
1	56	68
2	61	71
3	63	73
4	90	106
5	115	143
6	118	152
7	120	154
8	116	156
9	119	153
10	118	130
11	117	120
12	110	110

Le rythme cardiaque de deux personnes à l'effort sur un vélo stationnaire

Légende
Personne 1
Personne 2

Analyser les résultats

❼ **L'analyse**
La personne 1 est le sujet ayant le plus faible rythme cardiaque tant au repos qu'à l'effort. Selon l'hypothèse qu'un rythme cardiaque moins élevé est l'indicateur d'une meilleure forme physique, on peut affirmer que la personne 1 est en meilleure forme physique que la personne 2. Par ailleurs, la personne 2 tend à retrouver un rythme cardiaque de repos plus rapidement que la personne 1. D'autres tests devront donc être faits, car la personne 2 récupère plus rapidement que la personne 1 après l'épreuve à l'effort sur le vélo stationnaire.

❽ **La conclusion**
Le rythme cardiaque n'est pas le seul indicateur de la bonne forme physique. Ainsi, l'hypothèse est fausse.

En science, les tableaux et les diagrammes servent à présenter des résultats de recherche. Ces outils suivent des règles et des conventions qui permettent d'interpréter les données de façon uniforme et efficace. Le tableau sert à présenter des séries de mesures prises au cours d'une recherche, alors que le diagramme facilite l'analyse des résultats.

La correspondance entre un tableau des résultats et un diagramme

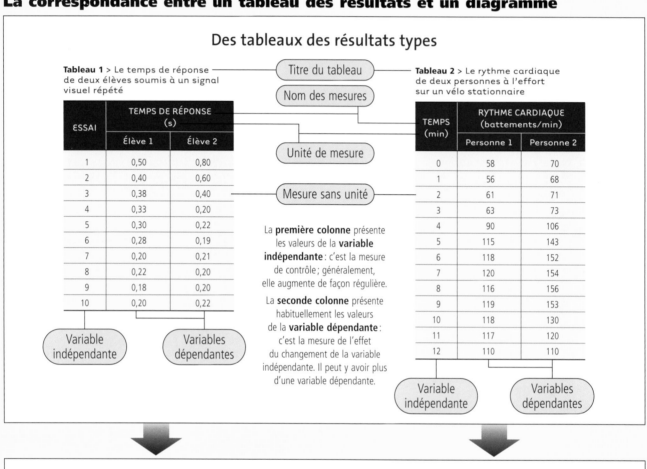

Des tableaux des résultats types

Tableau 1 > Le temps de réponse de deux élèves soumis à un signal visuel répété

ESSAI	TEMPS DE RÉPONSE (s)	
	Élève 1	Élève 2
1	0,50	0,80
2	0,40	0,60
3	0,38	0,40
4	0,33	0,20
5	0,30	0,22
6	0,28	0,19
7	0,20	0,21
8	0,22	0,20
9	0,18	0,20
10	0,20	0,22

Tableau 2 > Le rythme cardiaque de deux personnes à l'effort sur un vélo stationnaire

TEMPS (min)	RYTHME CARDIAQUE (battements/min)	
	Personne 1	Personne 2
0	58	70
1	56	68
2	61	71
3	63	73
4	90	106
5	115	143
6	118	152
7	120	154
8	116	156
9	119	153
10	118	130
11	117	120
12	110	110

Titre du tableau
Nom des mesures
Unité de mesure
Mesure sans unité

La **première colonne** présente les valeurs de la **variable indépendante** : c'est la mesure de contrôle ; généralement, elle augmente de façon régulière.

La **seconde colonne** présente habituellement les valeurs de la **variable dépendante** : c'est la mesure de l'effet du changement de la variable indépendante. Il peut y avoir plus d'une variable dépendante.

Variable indépendante — Variables dépendantes

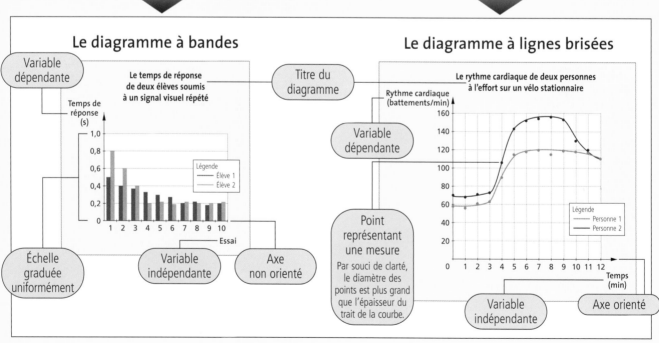

Le diagramme à bandes

Variable dépendante

Le temps de réponse de deux élèves soumis à un signal visuel répété

Échelle graduée uniformément — Variable indépendante — Axe non orienté

Titre du diagramme

Le diagramme à lignes brisées

Le rythme cardiaque de deux personnes à l'effort sur un vélo stationnaire

Variable dépendante

Point représentant une mesure
Par souci de clarté, le diamètre des points est plus grand que l'épaisseur du trait de la courbe.

Variable indépendante — Axe orienté

C'est le type de problème, de recherche ou de données qui détermine la forme d'un diagramme. Le tableau suivant en présente quelques utilisations.

Le choix d'un diagramme en fonction du type de données à illustrer

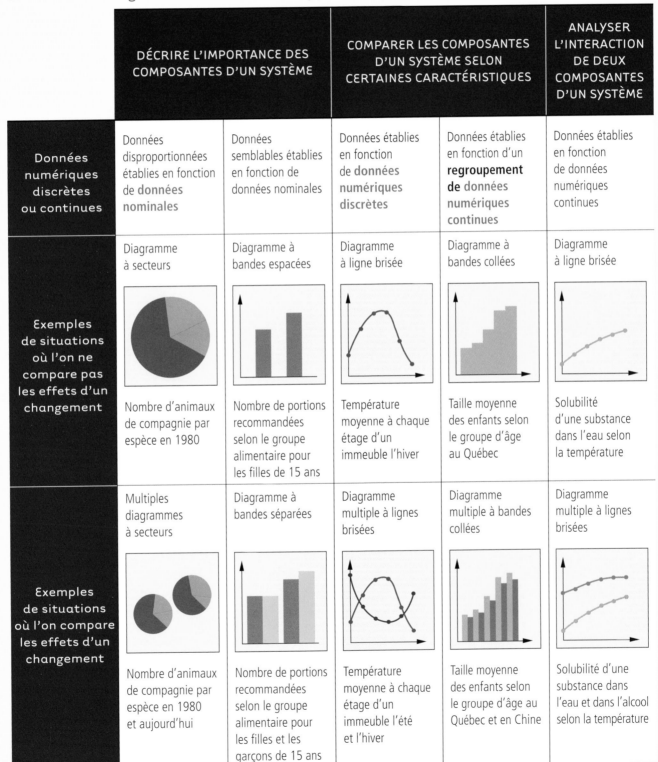

	DÉCRIRE L'IMPORTANCE DES COMPOSANTES D'UN SYSTÈME		COMPARER LES COMPOSANTES D'UN SYSTÈME SELON CERTAINES CARACTÉRISTIQUES		ANALYSER L'INTERACTION DE DEUX COMPOSANTES D'UN SYSTÈME
Données numériques discrètes ou continues	Données disproportionnées établies en fonction de **données nominales**	Données semblables établies en fonction de données nominales	Données établies en fonction de **données numériques discrètes**	Données établies en fonction d'un **regroupement** de **données numériques continues**	Données établies en fonction de données numériques continues
Exemples de situations où l'on ne compare pas les effets d'un changement	Diagramme à secteurs — Nombre d'animaux de compagnie par espèce en 1980	Diagramme à bandes espacées — Nombre de portions recommandées selon le groupe alimentaire pour les filles de 15 ans	Diagramme à ligne brisée — Température moyenne à chaque étage d'un immeuble l'hiver	Diagramme à bandes collées — Taille moyenne des enfants selon le groupe d'âge au Québec	Diagramme à ligne brisée — Solubilité d'une substance dans l'eau selon la température
Exemples de situations où l'on compare les effets d'un changement	Multiples diagrammes à secteurs — Nombre d'animaux de compagnie par espèce en 1980 et aujourd'hui	Diagramme à bandes séparées — Nombre de portions recommandées selon le groupe alimentaire pour les filles et les garçons de 15 ans	Diagramme multiple à lignes brisées — Température moyenne à chaque étage d'un immeuble l'été et l'hiver	Diagramme multiple à bandes collées — Taille moyenne des enfants selon le groupe d'âge au Québec et en Chine	Diagramme multiple à lignes brisées — Solubilité d'une substance dans l'eau et dans l'alcool selon la température

Voici du matériel de laboratoire fréquemment utilisé au cours d'une démarche expérimentale.

Pince et erlenmeyer

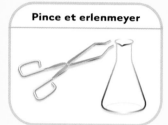

Pince, éprouvettes et support

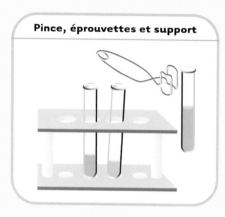

Pince, bécher et agitateur

Boîte de Pétri

Bouchons et tubes de verre

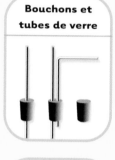

Cylindre gradué

Compte-gouttes et compte-gouttes gradué

Creuset et cristallisoir

Pilon et mortier

Flacon laveur

Spatules

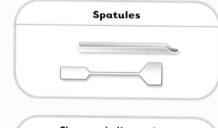

Brûleur Bunsen et briquet

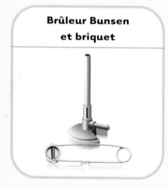

Ciseaux à dissection, pince et scalpel

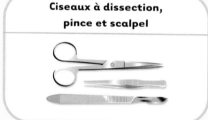

Plaque chauffante

Entonnoir

Support universel et pinces

Triangle et toile métallique

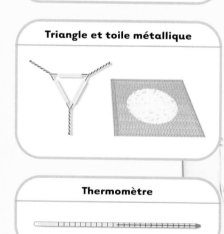

Nacelle de pesée

Vase à trop-plein

Thermomètre

Le cahier de conception est l'outil de communication de la démarche de conception d'un objet technique. Il permet aux divers intervenants et intervenantes de se comprendre, d'avoir en quelque sorte un langage commun, qu'il s'agisse de conception, de fabrication ou de commande de l'objet technique. Tout comme le rapport de laboratoire, le cahier de conception doit être concis et complet. Un cahier de conception doit comprendre les sections présentées ci-dessous.

Cerner le problème

❶ Le titre du projet

- Formuler un titre explicite qui rend simplement compte de la conception.

❷ Le cahier des charges >>> OUTIL 10

- Décrire l'utilité de l'objet technique.
- Établir la liste des contraintes de conception.

❸ Le schéma d'analyse de la fonction globale du système >>> OUTIL 11

- Préciser les intrants nécessaires au fonctionnement de l'objet et les extrants.

❹ Le schéma d'analyse de la fonction des sous-systèmes >>> OUTIL 11

- Décrire les sous-systèmes de l'objet technique et leurs interactions.
- Relier la fonction de chacun des sous-systèmes à un principe, puis à une piste de solution.
- Indiquer la fonction mécanique élémentaire des composantes d'un sous-système à l'aide de termes techniques.

Élaborer le plan d'action

❺ Le schéma de principes >>> OUTIL 11

- Représenter qualitativement les principales composantes de l'objet technique à l'aide de tracés géométriques.
- Indiquer l'organe moteur (organe d'entrée) et l'organe récepteur (organe de sortie).
- Indiquer les forces et les mouvements à l'aide des flèches appropriées.

❻ Le schéma de construction >>> OUTIL 11

- Illustrer l'objet technique à l'échelle.
- Préciser les dimensions des pièces.

- Justifier le choix des matériaux en fonction de leurs propriétés mécaniques, physiques ou chimiques.

❼ La fiche des opérations >>> OUTIL 12

- Déterminer s'il y a des situations potentiellement dangereuses et en dresser la liste.
- Dresser la liste des outils, du matériel et des matériaux à utiliser en fonction de chaque tâche et de la précision voulue.
- Décrire les étapes de la fabrication de l'objet technique : mesurage-traçage, usinage-coupage, assemblage et finition.

Concrétiser le plan d'action

❽ La mise à l'essai

- Noter les résultats de l'analyse du fonctionnement du prototype.
- Prendre en note le degré de satisfaction des utilisateurs et des utilisatrices.

Analyser les résultats

❾ L'analyse

- Confirmer le respect des contraintes de départ.
- Noter si le prototype répond au besoin initial ciblé.
- S'il y a lieu, proposer des améliorations au prototype.

❿ La conclusion

- Confirmer que l'objet conçu répond aux besoins initiaux (l'objet satisfait les besoins) ou l'infirmer (l'objet ne satisfait pas les besoins).
- Proposer d'autres situations dans lesquelles l'objet pourrait être utilisé.

Un objet technique répond à un besoin et le cahier des charges sert à consigner les éléments nécessaires à sa conception. On y définit, d'une part, la fonction globale de l'objet et, d'autre part, les contraintes liées à sa conception, à sa fabrication et aux conditions d'utilisation. Il est souvent pratique de présenter les contraintes sous forme de tableaux ou de listes, mais on peut aussi le faire par un court texte explicatif. Le cahier des charges peut également inclure des éléments graphiques liés à l'objet technique, comme des plans, des dessins et des schémas ; il peut apporter des précisions sur sa réalisation. Il s'agit donc d'un outil de communication entre les personnes qui conçoivent l'objet et celles qui en ont besoin.

L'élaboration du cahier des charges

Cerner le besoin à satisfaire

FONCTION GLOBALE DE L'OBJET TECHNIQUE
• À quoi l'objet technique servira-t-il ? • Dans quel but utilisera-t-on l'objet ?

Déterminer les contraintes de conception

Déterminer les contraintes de fabrication

Déterminer les contraintes d'utilisation

MILIEUX AVEC LESQUELS L'OBJET SERA EN RELATION	GUIDE DE DÉTERMINATION DES CONTRAINTES
Milieu technique	• Comment manipulera-t-on l'objet ? • Où utilisera-t-on l'objet ? • Quelle forme d'énergie utilisera-t-il ? • Quelles seront les fonctions de ses principales composantes ? • Existe-t-il des objets fonctionnant sur les mêmes principes scientifiques ou techniques ? • Quelles sont les caractéristiques techniques à éviter ?
Milieu physique	• Quels éléments physiques (eau, air, température, magnétisme, etc.) sont en relation avec l'objet ? • Ces éléments ont-ils un effet sur l'objet ?
Milieu environnemental	• Quel sera l'impact de l'objet sur l'environnement ? • S'il y a lieu, l'objet est-il recyclable ?
Milieu industriel	• Combien de personnes la fabrication de l'objet implique-t-elle ? • Quelle sera la répartition des tâches liées à la fabrication ? • Combien de temps faut-il pour fabriquer l'objet ? • Où fabriquera-t-on l'objet ? • De quoi a-t-on besoin pour fabriquer l'objet technique (matières premières, matériaux, matériel, etc.) ? • Quels sont les outils ou les instruments nécessaires à sa fabrication ?
Milieu économique	• Quel est le budget maximal de la fabrication de l'objet ? • Quels seront les coûts d'entretien de l'objet ? • Quelle sera sa durée de vie ?
Milieu humain	• Quelles sont les caractéristiques générales et les goûts des utilisateurs et des utilisatrices ? • Dans quelles conditions utilisera-t-on l'objet ? • L'objet devrait-il être facilement démontable et réparable ? • Aura-t-il un impact sur le bien-être ou la santé des utilisateurs et des utilisatrices ? • Quelles sont les règles de sécurité à suivre ?

Les représentations graphiques sont très utiles pour concevoir un objet technique ou pour comprendre la fonction globale, les composantes et le fonctionnement d'un objet technique existant. Diverses représentations facilitent ainsi la visualisation d'un objet à concevoir ou à analyser : le schéma d'analyse de la fonction globale d'un système, le schéma d'analyse de la fonction des sous-systèmes, le schéma de principes et le schéma de construction.

Examinons ces schémas dans le contexte de la conception d'un bras mécanique à partir de l'analyse d'un bras humain.

Le schéma d'analyse de la fonction globale d'un système

Le schéma d'analyse de la fonction globale d'un système permet de bien cerner cette fonction. On l'utilise soit au début de la démarche d'analyse technologique, soit au début de la démarche de conception d'un objet technique. On y décrit les besoins de fonctionnement du système, c'est-à-dire les intrants, et ce que le système produit, c'est-à-dire les extrants. On annote ce schéma à l'aide de termes techniques. La réalisation d'un tel schéma n'implique pas la compréhension du fonctionnement du système.

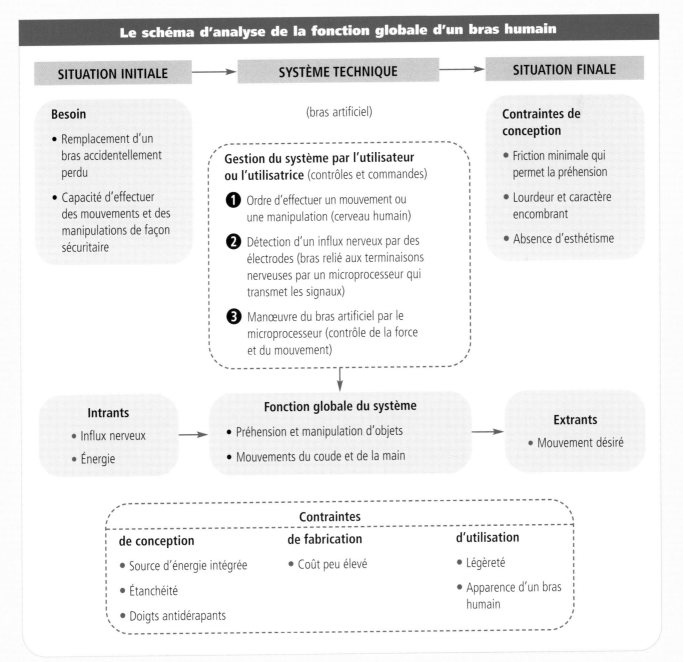

Le schéma d'analyse de la fonction globale d'un bras humain

SITUATION INITIALE → **SYSTÈME TECHNIQUE** → **SITUATION FINALE**

(bras artificiel)

Besoin
- Remplacement d'un bras accidentellement perdu
- Capacité d'effectuer des mouvements et des manipulations de façon sécuritaire

Gestion du système par l'utilisateur ou l'utilisatrice (contrôles et commandes)
❶ Ordre d'effectuer un mouvement ou une manipulation (cerveau humain)
❷ Détection d'un influx nerveux par des électrodes (bras relié aux terminaisons nerveuses par un microprocesseur qui transmet les signaux)
❸ Manœuvre du bras artificiel par le microprocesseur (contrôle de la force et du mouvement)

Contraintes de conception
- Friction minimale qui permet la préhension
- Lourdeur et caractère encombrant
- Absence d'esthétisme

Intrants
- Influx nerveux
- Énergie

Fonction globale du système
- Préhension et manipulation d'objets
- Mouvements du coude et de la main

Extrants
- Mouvement désiré

Contraintes

de conception	de fabrication	d'utilisation
• Source d'énergie intégrée	• Coût peu élevé	• Légèreté
• Étanchéité		• Apparence d'un bras humain
• Doigts antidérapants		

Le schéma d'analyse de la fonction des sous-systèmes

Le schéma d'analyse de la fonction des sous-systèmes permet de cerner la fonction et le principe technique de chaque sous-système et de chacun des organes qui le composent. Un sous-système est un ensemble d'organes qui contribue à une fonction mécanique déterminée. Un organe est une composante qui accomplit une fonction mécanique élémentaire (liaison, support, guidage, lubrification ou étanchéité).

Dans le contexte de la conception d'un système qui imite le fonctionnement d'un bras humain, le schéma peut présenter la solution technique envisagée.

Le schéma d'analyse de la fonction des sous-systèmes d'un bras humain

Structure d'attache (tendons)
Structure fixe (omoplate)
Muscle (biceps)
Structure fixe du bras (humérus)
Articulation (coude)
Structure mobile de l'avant-bras (radius et ulna)
Muscle (triceps)

Sous-système / Organe	Fonction / Principe technique
Sous-système de support (bras et avant-bras)	**Fonction du sous-système :** support **Principe technique :** rigidité des composantes
Bras	Fonction : support Principe technique : appui et pivot de l'avant-bras Solution envisagée : bâtonnet de bois
Avant-bras	Fonction : transmettre le mouvement Principe technique : levier en rotation autour du coude Solution envisagée : bâtonnet de bois
Sous système de motricité (muscles et tendons)	**Fonction du sous-système :** flexion et extension de l'avant-bras **Principe technique :** mouvements antagonistes
Muscles	Fonction : actionner le bras Principe technique : contraction Solution envisagée : élastiques
Tendons	Fonction : liaison Principe technique : liaison complète, élastique Solution envisagée : liaison par montage serré (fente)
Sous-système d'articulation (cartilages du coude, ligaments et synovie)	**Fonction du sous-système :** limiter le mouvement à un axe de rotation **Principe technique :** liaison partielle et guidage en rotation
Cartilages du coude	Fonction : guidage limité à un axe de rotation Principe technique : surfaces lisses de formes complémentaires Solution envisagée : guidage par axe de rotation
Ligaments	Fonction : liaison entre le bras et l'avant-bras Principe technique : liaison partielle, élastique Solution envisagée : rivet
Synovie	Fonction : lubrification Principe technique : liquide visqueux Solution envisagée : jeu entre les pièces

Le schéma de principes

Le schéma de principes est au cœur de l'étude du fonctionnement d'un objet technique. Il sert à illustrer de façon simple le principe de fonctionnement d'un objet sans tenir compte de sa fabrication. Il n'est pas nécessairement à l'échelle, mais il respecte les proportions de l'objet. Quand l'objet comporte des mécanismes, on indique généralement la force et le mouvement en jeu à l'aide de symboles appropriés.

Le schéma de principes est utile à la conception d'un objet technique parce qu'il permet de proposer une piste de solution qui repose sur des connaissances ; il est utile à l'analyse technologique d'un objet existant parce qu'il permet de comprendre les choix effectués dans la conception des pièces.

Le schéma de construction

Le schéma de construction est au cœur de l'étude de la structure d'un objet technique. Il en illustre les pièces ainsi que les organes de liaison et d'assemblage. Il fournit les détails nécessaires à la fabrication de l'objet. Ce schéma est à l'échelle. Il peut être complexe et inclure diverses vues et coupes de l'objet. Un schéma global représente l'objet dans son ensemble, alors qu'un schéma partiel n'en illustre qu'une partie.

Le schéma de construction est utile à la démarche de conception, car il permet de déterminer très précisément les dimensions finales de l'objet, y compris celles des pièces à usiner. Ce schéma est utile à l'analyse technologique, car il permet de comprendre les choix effectués dans l'assemblage.

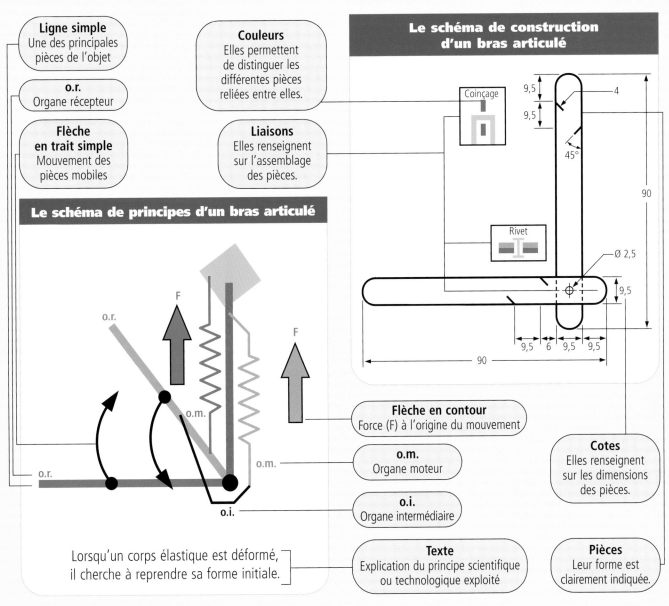

Ligne simple
Une des principales pièces de l'objet

o.r.
Organe récepteur

Flèche en trait simple
Mouvement des pièces mobiles

Couleurs
Elles permettent de distinguer les différentes pièces reliées entre elles.

Liaisons
Elles renseignent sur l'assemblage des pièces.

Le schéma de construction d'un bras articulé

Coinçage

Rivet

Le schéma de principes d'un bras articulé

Flèche en contour
Force (F) à l'origine du mouvement

o.m.
Organe moteur

o.i.
Organe intermédiaire

Cotes
Elles renseignent sur les dimensions des pièces.

Lorsqu'un corps élastique est déformé, il cherche à reprendre sa forme initiale.

Texte
Explication du principe scientifique ou technologique exploité

Pièces
Leur forme est clairement indiquée.

La fiche des opérations

La fiche des opérations précise, à l'aide de textes descriptifs et de schémas, la marche à suivre pour fabriquer un objet technique. Dans l'industrie, ce document porte le nom de **gamme de fabrication** quand il porte sur les opérations nécessaires à la production en série d'une pièce d'objet technique.

L'élaboration d'une fiche des opérations fait partie de la démarche de conception. Cette fiche présente les tâches à effectuer avant la fabrication elle-même :

- la planification des achats de matériel et de matériaux ;
- l'anticipation des difficultés ;
- la réduction des erreurs de fabrication ;
- la rationalisation du temps par la planification des étapes de fabrication ;
- la rationalisation des matières premières (éviter le gaspillage), du matériel et de l'outillage ;
- la réduction du coût de production.

La fiche des opérations pour la fabrication d'un bras articulé

DESCRIPTION	MATÉRIAUX	MATÉRIEL	SCHÉMAS
Mesurage-traçage **Étape 1** – Mesurer et tracer des traits de coupe sur les bâtonnets selon les précisions données dans le schéma de construction. **Étape 2** – Marquer les traits de coupe.	2 bâtonnets de bois (9,5 mm × 90 mm)	Règle Pointe à tracer Crayon	
Usinage-coupage **Étape 3** – Entailler les bâtonnets selon les précisions données dans le schéma de construction. **Étape 4** – Percer un trou dans chacun des bâtonnets pour recevoir le rivet.	2 bâtonnets de bois	Couteau Chignole	
Assemblage **Étape 5** – Riveter les deux bâtonnets de façon à permettre un guidage en rotation. **Étape 6** – Coincer les extrémités des élastiques dans les fentes des bâtonnets.	1 rivet (n° 12) 2 élastiques (80 mm)	Riveteuse	
Finition **Étape 7** – Étiqueter un bâtonnet humérus et l'autre, radius-ulna.		Crayon	

SCHÉMA DE L'OBJET

9,5
9,5
4
45°
90
Ø 2,5
9,5
9,5 6 9,5 9,5
90

Nom de l'objet :

Nom :	*Groupe :*
École :	*Date :*

Outils de traçage et de marquage

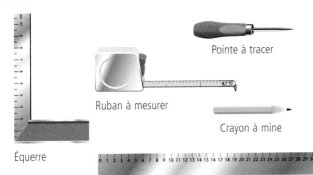

Équerre

Pointe à tracer

Ruban à mesurer

Crayon à mine

Règle en métal

Équerre combinée

Pointeau

Niveau

Té

Pied à coulisse

Niveau à eau

Outils de serrage

Étau de mécanicien

Serre en C

Étau de menuisier

Outils de perçage

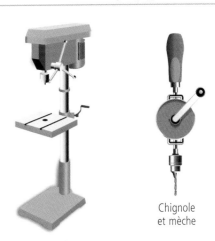

Perceuse à colonne

Chignole et mèche

Perceuse électrique

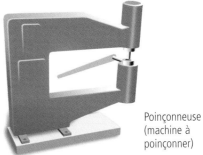

Poinçonneuse (machine à poinçonner)

Instruments de dessin

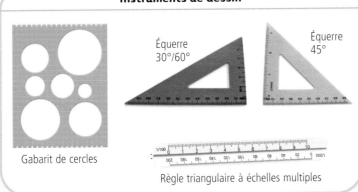

Gabarit de cercles

Équerre 30°/60°

Équerre 45°

Règle triangulaire à échelles multiples

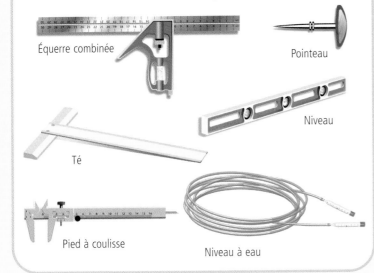

Outils de coupe

Machines-outils

Outils manuels

Scie à dos et boîte à onglets

Égoïne

Scie à métaux

Coupe-tubes

Scie à ruban

Scie à chantourner

Ciseaux de bureau

Couteau à lame rétractable

Scie à emporte-pièce

Outil portatif

Couteau rotatif

Scie sauteuse

Massicot

Tapis de coupe

Outils de formage

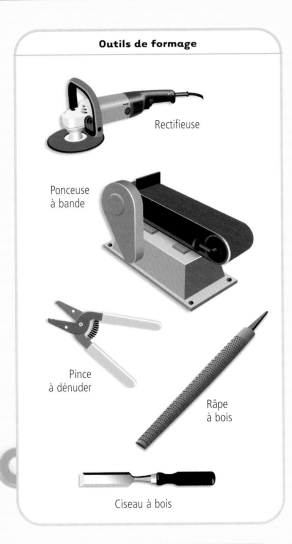

Rectifieuse

Ponceuse
à bande

Pince
à dénuder

Râpe
à bois

Ciseau à bois

Outils de finition

Bloc à poncer

Lime

Grattoir

Chasse-clou

Outils d'attache

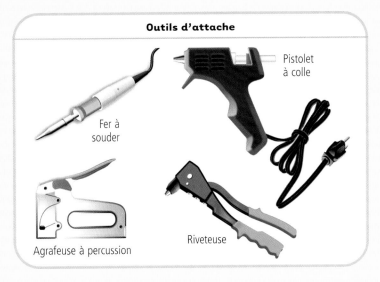

Pistolet
à colle

Fer à
souder

Agrafeuse à percussion

Riveteuse

Outils de montage et de démontage

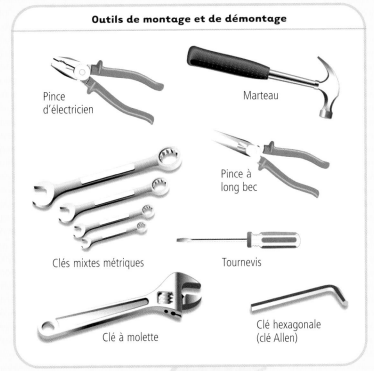

Pince
d'électricien

Marteau

Pince à
long bec

Clés mixtes métriques

Tournevis

Clé à molette

Clé hexagonale
(clé Allen)

Des fonctions de base utiles dans tous les logiciels

Les logiciels courants, comme les traitements de texte, les tableurs et les logiciels de présentation multimédia, partagent des fonctions de base essentielles à la maîtrise de ces outils informatiques.

Comment sauvegarder un fichier?

1. Ouvrir le menu *Fichier* et choisir l'option *Sauvegarder*.

2. Dans l'espace prévu, taper le nom voulu pour le fichier. Pour éviter les problèmes, il est préférable de choisir des noms courts et de **ne pas utiliser** d'espaces, d'accents, de signes de ponctuation (par exemple, la virgule) ou de symboles (par exemple, %, $ ou &) dans le nom des fichiers.

Comment copier et coller?

La fonction *Copier*

1. Sélectionner l'élément à copier (texte, diagramme, image, etc.).

2. Ouvrir le menu *Édition* et choisir l'option *Copier*. L'élément sélectionné est maintenant dans le presse-papiers (une zone de mémoire temporaire de l'ordinateur).

RACCOURCI

Au lieu d'ouvrir le menu *Édition*, on peut utiliser un raccourci au clavier: après avoir sélectionné l'élément à copier, garder enfoncée la touche «CTRL» et appuyer sur la touche «C».

ASTUCE

Les images copiées directement dans un document peuvent en augmenter considérablement la taille. Il est préférable de sauvegarder d'abord l'image en format JPG avant de l'importer. Après avoir placé le curseur à l'endroit souhaité, ouvrir le menu *Insertion*, choisir *Image*, puis *À partir d'un fichier*.

La fonction *Coller*

1. Copier un élément.

2. Placer le pointeur de la souris à l'endroit choisi pour coller l'élément et cliquer une fois avec le bouton de la souris.

3. Ouvrir le menu *Édition* et choisir l'option *Coller*. L'élément copié s'affichera immédiatement à l'endroit où se trouve le curseur.

RACCOURCI

Après avoir cliqué avec le bouton de la souris à l'endroit voulu, garder enfoncée la touche «CTRL» et appuyer sur la touche «V».

Comment corriger une erreur en annulant l'action précédente?

1. Pour annuler la dernière action, ouvrir le menu *Édition* et choisir l'option *Annuler*.

2. Pour rétablir une action annulée, ouvrir le menu *Édition* et choisir l'option *Répéter*.

Comment afficher la palette de mise en forme?

La palette de mise en forme rassemble les principales fonctions nécessaires pour mettre en page et modifier un texte.

1. Ouvrir le menu *Affichage*.

2. Choisir l'option *Barre d'outils*, puis *Mise en forme*.

La création de tableaux et de diagrammes avec un tableur

Qu'est-ce qu'un tableur?

Un tableur est un logiciel qui permet de créer des tableaux et des graphiques. Il sert également à effectuer des calculs à l'aide d'équations mathématiques qu'on programme soi-même. Une feuille (ou page) de tableur est en fait un immense tableau composé de cellules (voir la figure 1). On désigne une cellule de tableur par la lettre de la colonne et le chiffre de la ligne où elle se trouve.

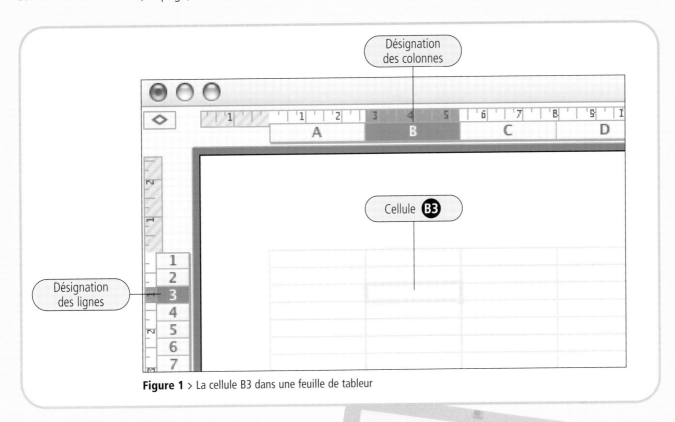

Désignation des colonnes

Cellule **B3**

Désignation des lignes

Figure 1 > La cellule B3 dans une feuille de tableur

Comment écrire dans une cellule?

1. Placer le curseur dans la cellule désirée et cliquer une fois sur la souris.

2. Taper l'information voulue (texte, valeur numérique ou équation).

3. Pour déplacer le curseur vers une autre cellule:

   • appuyer sur la touche « Retour » pour déplacer le curseur dans la cellule en bas;

   • appuyer sur la touche « Tab » pour déplacer le curseur dans la cellule à droite;

   • utiliser les flèches sur la droite du clavier pour déplacer le curseur dans une cellule donnée.

ASTUCE

Il est possible de personnaliser le texte d'une cellule. Utiliser la palette de mise en forme pour choisir une police de caractère, ses attributs (gras, italique, couleur, taille), un interligne ou un alignement.

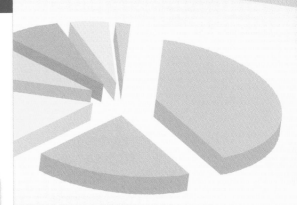

Comment modifier le format d'une cellule?

Il faut d'abord définir le type d'information qui sera écrit dans une cellule : texte, nombre, etc.

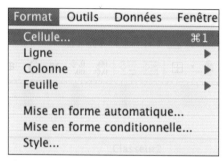

Figure 2 > Le menu permettant de déterminer le format d'une cellule

1. Ouvrir le menu *Format* et sélectionner le sous-menu *Cellule…* (voir la figure 2). Une nouvelle fenêtre s'ouvrira.

2. La nouvelle fenêtre comporte plusieurs onglets. Les deux premiers, *Nombre* et *Alignement*, sont particulièrement utiles.

   a) L'onglet *Nombre* (voir la figure 3) permet de sélectionner certaines options à appliquer au nombre inscrit dans une cellule (le nombre de décimales qui doivent apparaître, la présence d'un symbole monétaire, la présentation sous forme d'heure, etc.). Il importe de retenir les deux choses suivantes :

   – La catégorie *Standard* est l'option par défaut. Elle indique que la cellule contiendra du texte (et non un nombre).

   – Pour effectuer des calculs avec le contenu d'une cellule, il faut en définir le format à l'aide de l'une des catégories suivantes : *Nombre, Monétaire, Comptabilité, Pourcentage, Fraction* ou *Scientifique*.

   b) L'onglet *Alignement* permet d'ajouter des lignes à une cellule quand le texte déborde la première ligne. Pour éviter ce problème, il faut sélectionner l'option *Renvoyer à la ligne automatiquement* (voir la figure 4).

ATTENTION

Tous les titres doivent être en gras et les titres des colonnes doivent être centrés dans les cellules.

Figure 3 > La fenêtre qui permet de déterminer le format de l'information d'une cellule

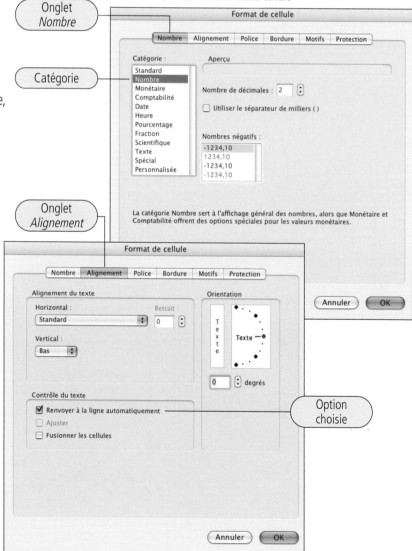

Figure 4 > La fenêtre qui permet d'aligner le texte d'une cellule

Comment créer un tableau de compilation des résultats à l'aide d'un tableur?

Étape 1
Donner un titre aux colonnes et aux lignes

1. Ouvrir le tableur : une feuille vierge avec des cellules vides apparaît. C'est dans ces cellules qu'il faut taper le texte pour créer un tableau.

2. Dans les cellules de la ligne **1**, écrire les titres des colonnes du tableau.

3. Dans les cellules de la colonne **A** qui se trouvent sous le titre de cette colonne, inscrire les titres des lignes pour lesquelles on a des données (voir la figure 5).

> **ASTUCE**
>
> Il est possible de personnaliser le texte d'une cellule. Utiliser la palette de mise en forme pour choisir une police de caractère, ses attributs (gras, italique, couleur, taille), un interligne ou un alignement.

Étape 2
Quadriller le tableau

1. Sélectionner toutes les cellules du tableau, y compris celles qui sont vides. Pour ce faire :

   - positionner le curseur dans la cellule du coin supérieur gauche du tableau ;

   - appuyer sur le bouton de la souris et, en le gardant enfoncé, déplacer le curseur jusqu'à la dernière cellule qui contiendra des données dans le coin inférieur droit du tableau.

2. Dans la palette de mise en forme, cliquer sur l'icône *Bordures*, puis cliquer sur le bouton qui permet de quadriller le tableau (voir la figure 6). Il est maintenant possible de remplir le tableau avec l'information adéquate (voir la figure 7).

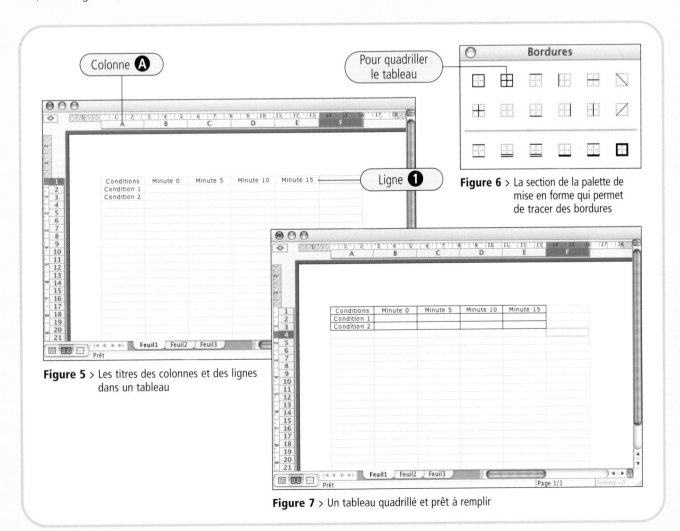

Figure 5 > Les titres des colonnes et des lignes dans un tableau

Figure 6 > La section de la palette de mise en forme qui permet de tracer des bordures

Figure 7 > Un tableau quadrillé et prêt à remplir

Étape 3
**Remplir le tableau avec
les données obtenues**

Dans les cellules appropriées, inscrire les
données (voir la figure 8).

Figure 8 > Un tableau bien rempli (les données sont fictives)

Comment produire un diagramme
à partir d'un tableau de données?

Étape 1
**Sélectionner les cellules du tableau
à transformer en diagramme**

Sélectionner l'ensemble des cellules du tableau.

Étape 2
Créer le diagramme

Ouvrir le menu *Insertion* et sélectionner le sous-menu *Graphique*…
(voir la figure 9). Quatre fenêtres s'ouvriront successivement pour
guider la création et la personnalisation du diagramme.

Fenêtre 1 : Choisir le type de diagramme

Cette fenêtre propose différents types de diagrammes. Choisir celui qui
paraît le plus approprié et passer à la **fenêtre 2**.

Fenêtre 2 : Déterminer les cellules dont les données serviront
à tracer le diagramme

Comme ces cellules ont été sélectionnées à l'étape 1, elles sont déjà
indiquées dans la fenêtre. Passer à la **fenêtre 3**.

Figure 9 > Le menu pour créer
un diagramme à
partir d'un tableau
de données

Fenêtre 3 : Personnaliser les caractéristiques du diagramme à l'aide des onglets dans le haut de la fenêtre

1. Sous l'onglet *Titre*, inscrire dans les cellules appropriées :
   - le titre du diagramme ;
   - le nom de l'axe des ordonnées (axe vertical) ;
   - le nom de l'axe des abscisses (axe horizontal).

2. Sous l'onglet *Axes*, cocher les cases appropriées pour afficher la graduation des axes et la nature des données.

3. Sous l'onglet *Quadrillage*, cocher les cases appropriées.

4. Sous l'onglet *Légende*, indiquer si une légende doit être intégrée au diagramme et, le cas échéant, déterminer son emplacement en cochant la case appropriée.

5. Sous l'onglet *Étiquettes de données*, déterminer si la valeur de chacune des données du diagramme doit être affichée en cochant la case appropriée.

6. Sous l'onglet *Table de données*, choisir d'afficher sous le diagramme une image du tableau de données en cochant la case appropriée.

7. Passer à la **fenêtre 4**.

Fenêtre 4 : Déterminer l'emplacement du diagramme

Mettre le diagramme en place sur la même feuille que le tableau de compilation ou sur une nouvelle feuille. La première option est sélectionnée par défaut.

Le diagramme s'affichera alors sur la feuille choisie (voir la figure 10).

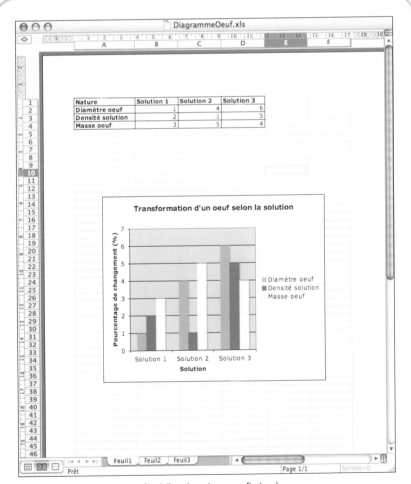

Figure 10 > Le diagramme final (les données sont fictives)

ATTENTION

À tout moment, on peut modifier les caractéristiques du diagramme en double-cliquant sur la section voulue. Par exemple, en double-cliquant sur la légende, on peut en changer la couleur de fond, le contour et l'emplacement.

Si l'on modifie les données du tableau, le diagramme ne s'ajustera pas automatiquement. Il faut effacer l'ancien diagramme et en créer un nouveau.

L'utilisation d'un logiciel de présentation multimédia

Qu'est-ce qu'un logiciel de présentation multimédia?

Un logiciel de présentation multimédia est un logiciel qui permet de produire un diaporama intégrant du texte, des images, de l'audio et de la vidéo.

Étape 1
Créer un fichier

1. Ouvrir le logiciel de présentation multimédia. Choisir le type de présentation à produire dans la fenêtre qui s'affiche.

2. Choisir l'option *Documents vierges* (voir la figure 1). La première page du diaporama s'affichera.

3. Avant de commencer la création de la présentation, vérifier si les trois outils suivants sont affichés :

   ❶ Mise en forme ;

   ❷ Dessin ;

   ❸ Effets d'animation (voir la figure 2).

S'ils ne le sont pas, ouvrir le menu *Édition* et les activer dans le choix *Barres d'outils*.

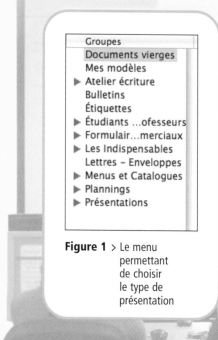

Figure 1 > Le menu permettant de choisir le type de présentation

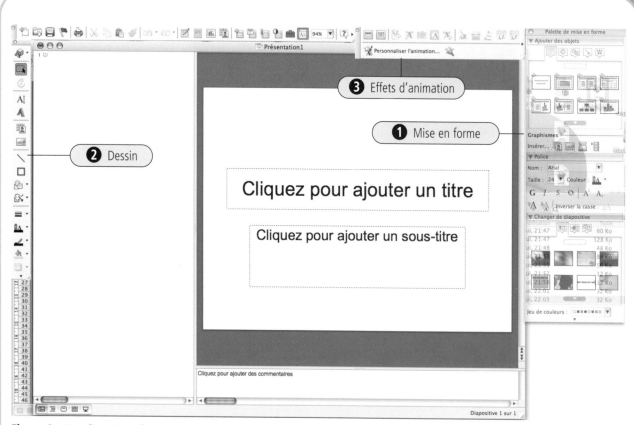

Figure 2 > Une diapositive d'ouverture avec affichage de la palette de mise en forme ainsi que des barres d'outils *Dessin* et *Effets d'animation*.

Étape 2
Choisir une image d'arrière-plan

Dans la palette de mise en forme, cliquer sur la section *Changer de diapositive* (voir la figure 3). Une fenêtre s'ouvrira. Dans cette fenêtre, on peut :

❶ choisir l'arrière-plan des diapositives de la présentation ;

❷ modifier la mise en page des diapositives ;

❸ créer des transitions entre les diapositives et animer l'affichage des pages ;

❹ changer le jeu de couleurs de l'arrière-plan.

Étape 3
Choisir la mise en page d'une ou de plusieurs diapositives

La fonction *Mise en page* permet d'automatiser la présentation des différentes zones des diapositives : titre, texte, image, texte avec puces, etc. On peut utiliser cet outil simple ou ajouter manuellement un à un les éléments. Il y a deux façons de choisir le type de mise en page.

Pour créer une nouvelle page :

1. Ouvrir la palette de mise en forme.

2. Cliquer sur la section *Ajouter des objets*.

3. Choisir la mise en page désirée (voir la figure 4).

Pour modifier une diapositive existante :

1. Ouvrir la palette de mise en forme.

2. Cliquer sur la section *Changer de diapositive* (voir la figure 3).

3. Reprendre la démarche décrite à l'**étape 2**.

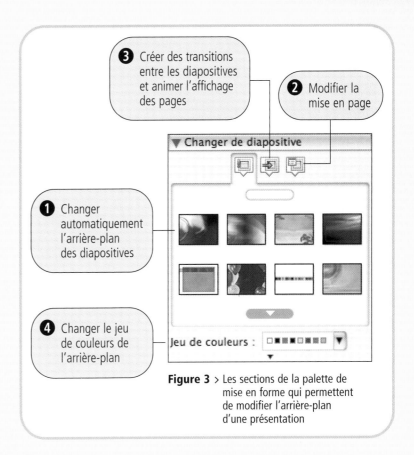

Figure 3 > Les sections de la palette de mise en forme qui permettent de modifier l'arrière-plan d'une présentation

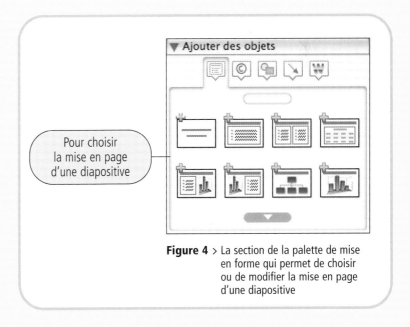

Figure 4 > La section de la palette de mise en forme qui permet de choisir ou de modifier la mise en page d'une diapositive

Étape 4
Insérer du texte dans une diapositive

Dans une mise en page avec des zones de texte :

Écrire directement dans les zones, en choisissant les attributs du texte (police de caractères, gras, italique, taille, alignement, etc.).

Dans une mise en page sans zones de texte :

1. Dans la palette de dessin, cliquer sur le bouton $\boxed{A I}$ pour créer des zones de texte ou sur le bouton $\boxed{\text{☺}}$ pour créer des bulles de dialogue ou d'autres formes.

2. Placer le curseur à l'endroit voulu.

3. Écrire directement dans les zones ainsi créées, en choisissant les attributs du texte (police de caractères, gras, italique, taille, alignement, etc.).

Étape 5
Insérer des images et des vidéos dans une diapositive

1. Ouvrir le menu *Insertion* et choisir l'option *Image* ou l'option *Vidéo et sons*, selon le cas.

2. Choisir le fichier de l'image ou de la vidéo à insérer.

On peut également utiliser les boutons de la section *Graphismes* dans la palette de mise en forme (voir la figure 5).

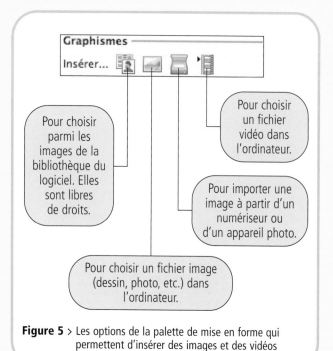

Figure 5 > Les options de la palette de mise en forme qui permettent d'insérer des images et des vidéos

Étape 6
Insérer de l'audio dans une diapositive

1. Ouvrir le menu *Insertion* et choisir l'option *Vidéos et sons* (voir la figure 6).

2. Choisir parmi les possibltés qui s'affichent :

   • insérer le fichier d'un son de la bibliothèque du logiciel : ce sont généralement des sons d'ambiance (gouttes d'eau, applaudissements, etc.) ;

   • insérer le fichier d'un son sauvegardé dans l'ordinateur ;

   • insérer le fichier d'un son provenant d'un CD audio (attention aux droits d'auteur !) ;

   • enregistrer un son (c'est l'option à choisir pour enregistrer soi-même un message audio).

Une nouvelle fenêtre s'ouvrira selon l'option choisie. Cette fenêtre présente la procédure à suivre.

Figure 6 > Le menu et les sous-menus permettant d'insérer un son

Étape 7
Créer des animations dans une diapositive

Après avoir terminé l'insertion des éléments dans une diapositive, on peut les animer, c'est-à-dire les faire apparaître dans un certain ordre ou les faire bouger. La figure 7 montre un exemple de diapositive dont on pourrait animer les éléments. On y trouve deux personnages, du texte, des phylactères, les enregistrements sonores (représentés par les haut-parleurs) et un dessin d'ambiance (la porte).

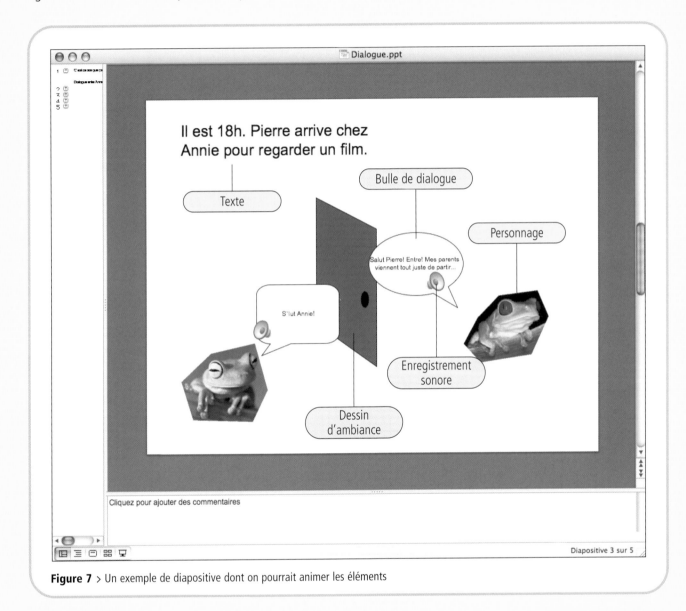

Figure 7 > Un exemple de diapositive dont on pourrait animer les éléments

1. Dans la palette *Effets d'animation*, cliquer sur le bouton Personnaliser l'animation... .

2. Dans la fenêtre *Personnaliser l'animation*, choisir l'ordre d'apparition des divers éléments de la page et les effets spéciaux à appliquer. La figure 8 (p. 216) présente les fonctions offertes dans cette fenêtre.

ASTUCE

Pour savoir comment visualiser un diaporama à tout moment, consulter l'encadré de la page suivante.

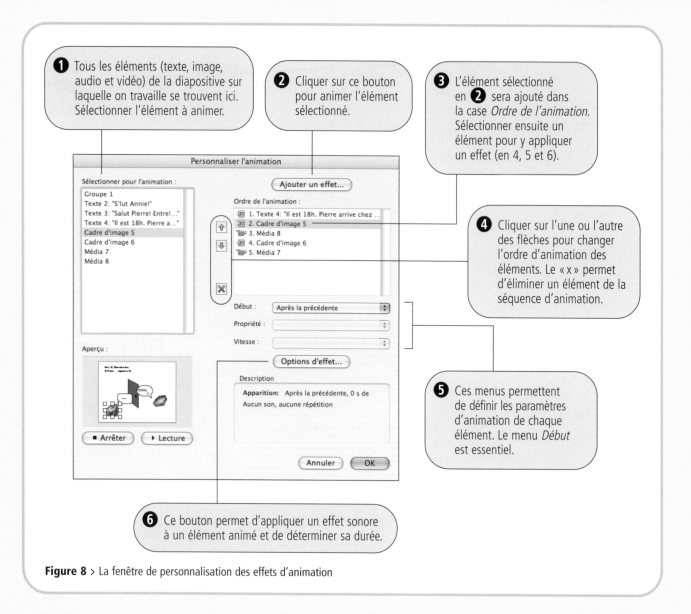

❶ Tous les éléments (texte, image, audio et vidéo) de la diapositive sur laquelle on travaille se trouvent ici. Sélectionner l'élément à animer.

❷ Cliquer sur ce bouton pour animer l'élément sélectionné.

❸ L'élément sélectionné en ❷ sera ajouté dans la case *Ordre de l'animation*. Sélectionner ensuite un élément pour y appliquer un effet (en 4, 5 et 6).

❹ Cliquer sur l'une ou l'autre des flèches pour changer l'ordre d'animation des éléments. Le « x » permet d'éliminer un élément de la séquence d'animation.

❺ Ces menus permettent de définir les paramètres d'animation de chaque élément. Le menu *Début* est essentiel.

❻ Ce bouton permet d'appliquer un effet sonore à un élément animé et de déterminer sa durée.

Figure 8 > La fenêtre de personnalisation des effets d'animation

Comment visualiser un diaporama en cours de création ?

- Pour visualiser le diaporama, cliquer sur le bouton *Diaporama* situé dans le coin inférieur gauche de la fenêtre principale (voir la figure 9). Le diaporama débutera à la page qui est ouverte.

- Pour visualiser la présentation en entier, retourner à la première diapositive à l'aide de l'arborescence du diaporama qui se trouve dans la barre d'outils sur la gauche de la fenêtre principale (voir la figure 10), puis cliquer sur le bouton *Diaporama*.

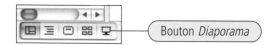

Figure 9 > Le bouton *Diaporama* utilisé pour visualiser la présentation

Arborescence de la présentation en cours

Figure 10 > L'arborescence d'une présentation

Toute recherche dans Internet passe nécessairement par le Web. Le Web est le système qui permet d'accéder aux différents documents multimédias à travers le réseau mondial d'ordinateurs (Internet). Il est très important de structurer ses recherches dans Internet, car la qualité des documents en ligne varie énormément.

En fait, les principales étapes d'une recherche dans Internet sont les mêmes que celles d'une recherche documentaire : préparation, réalisation et sélection. Ce ne sont que les modalités qui diffèrent.

Étape 1
Préparation

1. Choisir l'outil de recherche le plus approprié aux données voulues (voir la figure 1). Chaque outil de recherche a une fonction spécialisée (voir le tableau 1).

2. Formuler une requête en fonction de l'information à trouver (voir le tableau 2 de la page suivante).

3. Préciser la recherche, c'est-à-dire en réduire le champ. Par exemple, on peut utiliser des filtres, comme, le contenu offensant, la langue, le type de serveur et le format des documents (voir les tableaux 3 et 4, p. 218).

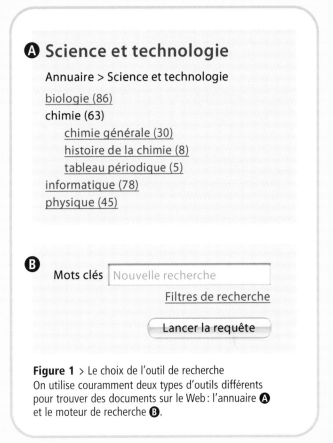

Figure 1 > Le choix de l'outil de recherche
On utilise couramment deux types d'outils différents pour trouver des documents sur le Web : l'annuaire **A** et le moteur de recherche **B**.

Tableau 1 > Les caractéristiques des outils de recherche

	OUTIL DE RECHERCHE	
	Annuaire	**Moteur de recherche**
Fonction	Recherche d'informations générales	Recherche d'informations précises
Mode d'utilisation	Liste de mots clés préétablie	Mots clés à déterminer soi-même
Avantage	Pertinence et bonne qualité des documents trouvés	Nombre considérable de documents trouvés
Inconvénient	Petit nombre de documents trouvés	Grande variation de la pertinence et de la qualité des documents trouvés

Tableau 2 > La procédure à suivre pour formuler efficacement une recherche

FORMULATION DE LA REQUÊTE	EXEMPLE POUR UNE RECHERCHE SUR LE THÈME : Argent : substance étonnante
• Noter les mots clés au singulier et en minuscules.	argent (*et non* Argent *ou* argents)
• Trouver des synonymes, des abréviations, des analogies pour les mots clés.	Ag, métal
• Noter d'autres mots associés au thème.	propriété, conductibilité, alliage, bijou
• Relever les mots clés à exclure de la recherche.	budget, investissement, finance
• Utiliser les guillemets pour rechercher une expression telle quelle et non chacun des mots.	" métal précieux "
• Formuler une requête générale à l'aide des opérateurs de recherche	argent | Ag + " métal précieux " - investissement

Note : Certains moteurs permettent de faire une recherche avancée. Dans ce cas, il n'est pas nécessaire d'utiliser les opérateurs de recherche.

Tableau 3 > Des exemples de serveurs types

SERVEUR TYPE	TYPE DE SITE
nom_du_site.**qc.ca**	un organisme du Québec
nom_du_site.**com**	une entreprise à but lucratif
nom_du_site.**edu**	un établissement d'enseignement
nom_du_site.**org**	une organisation à but non commercial

Principaux opérateurs de recherche

+	signifie	ET
-	signifie	SAUF
|	signifie	OU
" "	sert à rechercher une expression telle quelle	

Tableau 4 > Des exemples de formats types

FORMAT TYPE	SIGNIFICATION DES LETTRES QUI SUIVENT LE DERNIER POINT
nom_du_document.**html**	un document Web
nom_du_document.**doc**	un document en traitement de texte
nom_du_document.**pdf**	un document qui reproduit la mise en page d'un original et qui n'est généralement pas modifiable

Étape 2
Réalisation

Il est rare qu'une seule requête mène à l'ensemble des documents dont on a besoin. C'est pourquoi il est important de mettre au point une bonne stratégie de recherche. La plus efficace consiste à lancer d'abord une requête très générale (voir le tableau 2), puis, à partir des résultats obtenus, à lancer une autre requête dont on réduit l'étendue (voir l'encadré ci-dessous).

Un exemple de requête pointue

argent | Ag + " élément chimique " + propriétés + alliage - investissement

---

Étape 3
Sélection

Pour évaluer la qualité des documents trouvés, on peut en lire le résumé dans la page des résultats. On s'assure ainsi que le sujet traité s'inscrit bien dans le cadre de la recherche (voir le tableau 5). L'absence de références, une date de publication ou de mise à jour trop lointaine, la présence de nombreuses fautes de syntaxe ou d'orthographe sont autant d'indices qui laissent planer le doute quant à la validité des informations publiées. Les pages personnelles, les blogs, les forums de discussion et certains organismes diffusant de l'information sur des pages remplies de publicité sont habituellement suspects.

Se rappeler qu'il est très important de respecter la propriété intellectuelle en ne faisant pas siennes des phrases écrites par d'autres.

Tableau 5 > **Les critères de sélection d'un document**

CRITÈRE	FAÇONS DE VÉRIFIER LE CRITÈRE
Pertinence du document	Examiner l'adresse du document pour éliminer les blogues, les sites d'achat en ligne, etc.
Crédibilité de l'auteur	Consulter le plan du site pour repérer l'information sur l'auteur, ses intentions et sa compétence en la matière.
Exactitude de l'information	Consulter des sites gouvernementaux, des sites d'organismes reconnus et d'autres sources spécialisées pour vérifier l'exactitude des données.

Quand on fait une recherche dans Internet, les données défilent très rapidement au fil des clics de souris. Il est fortement recommandé, d'une part, de mettre en mémoire les signets des sites pertinents et, d'autre part, de noter au fur et à mesure la référence bibliographique des documents retenus (ce qu'on peut faire dans un document de traitement de texte gardé ouvert à cette fin).

Glossaire

A >>>

Acte involontaire Réaction qui ne fait pas l'objet d'un contrôle conscient. L'acte involontaire dépend du système nerveux autonome.

Acte volontaire Acte conscient exécuté en réaction à un stimulus. Au cours d'un acte volontaire, l'influx nerveux peut voyager de deux façons, selon que les récepteurs sensoriels impliqués sont rattachés aux nerfs crâniens ou aux nerfs rachidiens.

Agglutination Formation d'un caillot, par exemple, à la suite du mélange d'échantillons de sang issus de certains groupes sanguins incompatibles.

Aire (A) Étendue d'une surface. Son unité de mesure est le mètre carré (m²).

Alvéole Petite cavité recouverte d'un important réseau de capillaires où s'effectuent les échanges gazeux entre le sang et l'air des poumons.

Amplitude (A) Distance qui sépare le point d'équilibre de la crête ou du creux d'une onde. Son unité de mesure est le mètre (m).

Anticorps Protéine qui cherche à neutraliser une substance nuisible. Un anticorps a l'apparence d'un Y dont les deux branches secondaires se terminent par une forme qui lui permet d'épouser celle d'un antigène spécifique.

Antigène Molécule qui provoque une réaction du système immunitaire. Chaque type d'antigène a une forme unique.

Aorte La plus grosse artère du corps humain. Elle se sépare en artères de plus en plus petites.

Arc réflexe Trajet suivi par un influx nerveux, traité directement par la moelle épinière ou le tronc cérébral, sans passer par le cerveau ou le cervelet. Il comprend une voie sensitive, un centre réflexe, une voie motrice ainsi qu'un organe effecteur.

Artère Vaisseau sanguin qui achemine le sang provenant du cœur jusqu'aux différents tissus et organes.

Artériole Artère de petit diamètre.

Articulation Jonction de deux ou plusieurs os. On distingue trois types d'articulations selon leur degré de mobilité.

Articulation fixe Type d'articulation qui ne bouge pas (ex. : os du crâne).

Articulation mobile Type d'articulation qui permet des mouvements de grande amplitude (ex. : coudes, genoux).

Articulation semi-mobile Type d'articulation qui ne permet que des mouvements de faible amplitude grâce au cartilage élastique qui relie les os (ex. : côtes, vertèbres).

Axone Partie d'un neurone qui conduit les influx nerveux provenant du corps cellulaire vers d'autres neurones ou vers d'autres types de cellules.

B >>>

Bâtonnet L'un des photorécepteurs de la rétine. Cette structure est sensible à la lumière de faible intensité et perçoit les objets en noir et blanc. Les bâtonnets occupent environ 95 % de la rétine.

Bronche Conduit formé d'anneaux cartilagineux qui suit la trachée et qui pénètre dans les poumons.

Bulbe rachidien Partie du tronc cérébral responsable des fonctions vitales comme le rythme cardiaque, le rythme respiratoire et la pression artérielle.

C >>>

Canal semi-circulaire Chacun des trois canaux en forme de demi-boucles, placés à angle droit l'un par rapport à l'autre à l'intérieur de l'oreille interne. Les canaux semi-circulaires transmettent au système nerveux les paramètres du mouvement que subit le corps.

Capillaire Vaisseau sanguin extrêmement fin qui apporte aux cellules les nutriments et le dioxygène contenus dans le sang, et qui en récupère les déchets produits.

Capillaire sanguin des fosses nasales Vaisseau situé sur la paroi interne des fosses nasales. Chacun contribue à réchauffer l'air qui pénètre dans le corps.

Caractère sexuel primaire Tout organe génital externe ou interne.

Caractère sexuel secondaire Changement physique propre à l'adulte qui apparaît à la puberté et se poursuit au fil des ans chez les deux sexes.

Cartilage épiphysaire Tissu conjonctif à la fois flexible et élastique qui joue un rôle déterminant dans la croissance osseuse. Chez l'adulte, il disparaît pour être remplacé par du tissu osseux, ce qui explique l'arrêt de la croissance.

Cartouche Cadre généralement situé dans le coin inférieur droit d'un dessin technique. On y présente diverses informations telles que le nom de l'objet, le numéro et le titre du dessin, le type de projection et l'échelle utilisées, le nom de la personne qui a réalisé le dessin et la date de réalisation de celui-ci.

Cellule olfactive Chimiorécepteur de la muqueuse nasale dont les prolongements vont jusqu'au bulbe olfactif. Cette cellule perçoit la présence d'une odeur et réagit aux variations d'odeurs.

Cérumen Substance cireuse de couleur jaune-brun qui empêche les particules de progresser à l'intérieur de l'oreille.

Cervelet Partie du système nerveux central qui participe à l'équilibre et à la posture du corps. Le cervelet commande les muscles afin de produire des mouvements coordonnés.

Choroïde Membrane située entre la rétine et la sclère qui contient des vaisseaux sanguins et qui sert de point d'attache aux muscles ciliaires. La choroïde nourrit l'œil et maintient le cristallin en place.

Coagulation Formation d'un caillot pour recouvrir la paroi endommagée d'un vaisseau sanguin.

Cochlée Double enroulement en spirale situé à l'intérieur de l'oreille interne. La cochlée perçoit les vibrations de l'étrier et transmet au cerveau l'information sur les sons perçus.

Cœur Organe situé entre les poumons et légèrement incliné vers la gauche. Il est constitué d'un muscle qui joue le rôle d'une pompe en faisant circuler le sang dans les vaisseaux sanguins.

Compatibilité des groupes sanguins Possibilité de mélanger deux groupes sanguins sans provoquer de réaction d'agglutination. La compatibilité des groupes sanguins est essentielle à la réussite des transfusions et des transplantations.

Conduit auditif Conduit de l'oreille externe qui traverse l'os temporal et canalise le son jusqu'au tympan.

Cône Photorécepteur de la rétine sensible à la lumière de forte intensité. Chaque cône est sensible à une couleur, le rouge, le bleu ou le vert, et émet un influx nerveux lorsqu'il perçoit cette couleur.

Conjonctive Muqueuse qui tapisse l'intérieur de la paupière et qui couvre la cornée. La conjonctive produit un liquide qui empêche l'assèchement de l'œil.

Contractilité Capacité d'un muscle de gonfler, de raccourcir et de durcir au cours de la contraction. Cette propriété procure la force au mouvement.

Cornée Prolongement transparent de la sclère qui protège la partie antérieure de l'œil et laisse passer la lumière.

Cornet Chacune des projections des fosses nasales formant une saillie osseuse recourbée et recouverte d'une muqueuse.

Corps cellulaire Partie de la cellule nerveuse qui contient le noyau.

Corps jaune Tissu formé dans l'ovaire par le follicule rompu et qui sécrète la progestérone et des œstrogènes.

Cotation Report des cotes sur un dessin. La cotation est toujours effectuée sur un dessin à deux dimensions provenant d'une des six vues de la projection orthogonale à vues multiples.

Cote Mesure d'une partie d'un objet. Les cotes correspondent aux dimensions de l'objet et comprennent les longueurs, les angles et les courbes.

Coupe Représentation de la partie d'un objet située derrière l'axe de coupe et comprenant une surface de coupe.

Crâne Partie du squelette qui renferme et protège l'encéphale.

Crête Point le plus élevé d'une onde.

Creux Point le plus bas d'une onde.

Cristallin Lentille élastique fixée au muscle ciliaire par les ligaments suspenseurs. Il ajuste la vision en changeant de forme selon la distance des objets.

Croquis Dessin rapide et imprécis d'une situation ou d'un objet exécuté au crayon ou à l'ordinateur.

Cycle Mouvement répétitif d'une onde.

Cycle menstruel Transformations que subit l'utérus sur une période de 28 jours. Le cycle menstruel se déroule parallèlement au cycle ovarien et comporte les règles (menstruation), la reconstruction de l'endomètre et la préparation à la nidification.

Cycle ovarien Processus au cours duquel un follicule mûrit, libère un œuf et produit un corps jaune. Le cycle ovarien comporte trois phases : la phase folliculaire, l'ovulation et la phase lutéale.

D >>>

Dendrite Partie d'un neurone qui recueille les influx nerveux provenant d'autres neurones ou récepteurs sensoriels pour les acheminer vers le corps cellulaire.

Derme Couche intermédiaire de la peau constituée de collagène. Le derme assure la protection de la peau grâce à ses propriétés mécaniques (élasticité et résistance à la traction et à la compression).

Dessin assisté par ordinateur (DAO) Dessin précis réalisé à l'aide d'un logiciel de dessin assisté par ordinateur.

Dessin aux instruments Dessin assez précis réalisé à l'aide d'instruments conçus à cette fin.

Diaphyse Partie centrale des os longs.

Diastole Phase de repos du cœur : les veines caves et les veines pulmonaires déversent le sang dans les oreillettes, et les ventricules commencent à se remplir.

Données nominales Données qualitatives formées de mots ou de codes (ex. : couleur des yeux, espèce animale et catégorie d'aliments). Ce type de données est perceptible par les sens et sert à représenter des catégories.

Données numériques continues Données quantitatives formées de nombres décimaux (ex. : taille moyenne des élèves d'une classe, température du corps et masse d'un sac à dos). Ce type de données se mesure à l'aide d'un instrument et peut prendre toutes les valeurs des nombres réels.

Données numériques discrètes Données quantitatives formées de nombres naturels (ex. : nombre de matchs joués par une équipe sportive et rythme cardiaque). Ce type de données s'obtient par comptage et ne peut prendre que des valeurs entières.

E >>>

Échange gazeux Échange de dioxygène et de dioxyde de carbone qui a lieu par diffusion au niveau des alvéoles.

Échelle Dans un dessin technique, rapport entre les dimensions du dessin et celles de l'objet réel. Une échelle peut rendre compte d'une réduction (1 : facteur de réduction) ou d'un agrandissement (facteur d'agrandissement : 1).

Échelle des décibels (dB) Outil qui permet de déterminer avec précision l'intensité des sons perçus par l'oreille humaine.

Élasticité Capacité de reprendre sa forme première.

Élément figuré Cellule ou fragment de cellule qui forme la partie dite solide du sang. Les éléments figurés comprennent les globules rouges, les globules blancs et les plaquettes.

Encéphale Structure du système nerveux central qui comprend le crâne, le cerveau, le cervelet et le tronc cérébral.

Enclume Osselet mobile de l'oreille moyenne qui transmet les vibrations du marteau à l'étrier.

Endomètre Muqueuse qui tapisse l'utérus et qui épaissit sous l'effet de la progestérone afin de préparer l'utérus à la nidification. La couche superficielle de l'endomètre est expulsée 12 à 16 jours après l'ovulation s'il n'y a pas fécondation d'un œuf.

Épiderme Partie externe de la peau composée de trois couches : la couche cornée, la couche vivante et la couche basale. L'épiderme élimine les cellules mortes en se renouvelant constamment, bloque l'entrée d'agents étrangers et imperméabilise le corps.

Épiphyse Chacune des deux extrémités renflées des os longs.

Épithélium olfactif Muqueuse, située au sommet des fosses nasales, qui abrite les cellules olfactives.

Érection Gonflement du pénis déclenché par une stimulation sexuelle qui augmente la quantité de sang dans les tissus érectiles.

Étrier Osselet délicat, appuyé sur la fenêtre ovale, qui transmet les vibrations à l'oreille interne en provoquant le mouvement du liquide.

Excitabilité Capacité de réagir à des stimulus de nature chimique, mécanique, thermique ou physiologique.

Extensibilité Capacité de s'étirer au-delà de sa longueur au repos.

F >>>

Facteur rhésus Autre nom de l'antigène D. La combinaison des systèmes ABO et rhésus permet d'établir huit groupes sanguins.

Fenêtre ovale Membrane ovale, située sous la partie aplatie de l'étrier, qui retient les liquides dans l'oreille interne.

Fenêtre ronde Membrane ronde, située entre l'oreille moyenne et la cochlée, qui absorbe la pression exercée sur la fenêtre ovale grâce à sa capacité de déformation.

Fibres nerveuses de la langue Fibres issues des cellules gustatives qui permettent la connexion avec certains nerfs crâniens en se regroupant.

Filtrat Dans le rein, mélange d'eau et de solutés issus de la filtration glomérulaire.

Fluide Substance, généralement liquide ou gazeuse, qui n'a pas de forme propre ; c'est son contenant qui en détermine la forme. Les molécules des fluides ont deux caractéristiques : elles sont sans cesse en mouvement et elles exercent une pression sur les parois qu'elles frappent.

Fluide compressible Fluide dont le volume diminue lorsqu'il subit une pression. Les gaz sont des fluides compressibles.

Fluide incompressible Fluide dont les molécules sont collées les unes aux autres et qui ne peuvent pas être rapprochées davantage sous l'action d'une force. Les liquides sont des fluides incompressibles.

Follicule Couche de cellules qui entoure l'œuf et qui libère des œstrogènes.

Fonction de guidage Rôle joué par un organe qui dirige ou restreint le mouvement d'une ou plusieurs autres pièces.

Fonction de liaison Rôle joué par un organe qui relie une ou plusieurs pièces.

Fonction de lubrification Rôle joué par un organe qui permet de protéger contre l'usure les pièces qui subissent un frottement.

Fonction de support Rôle joué par un organe qui soutient une pièce et la maintient dans une position donnée.

Fonction d'étanchéité Rôle joué par un organe qui sert à empêcher des solides ou des fluides d'entrer ou de sortir d'un objet technique afin d'éviter son vieillissement prématuré.

Fonction mécanique élémentaire Chacun des rôles que peut jouer un organe d'un objet. Les principales fonctions mécaniques élémentaires sont la liaison, le support, le guidage, la lubrification et l'étanchéité.

Force (F) Mesure de l'action exercée sur un objet. Son unité de mesure est le newton (N).

Fosse nasale Cavité qui s'ouvre sur l'extérieur du corps par la narine. La paroi accolée à la cloison centrale a une surface irrégulière qui freine l'écoulement de l'air.

Fovéa Dépression de la rétine située au centre de la tache jaune qui permet une vision plus nette.

Foyer Point de rencontre des rayons parallèles à l'axe déviés par une lentille.

Fréquence (f) Nombre de cycles qui se produisent pendant une seconde. Son unité de mesure est le hertz (Hz).

Fréquence visible Lumière dont la fréquence est comprise entre $4,0 \times 10^{14}$ Hz et $7,5 \times 10^{14}$ Hz. La lumière visible n'occupe qu'une infime partie du spectre électromagnétique.

G >>>

Ganglion lymphatique Renflement le long d'un vaisseau lymphatique. Les ganglions lymphatiques filtrent la lymphe et activent les mécanismes de défense.

Glande lacrymale Glande située dans la partie supérieure de l'œil. Elle lubrifie l'œil en sécrétant des larmes dans la conjonctive et produit un agent antibactérien qui tue les micro-organismes.

Glande sudoripare Type de glande qui sécrète la sueur. Les glandes sudoripares les plus nombreuses sont les glandes eccrines, qui débouchent sur un pore de l'épiderme. D'autres glandes sudoripares, les glandes apocrines, débouchent sur un follicule pileux et sécrètent en plus une substance qui cause l'odeur caractéristique de la transpiration.

Globules blancs Cellules du sang qui constituent moins de 1 % des éléments figurés. Les globules blancs possèdent un noyau et exercent une fonction de défense contre les micro-organismes.

Globules rouges Cellules du sang qui constituent 95 % des éléments figurés. Les globules rouges sont dépourvus de noyau. Ils peuvent se déformer et s'introduire dans les capillaires.

Grande circulation Circuit qui achemine le sang oxygéné vers les cellules de l'organisme, puis qui ramène le sang riche en dioxyde de carbone vers le cœur.

Guidage en rotation Type de guidage qui permet à des pièces de se déplacer en tournant sur elles-mêmes.

Guidage en translation Type de guidage qui permet à des pièces de se déplacer en ligne droite.

Guidage mixte Type de guidage qui permet à des pièces de se déplacer en translation et en rotation. La rotation s'effectue autour de l'axe de translation.

H >>>

Hémisphère Chacune des deux parties du cerveau humain. Les hémisphères sont interconnectés et contrôlent chacun le côté opposé du corps.

Hémoglobine Protéine contenant du fer et donnant au sang sa couleur rouge. Elle assure le transport du dioxygène et d'une partie du dioxyde de carbone dans l'organisme.

Homéostasie Maintien le plus constant possible des conditions intérieures du corps (composition du sang, pH, tension artérielle, température, etc.).

Humeur aqueuse Liquide transparent et incolore de l'œil situé entre la cornée et le cristallin. L'humeur aqueuse nourrit le cristallin et la cornée, et les débarrasse de leurs déchets.

Humeur vitrée Substance transparente de l'œil, située entre le cristallin et la rétine, qui maintient la rétine collée à la choroïde et donne une forme sphérique à l'œil.

Hypoderme Couche profonde de la peau formée de tissu adipeux. L'hypoderme constitue une réserve énergétique et permet à la peau de glisser sur les muscles et les os.

Hypophyse Glande hormonale reliée à l'hypothalamus. Elle stimule la sécrétion des hormones folliculostimulante (FSH) et lutéinisante (LH) à partir de la puberté.

Hypothalamus Région du cerveau qui participe à plusieurs fonctions corporelles telles que les pulsions sexuelles, la soif, la faim et le sommeil.

I >>>

Immunité Capacité qu'a l'organisme de résister à une infection en neutralisant des agents pathogènes et de combattre d'autres menaces extracellulaires.

Immunité active Réaction de défense acquise qui permet à l'organisme de reconnaître et de réagir à la présence d'agents pathogènes. Elle provoque des réactions spécifiques dans le corps, qui reconnaît l'envahisseur et réagit selon la nature de ce dernier en fabriquant un anticorps spécifique. L'immunité active peut être acquise naturellement à la suite d'une maladie ou artificiellement, grâce à la vaccination.

Immunité innée Ensemble des réactions de défense naturelles et non spécifiques de l'organisme visant à combattre tous les corps étrangers. L'immunité innée est présente à la naissance et fournit deux protections de base : la barrière externe et la barrière interne.

Impulsion Perturbation causée par une seule ondulation.

Inflammation Série de phénomènes qui se produisent sous la peau d'une région lésée et dont l'objectif est de stimuler la circulation sanguine afin de faciliter l'arrivée d'une grande quantité de globules blancs.

Influx nerveux Processus électrochimique de transmission d'information qui sert à commander un muscle ou une glande, ou à percevoir une sensation en utilisant le réseau de nerfs du corps.

Infrarouges (IR) Ondes électromagnétiques émises par les objets chauds.

Iris Muscle qui constitue un prolongement coloré de la choroïde dans la partie antérieure de l'œil. L'iris règle la quantité de lumière qui passe par la pupille.

L >>>

Larynx Conduit des voies respiratoires, formé d'anneaux de cartilage, qui communique avec la trachée. C'est à cet endroit que se trouvent les cordes vocales.

Lentille Objet transparent, souvent en verre, dont les faces extérieures sont courbes.

Lentille convergente Type de lentille qui dirige les rayons parallèles vers son foyer.

Lentille divergente Type de lentille qui disperse les rayons parallèles qui la traversent, comme s'ils provenaient d'un foyer placé à l'avant de la lentille.

Liaison complète Liaison dont les pièces liées sont fixes et ne peuvent pas bouger.

Liaison démontable Liaison qui permet de démonter et de réassembler les pièces sans endommager ces pièces ni l'organe de liaison.

Liaison directe Liaison qui unit deux parties sans l'aide d'aucun autre objet.

Liaison élastique Liaison assurée par une pièce qui se déforme au contact d'une autre.

Liaison indémontable Liaison qui ne permet pas de démonter et de réassembler les pièces sans endommager ces pièces ou l'organe de liaison.

Liaison indirecte Liaison qui relie deux parties grâce à un organe de liaison.

Liaison partielle Liaison dont les pièces liées permettent un mouvement de rotation ou de translation.

Liaison rigide Liaison comportant des pièces qui ne se déforment pas.

Ligament Bandelette de tissus conjonctif élastique et résistant qui relie les os des articulations mobiles. Les ligaments peuvent permettre des mouvements ou les limiter dans certaines directions.

Ligne conventionnelle de base Dans un dessin, signification particulière qu'on attribue à une ligne qui sert à construire un objet et à en illustrer le contour.

Liquide céphalorachidien Liquide compris entre les méninges qui absorbe les chocs, protège contre les infections et contribue à nourrir l'encéphale.

Longueur d'onde (λ) Distance qui sépare deux cycles consécutifs d'une onde. Son unité de mesure est le mètre (m).

Longueur focale Distance entre une lentille et son foyer.

Lymphe Substance incolore, issue du sang, qui entoure toutes les cellules du corps et qui circule dans les canaux lymphatiques. La lymphe est constituée de plasma contenant des nutriments et des déchets.

Lymphocyte Globule blanc du système lymphatique.

M >>>

Marteau Le plus massif des osselets de l'oreille moyenne dont une extrémité est fixée au tympan. Il transmet les vibrations du tympan à l'enclume.

Matière blanche Couche de tissus constitués d'axones entourés de myéline formant l'encéphale et la moelle épinière. La matière blanche assure la communication dans le système nerveux central.

Matière grise Couche de tissus constitués de corps cellulaires formant l'encéphale et la moelle épinière. La matière grise est le siège des fonctions intellectuelles, de l'interprétation des influx nerveux et de la commande des mouvements.

Mécanisme à bielle et manivelle Système de transformation du mouvement composé d'une manivelle reliée à une tige, appelée *bielle*. La manivelle amorce un mouvement de rotation, ce qui transmet à la bielle un mouvement de va-et-vient rectiligne.

Mécanisme à came et tige-poussoir Système de transformation du mouvement composé d'une roue de forme ovoïde, appelée *came*, mise en contact avec une tige générale-ment retenue par un ressort, appelée *tige-poussoir*. En tournant sur elle-même, la came entraîne la tige-poussoir dans un mouve-ment de va-et-vient. La tige-poussoir ne peut pas entraîner la came parce qu'elle n'y est pas reliée.

Mécanisme à pignon et crémaillère Système de transformation du mouvement composé d'une roue dentée, appelée *pignon*, dont les dents s'engrènent dans une tige dentée, appelée *crémaillère*. En tournant, le pignon déplace la crémaillère en translation. À l'inverse, en se déplaçant en translation, la crémaillère fait tourner le pignon.

Mécanisme à poulies et courroie Système de transmission du mouvement composé de deux poulies à gorge et d'une courroie. Le mouvement est transmis par le frottement de la courroie sur les poulies.

Mécanisme à roues de friction Système de transmission du mouvement composé de roues dont la surface est rugueuse. Le mouvement est transmis d'une roue à l'autre par simple frottement de leur surface.

Mécanisme à roues d'engrenage Système de transmission du mouvement composé de deux ou plusieurs roues dentées. N'importe quelle roue du système peut amorcer la transmission du mouvement.

Mécanisme à roues dentées et chaîne Système de trans-mission du mouvement composé de deux roues dentées dont les dents s'emboîtent dans les maillons d'une chaîne. La rotation de la première roue est transmise à la seconde par la chaîne.

Mécanisme à vis et crémaillère Système de transformation du mouvement composé d'une tige filetée, appelée *vis*, dont les filets s'emboîtent dans une tige dentée, appelée *crémaillère*. En tournant sur elle-même, la vis déplace la crémaillère en translation. Si l'on essaie de pousser la crémaillère, le mécanisme se bloque.

Mécanisme à vis et écrou Système de transformation du mouvement composé d'une tige filetée, appelée *vis*, insérée dans une pièce percée d'un trou, appelé *écrou*. En tournant sur lui-même, un des organes déplace l'autre en translation. Si l'on essaie de pousser la vis ou l'écrou, le mécanisme se bloque.

Mécanisme à vis sans fin et roue dentée Système de transmission du mouvement comportant une tige filetée dont le filet s'emboîte dans les dents d'une roue dentée. On ne peut amorcer le mouvement qu'à partir de la vis.

Mécanisme complexe Mécanisme composé de plusieurs pièces et dont le mouvement est actionné par l'une d'elles.

Méninge Chacune des membranes qui recouvrent les structures du système nerveux. Résistantes et riches en vaisseaux sanguins, elles protègent l'encéphale et la moelle épinière. Les méninges sont recouvertes par les os et la peau.

Micro-ondes Ondes électromagnétiques de longueurs plus courtes que celles des ondes radio.

Miction Action d'uriner. Au moment de la miction, la vessie se contracte et les sphincters se relâchent, ce qui permet au liquide de sortir.

Moelle épinière Structure du système nerveux central qui joue un rôle essentiel dans le passage de l'influx nerveux. Elle est aussi le siège des réflexes.

Moelle osseuse jaune Tissu renfermant des lipides et qui sert de réserve de matières grasses.

Moelle osseuse rouge Tissu renfermant les cellules souches qui produisent les éléments figurés du sang. La moelle osseuse rouge est remplacée chez l'adulte par de la moelle osseuse jaune.

Muqueuse nasale Membrane qui sert à humidifier et à filtrer l'air inspiré. Le mucus qui la recouvre retient les petites particules qui ne sont pas arrêtées par les poils du nez.

Muscle antagoniste Muscle dont l'action est contraire à un autre : d'un côté il y a une contraction et de l'autre, il y a un relâchement.

Muscle oculaire Muscle attaché à l'os de la cavité osseuse de l'œil.

Muscle squelettique Muscle rattaché à un os par un tendon.

Musculature Ensemble des muscles apparents et non apparents du corps. La musculature sert à donner du tonus au corps, à assurer les mouvements, à faire fonctionner les organes internes et à dégager de la chaleur pour maintenir la température corporelle.

Myéline Substance composée de lipides et de protéines qui protège l'axone de certains neurones et des tissus environnants. La myéline accélère considérablement la vitesse de l'influx nerveux.

Myocarde Muscle du cœur qui joue le rôle d'une pompe en faisant circuler le sang dans les vaisseaux sanguins.

N >>>

Néphron Structure fonctionnelle du rein composée d'un corpuscule rénal associé à un tubule rénal. Les néphrons sont chargés de la filtration et de l'équilibre du sang qui sera retourné dans les veines.

Nerf olfactif Prolongement des cellules olfactives. Le nerf olfactif achemine les influx vers le système nerveux.

Neurone Cellule nerveuse qui comprend un corps cellulaire, des dendrites, un axone et des terminaisons axonales.

Normale (N) Droite perpendiculaire à la surface réfléchissante, utilisée pour mesurer l'angle d'incidence et l'angle de réflexion.

O >>>

Œuf Nom que prend l'ovocyte lorsqu'il est libéré par l'ovaire. L'œuf prend le nom d'ovule lorsqu'il y a fécondation.

Onde Perturbation qui se propage à travers la matière ou dans le vide.

Onde électromagnétique Onde transversale qui peut voyager aussi bien dans le vide interstellaire que dans la matière.

Onde mécanique Onde qui se déplace uniquement dans la matière.

Onde mécanique longitudinale Onde qui déplace la matière parallèlement à la direction de sa propagation.

Onde mécanique transversale Onde qui déplace la matière perpendiculairement à la direction de sa propagation.

Ondes radio Ondes électromagnétiques qui transportent le moins d'énergie.

Onde transversale Perturbation qui se déplace perpendiculairement au sens de propagation de l'onde.

Oreillette Chacun des deux petits compartiments situés dans le haut du cœur et qui reçoivent le sang provenant des veines.

Organe de liaison Pièce qui sert à en maintenir plusieurs ensemble.

Organe d'un objet Composante solide, liquide ou parfois gazeuse qui remplit un rôle précis.

Organe intermédiaire (o. i.) Dans un mécanisme complexe, pièce qui transfère le mouvement d'un organe à un autre.

Organe moteur (o. m.) Dans un mécanisme complexe, pièce qui amorce le mouvement sous l'effet d'une force.

Organe récepteur (o. r.) Dans un mécanisme complexe, pièce mise en mouvement grâce aux autres.

Orgasme Sensation d'euphorie et de bien-être au cours d'une relation sexuelle.

Os compact Partie rigide et dense de l'os, située sous le périoste.

Os spongieux Structure poreuse située sous l'os compact et assurant à l'os sa légèreté.

Osselet Chacun des petits os de l'oreille moyenne : marteau, enclume et étrier.

Ovogenèse Chez la femme, processus de transformation d'une cellule souche en cellule reproductrice femelle. Dès sa naissance, une femme possède toutes les cellules souches à l'origine des ovules qu'elle produira au cours de sa vie.

Ovulation Deuxième phase du cycle ovarien au cours de laquelle la sécrétion massive de LH entraîne l'éclatement du follicule et la libération d'un œuf.

Ovule Œuf fécondé.

P >>>

Papille caliciforme Structure en forme de coupole située à l'arrière de la langue et qui détecte les saveurs.

Papille filiforme Structure en forme de cône disséminée partout sur la surface de la langue. Les papilles filiformes participent au sens du toucher et donnent à la langue la rugosité nécessaire au déplacement des aliments dans la bouche.

Papille foliée Structure en forme de feuillet située sur les côtés à l'arrière de la langue et qui détecte les saveurs.

Papille fongiforme Structure en forme de champignon située sur le dessus et en bordure de la langue qui détecte les saveurs et participe au sens du toucher.

Paupière Repli de peau qui peut se refermer sur l'œil. Les paupières bloquent l'intrusion de corps étrangers solides ou liquides, protègent l'œil contre la lumière trop intense et l'empêchent de s'assécher.

Pavillon Partie apparente de l'oreille, formée d'un tissu cartilagineux, qui capte et dirige les sons qui entrent dans le conduit auditif.

Période (T) Temps qui sépare deux cycles consécutifs ou temps mis par l'onde pour effectuer un cycle complet. Son unité de mesure est la seconde (s).

Périoste Membrane fibreuse qui recouvre l'os.

Perspective Art de représenter les objets de la façon la plus réaliste possible. Dans une perspective, les trois dimensions d'un objet ne sont pas représentées à l'échelle.

Petite circulation Circuit dans lequel le sang pauvre en dioxygène et riche en dioxyde de carbone provenant des tissus et des organes est acheminé du cœur vers les poumons, où il est oxygéné avant de retourner vers le cœur.

Phagocytose Moyen utilisé par les globules blancs pour isoler, capturer, puis digérer l'agent pathogène ou le corps étranger.

Pharynx Canal fait de muscles où aboutissent la bouche et les fosses nasales.

Piston Pièce mobile à l'intérieur d'un cylindre.

Plan de coupe Dans un dessin technique, endroit où un objet sera coupé afin de montrer ses détails cachés.

Plaquette Fragment incolore d'une grosse cellule dépourvue de noyau provenant de la moelle osseuse. Les plaquettes font partie des éléments figurés et servent à la coagulation du sang.

Plasma Liquide clair jaunâtre composé de 90 % d'eau. Principal constituant du sang, il représente 55 % du volume sanguin.

Point de fuite Point où convergent des lignes normalement parallèles d'un objet représenté en perspective.

Point d'équilibre Point d'origine d'une onde. Il se situe à égale distance entre le creux et la crête.

Pouls Son qui permet de mesurer le battement du cœur. Les sons perçus correspondent à la fermeture des valvules au cours de la systole. Le pouls normal d'une personne se situe entre 60 et 80 battements par minute. Il varie en fonction de l'âge, du sexe et de la condition physique de l'individu.

Poumon Chacun des deux organes spongieux situés dans le thorax. Les poumons sont protégés par les côtes et recouverts de deux membranes appelées *plèvres*. En raison de la présence du cœur, le poumon gauche est plus petit que le poumon droit.

Pression (*p*) Rapport entre l'intensité d'une force et l'aire de la surface où s'exerce cette force. Son unité de mesure est le pascal (Pa).

Pression artérielle Pression que le sang exerce, grâce au cœur, sur les parois des artères. L'unité de mesure de la pression artérielle est habituellement le millimètre de mercure (mm Hg).

Projection Représentation technique d'un objet qui permet de conserver une grande partie de ses dimensions. Dans une projection, on peut mesurer les différentes parties de l'objet sur l'illustration, car les côtés parallèles de l'objet illustré sont proportionnels à ceux de l'objet réel, quelle que soit la profondeur à laquelle ils sont situés.

Projection isométrique Représentation semblable à la perspective à deux points de fuite sauf que les points de fuite sont à l'infini. La projection isométrique permet de rendre facilement les trois dimensions d'un objet.

Projection oblique Représentation semblable à la perspective à un point de fuite sauf que le point de fuite est à l'infini. La projection oblique permet de bien mesurer la profondeur d'un objet.

Projection orthogonale à vues multiples Représentation des six côtés d'un objet (face, dessus, dessous, arrière, côté gauche et côté droit). La projection orthogonale à vues multiples permet de représenter à l'échelle toutes les mesures d'un objet.

Puberté Étape de la vie marquée par une augmentation soudaine de la production d'hormones sexuelles qui active le système reproducteur. La puberté entraîne des changements physiques et psychologiques, et apparaît généralement plus tôt chez les filles que chez les garçons.

R >>>

Rayons gamma Ondes électromagnétiques dont la fréquence est si élevée qu'elles peuvent traverser le métal. Leur puissance rend les rayons gamma dangereux pour l'être humain. Ils sont produits au cours de réactions nucléaires.

Rayon incident Rayon lumineux qui se dirige vers une surface réfléchissante.

Rayon réfléchi Rayon lumineux dévié par une surface réfléchissante.

Rayons X Ondes électromagnétiques qui peuvent pénétrer profondément dans le corps humain. Leur puissance ne leur permet cependant pas de traverser les os. C'est cette propriété qui les rend utiles en radiographie.

Réflexion Phénomène par lequel la lumière « rebondit » à la surface d'un objet.

Réfraction Changement de direction des rayons lumineux au moment où ils passent d'une substance transparente à une autre, par exemple de l'air au verre.

Rein Chacun des deux organes principaux du système excréteur. Situés dans le dos, juste sous la cage thoracique, ils jouent un rôle vital dans le maintien de l'équilibre sanguin en filtrant le plasma sanguin afin d'éliminer les toxines, les déchets azotés et les médicaments.

Rétine Membrane interne de l'œil qui contient les photorécepteurs. La rétine transforme la lumière en influx nerveux, ce qui rend possible la vision.

Rythme respiratoire Nombre de respirations prises par une personne en une minute.

S >>>

Sac lacrymal Chacun des sacs situés dans le coin des yeux, juste à côté du nez, qui récupèrent le surplus de larmes et le déversent dans le nez.

Sclère Enveloppe extérieure de l'œil, assez rigide, blanche et opaque. La sclère protège l'œil et lui donne sa forme sphérique.

Spectre électromagnétique Ensemble de toutes les ondes électromagnétiques classées selon leur fréquence ou leur longueur d'onde. Le spectre électromagnétique comprend les rayons gamma, les rayons X, les ultraviolets, les fréquences visibles, les infrarouges, les micro-ondes et les ondes radio.

Spermatogenèse Chez l'homme, processus continu de transformation des centaines de milliers de cellules souches présentes dans les testicules en spermatozoïdes.

Spermatozoïde Cellule reproductrice mâle, aussi appelée *gamète mâle*.

Sperme Liquide blanchâtre contenant des spermatozoïdes.

Squelette Ensemble des 206 os formant la charpente du corps. Le squelette humain est habituellement divisé en trois parties : la tête, le tronc et les membres.

Sternum Os plat situé au centre de la cage thoracique.

Stimulus Information captée par les sens.

Synapse Région de contact entre l'axone d'un neurone et les dendrites du neurone suivant. Elle assure la transmission de l'influx nerveux entre deux neurones ou entre un neurone et une autre cellule.

Synovie Liquide visqueux retenu par une membrane qui recouvre l'articulation et qui lubrifie le cartilage articulaire. La synovie permet de réduire le frottement entre les os.

Système de transformation du mouvement Système dont la fonction est de communiquer le mouvement en changeant sa nature.

Système de transmission du mouvement Système dont la fonction est de communiquer le mouvement sans en changer la nature.

Système lymphatique Système dont la lymphe fait partie et qui assure la défense du corps humain. Il comprend des organes secondaires qui servent de réservoirs de globules blancs : les amygdales, la rate, le thymus et l'appendice.

Système nerveux central Système formé de l'encéphale et de la moelle épinière. Son rôle consiste à recevoir, décoder, traiter et transmettre les messages nerveux.

Système nerveux périphérique Système qui prolonge le système nerveux central. Il comprend l'ensemble des nerfs du corps. Son rôle est de s'assurer que les différentes parties de l'organisme communiquent et interagissent.

Systole Phase d'effort du cœur : les oreillettes se contractent et le sang qu'elles contiennent pénètre dans les ventricules, qui se contractent à leur tour pour propulser le sang dans les artères.

T >>>

Tache aveugle Endroit de la rétine dépourvu de photorécepteurs qui sert de point de rencontre aux cellules nerveuses formant le nerf optique.

Tache jaune Petite zone jaune à l'arrière de la rétine qui abrite une grande quantité de photorécepteurs, les cônes.

Technique de fécondation *in vitro* (FIV) Technique de procréation médicalement assistée au cours de laquelle des spermatozoïdes et des œufs sont mis en contact en dehors du corps de la femme. S'il y a fécondation, un ou plusieurs embryons formés de quelques cellules sont déposés dans l'utérus.

Technique d'injection intracytoplasmique d'un spermatozoïde (IICS) Technique de procréation médicalement assistée au cours de laquelle des spermatozoïdes sont injectés directement dans le cytoplasme d'un ovule. Après fécondation, l'embryon est placé dans l'utérus.

Technique d'insémination artificielle (IA) Technique médicale destinée à faciliter la procréation en dehors du processus naturel par l'introduction de sperme à l'intérieur de l'utérus.

Tendon Bandelette de tissu conjonctif dense qui relie les muscles squelettiques aux os.

Terminaison axonale Structure située à l'extrémité de l'axone qui transmet l'influx nerveux amené par l'axone à un autre neurone ou à d'autres types de cellules.

Terminaison libre Récepteur situé près de la surface de la peau et présent sur tout le corps. Les terminaisons libres détectent la douleur, la chaleur ou le froid.

Tête Partie du squelette reposant sur la colonne vertébrale et qui comprend les os du crâne et ceux de la face.

Tonicité Propriété qui confère au corps son maintien, par une légère contraction des muscles, même au repos.

Trachée Tube des voies respiratoires, mesurant environ 11 cm, dont la partie avant est faite de cartilage et la partie arrière, de muscles. La trachée se sépare en deux bronches.

Trompe d'Eustache Conduit qui communique avec le nez et la gorge et qui équilibre la pression entre l'oreille interne et l'oreille moyenne.

Tronc Partie du squelette qui comprend les os de la colonne vertébrale et ceux de la cage thoracique.

Tronc cérébral Partie du système nerveux central qui sert de relais entre le cerveau et la moelle épinière. Il comprend le pont, les pédoncules cérébraux et le bulbe rachidien.

Tympan Membrane mince, mesurant environ 1 cm de diamètre, qui ferme le conduit auditif de l'oreille externe. Le tympan transmet les vibrations sonores de l'air à l'osselet qui lui est rattaché.

U >>>

Ultraviolets (UV) Ondes électromagnétiques dont la fréquence est plus élevée que celle du violet. On les subdivise selon leur longueur d'onde : UVA, UVB et UVC.

Utérus Lieu de nidification de l'ovule.

V >>>

Vaisseau lymphatique Vaisseau semblable aux vaisseaux sanguins et dans lequel circule la lymphe. Les vaisseaux lymphatiques sont munis de valvules qui empêchent le reflux.

Valvule Petite membrane qui permet au liquide de circuler dans une seule direction et l'empêche de refluer. On trouve des valvules dans le cœur, dans les veines et dans les vaisseaux lymphatiques.

Veine Vaisseau sanguin qui ramène vers le cœur le sang en provenance des différents tissus et organes. Sa paroi est recouverte d'une mince couche de muscles. Ce sont surtout les contractions des muscles du corps situés à proximité qui font circuler le sang dans les veines. Dans certaines veines, des valvules empêchent le reflux sanguin.

Veinule Veine de petit diamètre.

Ventilation pulmonaire Processus par lequel l'air riche en dioxygène est amené dans les alvéoles où s'effectuent les échanges gazeux et où l'air riche en dioxyde de carbone est expulsé à l'extérieur du corps. Cette ventilation, couramment appelée *respiration*, s'effectue grâce aux muscles respiratoires que sont le diaphragme et les muscles intercostaux.

Ventricule Chacun des deux compartiments inférieurs du cœur.

Vestibule Entrée de l'oreille interne. Le vestibule abrite les cellules qui transmettent au système nerveux l'information sur l'équilibre et les déplacements de la tête.

Vitesse de propagation de l'onde (*v*) Distance que l'onde parcourt par unité de temps. Son unité de mesure est le mètre par seconde (m/s).

Voies respiratoires Regroupement de plusieurs organes, comme les fosses nasales, le pharynx, le larynx, la trachée et les bronches, dont le rôle est d'acheminer l'air jusqu'aux poumons.

Index

Les folios en bleu renvoient aux définitions dans les dossiers.

Sources photographiques

h : haut, **c** : centre, **b** : bas, **g** : gauche, **d** : droite, **fp** : fond de page

2 © Neal Grundy/SPL/Publiphoto, **fp** © ShutterStock ; **4** © JUPITERIMAGES/Creates/Alamy ; **6 d, fp** © ShutterStock ; **7 h** © DK Images, **b** © CIRC/CF-E-00129/J. Björgvinsson ; **8 h** © DK Images, **bg** 8081922, **bd** 23269515 © 2008 Jupiter Images et ses représentants ; **9 h** © ShutterStock, **bg, bd** © DK Images ; **10 fp** © ShutterStock, **bg, bd** © DK Images ; **11 fp** © ShutterStock ; **12 h** © ShutterStock, **b** © DK Images ; **13** © ShutterStock ; **14 fp** © JUPITERIMAGES/Creates/Alamy ; **15** (systèmes digestif, nerveux, circulatoire) © DK Images, (système pulmonaire) © ShutterStock ; **16 g** © Library of Congress, **16 d** © Hôpital du Sacré-Cœur de Montréal, Jean-Pierre Boudreau, photographe ; **17, 18, 20** © ShutterStock ; **21 h** © DK Images, **b** © Rod Brouhard ; **22 h** © Stanley Flegler/Visuals Unlimited, **g** © DK Images, **bd** © ShutterStock ; **23** © DK Images ; **24 g, d** © ShutterStock ; **25 h, b** © DK Images ; **26** © DK Images ; **27** © ShutterStock ; **28** © DK Images ; **29 h** © Abiomed Inc., **b** © DK Images ; **30** © DK Images ; **31 fp** © ShutterStock ; **32** © Stanley Flegler/Visuals Unlimited ; **33 g** © DK Images, **d** (systèmes digestif, circulatoire) © DK Images, (système respiratoire) © ShutterStock ; **34 g** © Musée McCord. Nº II-150659.1, **d** © DK Images ; **35 h** 19045941 © 2008 Jupiter Images et ses représentants, **b** © ShutterStock ; **36** © ShutterStock ; **38 fp** © ShutterStock ; **39** © DK Images ; **40** © ShutterStock ; **41 hg, hd, bd** © ShutterStock ; **42** © Science VU/NCI/Visuals Unlimited ; **43 g** © INRS – Institut Armand Frappier, **d** © ShutterStock ; **45 fp** © ShutterStock ; **46** © ShutterStock ; **47** © Dr. G. W. Willis/Visuals Unlimited ; **48** © ShutterStock ; **49** © Dr. G. W. Willis/Visuals Unlimited ; **50 hg** Domaine public, **bg** © Topham/AP/Topfoto/ Ponopresse ; **50 bd** © IDEO ; **51** © ShutterStock ; **52** © Megapress.ca ; **54** © DK Images ; **55** 24711514 © 2008 Jupiter Images et ses représentants ; **56 fp** © ShutterStock, **d** © DK Images ; **57 g** © ShutterStock, **d** © DK Images ; **58 h** © DK Images, **b** © ShutterStock ; **59, 61** © DK Images ; **62** © Megapress.ca ; **63** © DK Images ; **64 g** © BAC PA-123481, **d** © Photofusion Picture Library/ Alamy ; **65 h** © ShutterStock, **fp** Domaine public ; **66** Redferns Music Picture Library/Alamy ; **68** DK Images ; **69 h** DK Images, **p** 19178111 © 2008 Jupiter Images et ses représentants, **g** © Dave Roberts/SPL/Publiphoto ; **70, 71, 72** © DK Images ; **73 c** © DK Images, **h, b** © ShutterStock ; **74** © DK Images ; **75 h** © DK Images, **b** Domaine public ; **76** © DK Images ; **77 h** © ShutterStock, **b** © DK Images ; **78 h** © DK Images, **fp** © ShutterStock ; **79 h, g** © DK Images, **fp** 19064951 © 2008 Jupiter Images et ses représentants ; **80, 81** © DK Images ; **82 fp** © Redferns Music Picture Library/Alamy ; **84** © ShutterStock ; **85 h** © Todd France/Corbis, **fp** © ShutterStock ; **86** © NASA ; **88 h** © DK Images, **b** © ShutterStock ; **89** © DK Images ; **90 h** © DK Images, **b** © Bubbles Photolibrary/Alamy ; **91 g** © ShutterStock, **b** Division des archives, U. de Montréal. Fonds (D0037). 1FP03219. *Hans Selye dans son laboratoire.* Bazil Zarov, photographe ; **92, 93, 94** © DK Images ; **95 g** © ShutterStock, **d** © DK Images ; **96 h** © Paul Doyle/Alamy, **c** © ShutterStock ; **97 h** © Randy Faris/Corbis ; **98** © ShutterStock ; **99 fp** © NASA ; **100** © DK Images ; **101** (systèmes reproducteur, excréteur) © ShutterStock, (systèmes musculosquelettique, nerveux) © DK Images ; **102 g** © Archives de l'U. McGill, Collection photographique - PR000632, **d** © Otto Bock, Dynamic Arm ; **103 h** 19175375, **fp** 19175484 © 2008 Jupiter Images et ses représentants ; **104** © ShutterStock ; **106 g, d** © ShutterStock ; **107 h** © DK Images, **b** © ShutterStock ; **108, 109** © DK Images ; **110 h** © ShutterStock ; **111, 112, 113** © DK Images ; **114 b** 30425698 © 2008 Jupiter Images et ses représentants ; **115, 116** © DK Images ; **117 h** © DK Images ; **118** © ShutterStock ; **119 fp** © ShutterStock ; **120 g** © DK Images, **120 d** 6019936, 6019966, 23316039, 23316075 © 2008 Jupiter Images et ses représentants ; **121 d** (systèmes reproducteur,

musculosquelettique) © ShutterStock, (systèmes nerveux, digestif) © DK Images ; **122 g** © Mary Evans Picture Library/Alamy, **d** © Megapress.ca ; **123 h** © ShutterStock, **fp** © mediacolor's/Alamy ; **124** © ShutterStock ; **127 b** © ShutterStock ; **128 fp** © ShutterStock ; **129 fp** © ShutterStock ; **132 fp** © ShutterStock ; **133 c** © DK Images ; **136 fp** © ShutterStock ; **137 g** © Tony West/Alamy ; **138 d** © J.King-Holmes/SPL/Publiphoto ; **139 fp** © ShutterStock ; **141** (systèmes digestif, nerveux, circulatoire) © DK Images, **b** © ShutterStock ; **142 g, d** © ShutterStock ; **143 h** © David Hancock/Alamy, **fp** © ShutterStock ; **144** <Wikipedia>, **fp** © DK Images ; **146, 150** © ShutterStock ; **151 b** © ShutterStock, **fp** 37693731 © 2008 Jupiter Images et ses représentants ; **155** © ShutterStock ; **156 hg** © D. Y. Leroux, **fp** © M. Rosevear ; **157 g** © ShutterStock ; **158 h** 36724854 © 2008 Jupiter Images et ses représentants, **b, fp** © ShutterStock ; **159** © Sheila Terry/SPL/Publiphoto ; **160 fp** © ShutterStock ; **161 d** © ShutterStock ; **162 g** 22952755 © 2008 Jupiter Images et ses représentants ; **163 h** © Peter Vadnai/Corbis, **fp** © ShutterStock ; **164** © ShutterStock ; **166 fp** © Darren Staples/Reuters/Corbis ; **167 h** © Darren Staples/Reuters/Corbis, **bg** © ShutterStock ; **174 g, d** 16470623, 37732743 © 2008 Jupiter Images et ses représentants ; **175** © ShutterStock ; **176** 32312604 © 2008 Jupiter Images et ses représentants ; **177 d** © Phil Degginger/Alamy, **fp** © ShutterStock ; **179 b** © D. Y. Leroux ; **180** © M. Rosevear ; **182** © D. Y. Leroux ; **183 hg** © D. Y. Leroux ; **185 fp** © ShutterStock ; **187 g** © DK Images, **d** © Denis Y. Leroux ; **188 g** Courtoisie du Bureau d'archives et d'histoire de la Caroline du Nord, Raleigh, NC, **d** © ShutterStock, **189** © ShutterStock ; **190** © ShutterStock, **fp** © DK Images ; **192** 32193520 © 2008 Jupiter Images et ses représentants ; **195** (crayon) © ShutterStock ; **196** © ShutterStock ; **200 h** © ShutterStock ; **202 g** © Archives de l'Université McGill – Nº 071129-152129 ; **203 h** © ShutterStock ; **206 g** © DK Images ; **208 fp** 32193520 © 2008 Jupiter Images et ses représentants ; **210 g** Domaine public, **hd** © ShutterStock, **bd** 7769629 © 2008 Jupiter Images et ses représentants ; **211 h, fp** © ShutterStock ; **212** © ShutterStock ; **214 fp** © ShutterStock ; **215** (A à F et H) © ShutterStock, (G) 36114089 © 2008 Jupiter Images et ses représentants ; **216** © ShutterStock ; **217** colonne **1** (2 à 5) © DK Images, colonne **2** (1 à 5) © ShutterStock, colonne **2** (6) © David J. Green - tools/Alamy, colonne **3** (1 à 4) © DK Images ; **218 h** 30456958 © 2008 Jupiter Images et ses représentants, **cg, bg** © ShutterStock ; **220 h** Domaine public, **fp** © ShutterStock ; **221** colonne **3** (1) 7768848, (6) 19009485 © 2008 Jupiter Images et ses représentants, (2, 4, 7) © ShutterStock, (3) © D. Y. Leroux, (5) © DK Images ; **222 fp** 16254374 © 2008 Jupiter Images et ses représentants ; **223** colonne **3** (1) © ShutterStock, (2) 3044368, (4) 23269323 © 2008 Jupiter Images et ses représentants, (3, 6) © ShutterStock, (5) © D. Y. Leroux ; **225 fp** © ShutterStock ; **226 fp** © ShutterStock ; **227 fp** © ShutterStock ; **228 hg, bg** © DK Images, **hd** 14539717 © 2008 Jupiter Images et ses représentants ; **229 g** 36915743 © 2008 Jupiter Images et ses représentants, **d** © ShutterStock ; **230 h** ATNP84 © Phototake Inc./Alamy, **fp** © ShutterStock ; **231** © ShutterStock ; **232** (jeune femme, jeune homme) © ShutterStock ; **233 fp** © NASA ; **234** (molécule) <Wikipedia> ; **236 fp** © ShutterStock ; **238** © M. Rosevear ; **239 cd** © DK Images, **fp** © DK Images ; **240** (test indicateur d'amidon) ©32193520Julie Duchesne, **fp** © ShutterStock ; **241 fp** © ShutterStock ; **244 fp** © ShutterStock ; **245 fp** © ShutterStock ; **246-247 fp** © ShutterStock ; **250 fp** © ShutterStock ; **252 fp** © DK Images ; **254 fp** © Jason Reed/Reuters/Corbis ; **260 fp** © ShutterStock ; **261 fp** © ShutterStock ; **264 fp** © ShutterStock ; **266 fp** © ShutterStock ; **268 fp** © ShutterStock ; **271 fp** © ShutterStock ; **272 fp** © ShutterStock.

Tableau périodique des éléments

LÉGENDE

Numéro atomique · Masse atomique

5	10,8
B	
Bore	

Symbole de l'élément

- Métaux
- Métalloïdes
- Non-métaux

- **Be** État solide
- **He** État gazeux
- **Br** État liquide

Période	I A	II A	III B	IV B	V B	VI B	VII B	VIII	VIII	VIII	I B	II B	III A	IV A	V A	VI A	VII A	VIII A
1	1 1,0 **H** Hydrogène																	2 4,0 **He** Hélium
2	3 6,9 **Li** Lithium	4 9,0 **Be** Béryllium											5 10,8 **B** Bore	6 12,0 **C** Carbone	7 14,0 **N** Azote	8 16,0 **O** Oxygène	9 19,0 **F** Fluor	10 20,2 **Ne** Néon
3	11 23,0 **Na** Sodium	12 24,3 **Mg** Magnésium											13 27,0 **Al** Aluminium	14 28,1 **Si** Silicium	15 31,0 **P** Phosphore	16 32,1 **S** Soufre	17 35,5 **Cl** Chlore	18 39,9 **Ar** Argon
4	19 39,1 **K** Potassium	20 40,1 **Ca** Calcium	21 45,0 **Sc** Scandium	22 47,9 **Ti** Titane	23 50,9 **V** Vanadium	24 52,0 **Cr** Chrome	25 54,9 **Mn** Manganèse	26 55,8 **Fe** Fer	27 58,9 **Co** Cobalt	28 58,7 **Ni** Nickel	29 63,5 **Cu** Cuivre	30 65,4 **Zn** Zinc	31 69,7 **Ga** Gallium	32 72,6 **Ge** Germanium	33 74,9 **As** Arsenic	34 79,0 **Se** Sélénium	35 79,9 **Br** Brome	36 83,8 **Kr** Krypton
5	37 85,5 **Rb** Rubidium	38 87,6 **Sr** Strontium	39 88,9 **Y** Yttrium	40 91,2 **Zr** Zirconium	41 92,9 **Nb** Niobium	42 95,9 **Mo** Molybdène	43 98 **Tc** Technétium	44 101,1 **Ru** Ruthénium	45 102,9 **Rh** Rhodium	46 106,4 **Pd** Palladium	47 107,9 **Ag** Argent	48 112,4 **Cd** Cadmium	49 114,8 **In** Indium	50 118,7 **Sn** Étain	51 121,8 **Sb** Antimoine	52 127,6 **Te** Tellure	53 126,9 **I** Iode	54 131,3 **Xe** Xénon
6	55 132,9 **Cs** Caesium	56 137,3 **Ba** Baryum	57-71 **La-Lu**	72 178,5 **Hf** Hafnium	73 180,9 **Ta** Tantale	74 183,8 **W** Tungstène	75 186,2 **Re** Rhénium	76 190,2 **Os** Osmium	77 192,2 **Ir** Iridium	78 195,1 **Pt** Platine	79 197,0 **Au** Or	80 200,6 **Hg** Mercure	81 204,4 **Tl** Thallium	82 207,2 **Pb** Plomb	83 209,0 **Bi** Bismuth	84 209 **Po** Polonium	85 210 **At** Astate	86 222 **Rn** Radon
7	87 223 **Fr** Francium	88 226 **Ra** Radium	89-103 **Ac-Lr**	104 261 **Rf** Rutherfordium	105 262 **Db** Dubnium	106 266 **Sg** Seaborgium	107 264 **Bh** Bohrium	108 269 **Hs** Hassium	109 268 **Mt** Meitnérium	110 273 **Ds** Darmstadtium	111 272 **Uuu** Unununium	112 277 **Uub** Ununbium						

Lanthanides (57-71)

57 138,9 **La** Lanthane	58 140,1 **Ce** Cérium	59 140,9 **Pr** Praséodyme	60 144,2 **Nd** Néodyme	61 145 **Pm** Prométhium	62 150,4 **Sm** Samarium	63 152,0 **Eu** Europium	64 157,3 **Gd** Gadolinium	65 158,9 **Tb** Terbium	66 162,5 **Dy** Dysprosium	67 164,9 **Ho** Holmium	68 167,3 **Er** Erbium	69 168,9 **Tm** Thulium	70 173,0 **Yb** Ytterbium	71 175,0 **Lu** Lutécium

Actinides (89-103)

89 227 **Ac** Actinium	90 232 **Th** Thorium	91 231 **Pa** Protactinium	92 238 **U** Uranium	93 237 **Np** Neptunium	94 244 **Pu** Plutonium	95 243 **Am** Américium	96 247 **Cm** Curium	97 247 **Bk** Berkélium	98 251 **Cf** Californium	99 252 **Es** Einsteinium	100 257 **Fm** Fermium	101 258 **Md** Mendélévium	102 259 **No** Nobélium	103 262 **Lr** Lawrencium